U0688159

新形势下高校思想政治教育实践育人路径探究

刘　娜　何笑冉　廖　红◎著

中国出版集团 | 全国百佳图书
中国民主法制出版社 | 出版单位

图书在版编目（CIP）数据

新形势下高校思想政治教育实践育人路径探究 / 刘娜，何笑冉，
廖红著. — 北京：中国民主法制出版社，2024.2

ISBN 978-7-5162-3504-1

Ⅰ.①新… Ⅱ.①刘… ②何… ③廖… Ⅲ.①高等学校－思想政治
教育－教学研究－中国 Ⅳ.① G641

中国国家版本馆 CIP 数据核字（2024）第 033105 号

图书出品人：刘海涛
出 版 统 筹：石 松
责 任 编 辑：刘险涛 吴若楠

书 名／新形势下高校思想政治教育实践育人路径探究
作 者／刘 娜 何笑冉 廖 红 著

出版·发行／中国民主法制出版社
地址／北京市丰台区右安门外玉林里 7 号（100069）
电话／（010）63055259（总编室） 63058068 63057714（营销中心）
传真／（010）63055259
http://www.npcpub.com
E-mail: mzfz@npcpub.com
经销／新华书店
开本／16 开 787 毫米 × 1092 毫米
印张／13.25 字数／214 千字
版本／2024 年 4 月第 1 版 2024 年 4 月第 1 次印刷
印刷／廊坊市源鹏印务有限公司

书号／ISBN 978-7-5162-3504-1 ⊠
定价／78.00 元
出版声明／版权所有，侵权必究。

（如有缺页或倒装，本社负责退换）

前 言

时代是一条河，奔腾不息；思想也是一条河，永远向前。新媒体时代的到来，带着新的科学技术、新的生产力、新的教育理念。这个时代使得信息传播变得快捷简便，我们获得信息也变得轻而易举。高等院校承担着为党育人、为国育才的历史重任，成为中华民族伟大复兴的后发之力。谁拥有新媒体，谁就拥有这个世界。新媒体技术的发展与普及，对高校大学生这一特殊群体的思想、政治、文化、道德等各方面产生着重要影响。作为反映时代思想主题的、解决教育对象的思想道德品质与社会发展客观要求之间的矛盾的思想政治教育，也必须做到"与时俱进"，不能停滞不前，而应随着汹涌澎湃的时代潮流前行，不断汲取时代不竭的滋养，才能焕发出勃勃生机和不息的生命力。

本书是新形势下高校思想政治教育实践育人路径探究方向的著作，本书从高校思想政治教育概述介绍入手，针对思想政治教育的地位与作用、高校思想政治教育的特征与目标、高校思想政治教育的内容与任务进行了分析研究；另外，对高校思想政治教育实践育人的主客体及矛盾、育人体系构建、育人教学模式与方法创新、实践育人工作，以及协同育人驱动及运行机制作了一定的介绍；还剖析了高校思想政治教育育人的管理策略、多样化创新策略等内容；旨在摸索出一条适合新形势下高校思想政治教育实践育人的科学道路，帮助其工作者在应用中少走弯路，运用科学方法，提高效率。对新形势下高校思想政治教育实践育人路径探究的借鉴意义。

另外，作者在撰写本书时参考了国内外同行的许多著作和文献，在此一并向涉及的作者表示衷心的感谢。由于作者水平有限，书中难免存在不足之处，恳请读者批评指正。

目录

第一章 高校思想政治教育概述

第一节 思想政治教育的地位与作用

一、思想政治教育的概念

（一）思想政治教育概念的诠释

"思想政治教育概念"既是思想政治教育学的基本概念，也是基础性概念和核心概念。自从20世纪80年代提出"思想政治工作是一门科学"以来，探讨思想政治教育概念始终就是一个热点，没有停止过。

1. 概念现象的表达

概念就是人类对事物的认识和反映，在现实生活中人类用概念指代事物是人类协调自己与周围关系的手段，是人类活动不可缺少的环节。如果人不对其周围的事物形成一套用以指导自己行为的观念，就无法生存于这些事物之中。知识体系就是人类的认识成果，它是以概念为基本元素而构建起来的。"思想政治教育学原理"就是由大量概念为基本元素（或基本原料）而构建起来的体系。我们用概念进行思维，即以概念为工具来进行思维。概念就是思维的基础和工具，概念将影响甚至决定我们思维的状况和质量。我们小时候就会接触概念，但是那时只认识字而不理解概念，然后慢慢理解概念，但仍然会对某些概念亲近，对某些概念抵触，这种情况贯穿于生活、工作与交往中。

（1）概念以客观世界为基础

客观世界的广泛多样决定了对应概念的广泛多样，客观世界的丰富复杂决定了概念的丰富复杂，客观世界的系统层次决定了概念的系统层次。

（2）人的认识能力是有限与无限的统一

人的认识能力是有限与无限的统一，决定了人认识概念是不断深化和精确化的过程。对概念的认识，有着向外延联系宽广和内涵深刻精确发展的可能。

（3）概念是科学认识的结晶

概念既是认识精细化过程，也是对名称的反复提炼的结果。一个事物的名称可以是多种多样的，但是，概念一般只是一个，既是经过提炼和精确化的结果，也是科学研究的结晶。概念是人的认识成果，它还包含了人的主观性因素，不同人、不同时代对同一对象的认识及其用词会有不同，造成不同的特点和意义。即使同一用词，也会有不同的性质和意义。观念的历史，是在观念的连续和间断的交织中展开的。任何一个观念，哪怕是最具有持续性的观念，也都会在不同的时代形成不同的原则，呈现出不同的性质和意义。这就是观念史研究的任务。

通过探讨思想政治教育概念，我们希望深化认知思想政治教育自身，拓宽思想政治教育学的内部空间，提供思想政治教育学丰富充盈的知识，提升"研究自信"。①在探讨过程中，体会到"概念的工具意义"，认识"概念"的重要性。②了解思想政治教育概念的现状。③感受"研究自信"，并向"研究自觉"过渡，从进入思想政治教育学术领域到思想政治教育科研自觉。它是具有哲学意义的境界。有学者说人有四种境界，最高境界即第四种境界为天地境界，这就是超越自然、功利、道德的最高境界。这是哲学境界，是人生的最高境界，是使人达到"头脑清明"的境界。科学并不带来直接的功利利益，科学也不会进行直接的道德评判，但是科学使人达到"清明的头脑"，使人获得智慧，到达豁然开朗的境界。在科学中，唯一重要的就是熟知资料的"专家"，他的最高目标始终是概念上的清醒。显然，这也是思想政治教育的目的，它让人"明白"并依据"明白"去做。

2. 思想政治教育概念的基本问题分析

第一，它是思想政治教育学的核心概念，也是基础概念，同样是一个元概念。思想政治教育概念尽管至今缺乏统一的定义，争议甚多，但这种现象在许多学科那里也存在，故属于普遍现象。思想政治教育学探讨它，不仅仅因为有争议，而主要是它属于基础理论课题。

第二，它是思想政治教育理论建设和实践活动的出发点。出发点清晰是后续思想政治教育学研究和建设活动的必要条件。

第三，它是探讨思想政治教育其他理论和实践问题的依据。例如，探讨思想政治教育的本质，既可以从"思想政治教育本质是什么"入手，也可以从"思想政治教育是什么"入手。从一定意义上说，从"思想政治教育本质是什么"入手，有些抽象和思辨，往往令人费解，也非常容易陷入理论的困境。而从"思想政治教育是什么"入手，可以从存在入手，直接探讨"思想政治教育是什么"，再去探讨思想政治教育本质。而这种从事实入手的做法，可以使探讨的思路更清楚和更明白些。这种探讨路径，也容易获得实际工作者响应，而引起更多人的关注和参与。

探讨思想政治教育概念，对于不同社会领域和不同群体来说，有不同的关切。思想政治教育学者有责任从理论上厘清思想政治教育概念的内涵和外延，给思想政治教育概念下一个相对明确的科学定义。作为思想政治教育学人，进入了这一领域，就需要追问"思想政治教育是什么"，随之而来的两个问题应作为基本问题伴随学习与研究活动，一是不断问"思想政治教育是什么"，直至比较清晰。二就是力求将思想政治教育概念用科学语言表达出来，能够用它进行思想政治教育理论研究与宣教活动。

二、思想政治教育的地位及作用

思想政治教育是我们党的优良传统，是我们国家的政治优势，在我国长期的革命和建设中发挥着巨大的作用。思想政治教育是指一定的阶级、政党、社会群体遵循人们思想品德形成的发展规律，用一定的思想观念、政治观点、道德规范，对其成员施加有目的、有计划、有组织的影响，使他们形成了符合一定社会、一定阶级所需要的思想品德的社会实践活动。分析思想政治教育的地位，正确认识它的地位，以及重视它的地位，才能够更好地发挥它的作用。

（一）思想政治教育的地位分析

思想政治教育活动显然都与这些活动相关，然而又不是作为一种与这些活动并行不悖的独立形式存在着。在我们看来，这就要从人的思想政治入手，认真地对人的思想政治与人在各种社会活动中的活动方式的关联加以考察。我们在具体考察这一内容时，实际上已经有个明确的预设前提，这就是接受着思想政治教育的人——他既接受了相应的政治思想也还要继续深化拓展，否则，内容的展开就会带来不必要的循环困难。一旦对"地位"问题做了必要的阐述后，我们会反过来专门就思想政治教育的特殊运行方式做出分析。这样一来，就必须着手从以下两方面考虑和工作。

第一，相应的法律、法规、规章制度的制定和实施应该以经济利益为轴心，要做到尽可能协调好社会、群体和个人的长远与近期、整体与局部的利益关系，因为利益是最能激励调动人的。假若一个社会、一个群体都被调动到都为自己的利益而全力奋斗，并在这之后真真正正获得了相应的利益，那么，这种积极性要比相应法律、规章制度的实施刺激要高得多。其实，此过程与其说是利益直接激发的结果，还不如说是思想意识的鼓动。"思想、观念、意识的生产最初就是直接与人们的物质活动、与人们的物质交往、与现实生活的语言交织在一起的。观念、思维、人们的精神交往在这里还是人们物质关系的直接产物。"其实，人并不是纯粹的"经济动物"，是社会的政治的人；哪怕总是在从事经济活动，但在"思想意识"观念上却远远超出了经济范畴。一般来说，人总是在明白"事理"后才去真心实意干的。对于经济活动，人也总要明了为谁干，怎样干，如何干才能干得最好等等的道理。这样一来，就回到了上述制定和实施的相关法律、法规、规章制度的实质内容的问题。

第二，紧扣人们的切身利益问题做好思想的鼓动工作。事情往往就是这样，经济本身不能最终解决人的问题，唯有超出经济范畴，回到思想意识范畴才能解决问题。人是要求明白"事理"之后才去真心实意干的，这"事理"并不在经济活动本身而是在说理的意识观念中。这正是思想鼓动工作发挥之所在。如果说，思想政治教育是为经济活动提供精神动力的话，那么，它的落脚点就是人的思想鼓动工作。而需要人们明白"事理"，真心实意地去干，一个基本前提就是所定法律、法规、规章制度的实施在实质内容上是维护着保障着他们所要追求的基本利益的。

政治活动。该活动由始至终都是人对人的关系的展开。如果说展开了过程也存在着相应的运行机制和行为规则的话，那么，它与经济活动相比，似乎更具有规程化和制度化。人在经济活动中为了追逐经济利益而变成了"经济动物"。而在这里，人在受规程制度的强制约束下，为着追逐政治利益倒成了"政治动物"。人的能动自主在政治活动中表现得最充分，因为政治毕竟是经济的集中表现。这也是思想政治大有可为之地。具体集中在以下两方面。

首先，思想政治导向着政治建设。而这种建设包括政治制度的设定，政权机构的设置，法律、法规、法纪的系列制定和实施，等等。一个在经济关系中占主导地位的社会集团如果不善于在政治上处理问题，它就难以长久立足。而在政治上处理问题就是要开展一系列的政治建设。但是，要开展政治建设，必须首先要解决政治建设的方向、政治建设的路径以及政治建设最终实现的目标等一系列问题，这些问题的解决，不能仅靠经验的逐步摸索，而要靠揭示政治建设本质的思想政治的指导。就从这个意义上说，如果没有正确的思想政治就不可能开展正确的政治建设行为。

其次，思想政治导向着人们的社会政治行为。如果说在经济活动领域人们的社会眼界还往往被"物"限制着的话，那么走进社会政治活动领域，这种"物"的障碍已经不复存在了。虽然说在现实社会生活中人们还往往"返回到物"的层面上去看待和处理人与人的政治关系。进入社会政治活动领域中的人们，要想真正担任好社会的政治角色，实现人的政治社会化的最高层面，必须以现行的社会政治运行的机制和行为规则来规范自己的政治行为；然而，规范的政治行为又是由相应的政治观念和政治觉悟所导引的，因而，接受严格的思想政治教育的训练就成了必不可少的重要环节。在当代我国的现实社会，必须接受以下两个相互关联的思想政治的教育训练。

1. 民主观念的培养和训练

民主观念实际上内含民主与法治本质关联的理解和意识，对它的理解与意识的水平和层次都集中体现在政治觉悟的高低上。其实，民主与法治本质的关联体现着政治发展的规律性，对这规律性的理解程度如何就直接体现着政治觉悟在意识方面的层次和水平。就这方面的培养和训练实际是从两个层面上具体展开：在总体层面上要理解民主的实质、民主的实现方式和民主发展的必然进程。在总体层面把握民主的各方面时要紧紧扣住它与法制的本质关联才能加深体会；在具体层面上要理解公民的民主意识内包含的两个侧面，这就是公民的权利与义务。只有确立公民的民主是权利与义务的统一的意识，才能自觉养成作为一个公民的主人翁的责任感，才能在社会、群体与个人利益相矛盾时，自觉做出"舍掉小我、保存大我、顾全大局"的正确抉择。这两方面的培养和训练是最为根本的。但要培养训练显示成效，必须有着相应发展的社会民主氛围和被培养训练的公民通过自己的实际活动的长期体验。对于培养训练成效大小的测量，应该以社会民主生活建设的广泛性和深刻性来量度。比如，从广泛性来说，它应该超出政治生活限定的范围，扩展到社会的经济生活、文化生活和社会生活的各个方面。

2. 民主制度规范的培养和训练

民主制度是通过一整套民主政治的运行机制与行为规则来体现的，凡是参与到其中活动的社会成员都必须要适应这一运作体系，并受到一整套规范加以严格约束。因此，对于社会成员有关民主制度规范的培养和严格训练就十分必要。而这种培养和训练与前一种相比，显然是更为重要的。如果说民主观念的培养和训练的落脚点还是将社会的民主观念"内化"为公民个人的社会观念，形式上看还是属于个人的事情；那么民主制度规范的培养和训练，从一开始就是社会的事业，被培养和训练者都必须确立一种强烈的社会责任感，并决心要以自己的实际行动去维护、巩固社会的民主制度。因为民主制度是社会行为的总规范，它集中体现着民主与法治的关系。正如社会主义民主与法治一样，它集中体现了人民的意志，保障着人民的合法权利和利益，调节着人们之间的关系，规范和约束着人们的行动，制裁和打击着各种危害社会的不法行为。

文化活动。从一般意义上说，文化属于社会的意识形态。把它狭义化，文化则是指社会的教育、科学、文学艺术、新闻出版。从文化的成果所发挥的社会功能来看，文化都是为着养育人的精神的，都有着教育的性质。为人的精神所创造反过来又养育着人的精神；被养育着的精神又能创造出新的文化，可以说这是文化的一个显著特点。

（二）思想政治教育的作用

因为有思想政治教育的地位，所以才会有思想政治教育的作用。但是，这个作用不仅要建立在思想政治教育地位的基础之上，还必须受到社会基础和历史条件的制约，并且后者对于思想政治教育的作用来说，具有宏观的、根本性的意义。当前时代与过去时代的很大不同在于，和平年代取代了战争年代，市场经济取代了计划经济，信息化社会也在逐步取代着非信息化社会。

这些巨大的、根本的变革赋予了新时期思想政治教育更多的作用。具体如下：

1. 保证的作用

思想政治教育能把社会所要求的思想观点、政治观点和道德规范灌输给人民大众，使他们理解并支持党和国家的方针政策，培养他们形成符合社会要求的思想品德，进而为社会进步和发展提供保证。这就是思想政治教育的保证作用。在构建和谐社会的今天，对科学理论说服力量的重视，对人的主体性的重视，都决定着思想政治教育的保证作用更多地体现为理论的保证作用和心理的保证作用。

然而实践证明，没有科学理论为指导的实践是盲目的实践，而盲目的实践最终导致失败。在我国当前的思想政治教育实践活动中，都是以马克思列宁主义、毛泽东思想、邓小平理论、"三个代表"重要思想和科学发展观、习近平新时代中国特色社会主义思想作为指导的。在这些科学理论的指导下去解决人民内部的矛盾和问题，就会沿着正确的方向去做。只有通过正确的思想政治教育，才能够把党的基本路线、方针、政策和国家各项法律法规灌输进人心，从理论上让民众清楚地了解到要在中国共产党的领导下，要在中国特色社会主义理论的指导下，走中国特色社会主义道路。这样才能在构建和谐社会的经济建设和各项工作中，防止和排除各种错误思想与倾向的干扰，保证朝着正确的方向发展。

2. 服务的作用

思想政治教育就是为社会发展和人的发展服务的。为社会发展服务体现在思想政治教育能团结与动员各方来建设中国特色社会主义社会上。首先，通过思想政治教育，能够让全国各界凝聚人心、统一认识，集中力量办大事，朝着某一个方向发展。在这个过程中，能建立起人与人之间的互相尊重、互相信任的良性关系。而这一点是思想政治教育最为闪耀的特色。每在我党我国发展的困难时期，思想政治教育都能团结起绝大多数人坚定方向、克服万难。其次，通过思想政治教育，激发人们的积极性、主动性和创造性。这中间是分党员和非党员两个层次的。对于党员来说，思想政治教育能加强他们的党性，使他们时刻认识到为人民服务的重要性，自觉发挥表率的作用，保持同人民群众的血肉联系，为群众做好事、做实事。对于非党员来说，细致、深入、持久的思想政治教育能动员、鼓舞和团结各族人民，向群众讲清楚进行中国特色社会主义建设和构建和谐社会的意义，把社会发展的意义与自身发展的意义紧密结合起来，以此激发人们正确的行为动机，并且通过和谐社会环境的营造将思想政治教育更深层次地展开，从人民群众自我价值的实现来入手，使他们为实现党和国家确定的经济建设和社会发展的宏伟目标而共同奋斗。

思想政治教育对人的服务作用体现在培养人的全面发展和开发人的内在潜能上。人的全面发展不单单只是个人的发展，而是指社会的全体成员普遍得到全面的发展。在以往社会发展的轨迹中，因为有了社会分工，就有了体力劳动与脑力劳动的分工。在社会长久的发展、阶级的不断变迁中，体力劳动与脑力劳动的分工不再是尊崇人的自然属性而是以畸形的方式固定下来，"劳心者治人，劳力者治于人"。不同的社会职能不再是固定的，而应该是人为了适应不同的劳动需求而变化不同的工作，才具有不同的社会职能。在交替变换的社会职能中，人先天的和后天的能力得到了自由的发展，人的才能得到多方面的发展，个人的社会关系得到不断的丰富，最后达到个体与社会的协调统一的发展。在人的全面发展中，思想政治教育要重视人们的思想政治素质和科学文化素质。人的思想政治素质是人最重要的素质之一，它决定着人的发展方向，会直接影响着人的智力、体力的发展。科学文化素质在当今越来越凸显其重要性，对科学的崇尚，对中国气派和世界优秀文化的学习吸收把人逐步培养成德、智、体、美、劳全面发展的人。

通过思想政治教育，能够最大限度地发挥人的主观能动性和挖掘人的内在潜能。在知识经济时代，人才是最稀缺的资源，各国都纷纷展开人才争夺战。21世纪的人才是最具有创造和创新能力的人才。近年来，我国科教兴国、人才强国战略的广泛实施，把人的全面发展和人才资源开发提到了一个前所未有的高度。思想政治教育在这之中起到的作用就是深度挖掘人的能动性。人的能动性是隐蔽的和有层次的，是不可能自发地完全地释放出来的，要通过思想政治教育，在尊重人的兴趣爱好的基础上，充分发挥人的特长与优势。首先依据人的天赋发挥人的潜能；其次，调动人的主动性，促成自我学习与追求，帮助人的智力与能力发展；最后，在培育人内心的强大和坚定的信念，只有拥有这种信念，才能够在长期困苦的科研探索和寂寞的学术之路上不怕困难、勇于牺牲，排除一切杂念和干扰，全身心地投入到崇高的事业中。

综上所述，思想政治教育在中国革命和建设中具有"生命线"和"中心环节"的指导地位，这个地位是历史实践得出的经验总结。对于当前的经济建设和社会发展来讲，思想政治教育具有保证和服务的作用。但是，这个作用不是一成不变的，会依据地位和时代的诉求不断变化和丰富的。

三、高校思想政治教育的理论基础

（一）马克思主义哲学的世界观和方法论

马克思主义哲学是人类以往科学和哲学思想发展的光辉结晶，是整个马克思主义的重要组成部分，马克思主义哲学即辩证唯物主义和历史唯物主义，是以整个世界作为自己的研究对象，揭示了自然界、社会和人类思维发展的一般规律的科学，是人们认识世界、改造世界的强大思想武器，是无产阶级及其政党完整而彻底的世界观和方法论，恩格斯说："不管自然科学家采取什么样的态度，他们还是得受哲学的支配，问题只在于：他们是愿意受某种坏的时髦哲学的支配，还是只愿意受一种建立在通晓思维的历史的成就的基础上的理论思维的支配。"思想政治教育学是关于人的思想和行为变化规律以及如何根据这一规律有效地进行思想政治教育工作的一门科学，思想政治教育工作是做人的工作的，在人的问题上，最根本的问题就是世界观问题，思想政治教育学所阐述的理论，是马克思主义哲学原理的具体运用，辩证唯物主义和历史唯物主义的基本原理贯穿于思想政治教育的全过程，因此，马克思主义哲学理所当然也应当作为思想政治教育学的研究指南和理论基础。

辩证唯物主义最基本的原理，是物质的第一性、意识的第二性，物质决定意识，意识对物质具有能动的反作用。人类不同于其他动物的特点，区别就在于人是有意识的，人们是通过自己的意识来认识世界和改造世界的。这就是人的主观能动作用，这就是人的意识对客观世界的反作用。不承认或低估意识的反作用和能动作用，是错误的。但是，马克思主义强调意识的反作用，与唯心主义史观夸大意识的作用有本质的区别。马克思主义经典作家反复强调，在经济因素与社会意识的"交互作用"中，经济运动归根结底是作为一种必然的东西出现而去推动社会发展。在这个前提下，马克思主义强调先进社会意识的作用，强调理想的作用，并且把它看作发展无产阶级意识的主要手段。

因此，用先进的、科学的思想教育和武装广大人民群众，来提高人民群众认识世界和改造世界的能力，引导人民群众为实现远大的社会理想而奋斗，就成了无产阶级实现历史使命的客观要求。在实际工作中，"思想领先"是意识能动作用的重要表现。如果正确的思想领先，就会使工作取得成效，相反，就有可能失败。同时，尽管有正确意识，也不能保证人人都能自始至终地自觉运用它来支配行动，所以，正确理论要发挥自己的作用，就必须深入实际，相信群众、依靠群众，说服、教育群众，这正是思想政治教育的作用和目的。思想政治教育要求"思想领先"这个辩证唯物主义的原则，使马克思主义的先进理论不仅赶上实际工作，而且走在实际工作的前面，这样才能指导人们的实践不断向更高阶段发展。

唯物辩证法是唯一科学的方法论，它要求人们用全面的、发展的、联系的观点看问题，坚持具体问题具体分析，来根据主客观条件制订实施计划，有目的地、能动地改造客观世界。它为思想政治教育学提供了科学的方法论。用全面的观点和方法看问题，用发展的观点和方法看问题以及具体问题具体分析等就成为思想政治教育的方法论要求。客观世界是复杂多样的统一的物质世界，人们的思想与行为也是复杂多样的，要正确认识和解决人们的思想与行为问题，就要坚持客观性、全面性原则，切忌主观性、片面性。要从事物的相互联系、变化运动中把握问题的实质，要运用不同方式、方法解决不同的矛盾，坚持两点论与重点论的统一，使思想政治教育有效地做到点子上，落到实处，以提高思想政治教育科学化的水平。

辩证唯物主义认识论科学地揭示了人的思想产生和发展的一般规律。"实践、认识、再实践、再认识这种形式，循环往复以至无穷，而实践和认识之每一循环的内容，都比较地进到了高一级的程度。而这就是辩证唯物论的全部认识论，这就是辩证唯物论的知行统一观。"思想政治教育学依据辩证唯物主义认识论原理，研究人的思想形成和发展变化的规律，并且依据这个规律提出了一些思想政治教育的理论原则和方式方法。

历史唯物主义中关于政治与经济关系的基本原理，是思想政治教育学的又一重要依据，马克思主义认为，政治来源于经济，又为经济服务。所以，政治对经济的作用，既是指导作用，又是服务作用，正确的理解政治与经济的辩证关系原理，有利于我们正确认识思想政治教育的必要性，其一由经济决定的。其二，政治对经济又有反作用，但这种反作用必须通过一定的方式来表现，这种方式是多种多样的，有国家的行政管理措施，有各种政治运动，也有上层建筑其他因素的反作用，其中，思想政治教育就是政治对经济反作用的一种极为重要的方式，并且渗透在其他反作用方式中。就这个意义上说，思想政治教育是最直接体现政治要求、政治意图和完成政治任务的手段，在经济建设中，只有做好思想政治教育，才能够保证工作发展的社会主义方向，引导人们去树立社会主义市场经济观念，才能成为推动经济建设的巨大动力。

（二）中国特色社会主义理论体系

1.中国特色社会主义

（1）核心观价值

社会主义核心价值观主要由坚持马克思主义指导思想，坚持中国特色社会主义共同理想，坚持以爱国主义为核心的民族精神和以改革创新为核心的时代精神和坚持社会主义荣辱观组成。社会主义核心价值观包括：要倡导富强、民主、文明、和谐，倡导自由、平等、公正、法治，倡导爱国、敬业、诚信、友善，积极培育社会主义核心价值观。

共生、共识、共存、共产、共享、共荣、同生、同识、同存、同产、同享、同荣，核心价值观是中国人民的首创精神，是一切发展的根基，中国特色社会主义核心价值观是社会发展不可脱离的核心体系，共同生存发展的准则。

（2）理论特点

①时代性

中国特色社会主义文化作为一个历史范畴，虽然有着其超越时代的共同性，但作为一定文化的总体而言，总是一定思想下的产物，不同社会思想具有不同性质的文化，解放思想成为中国特色社会主义发展的必经之路，中国社会主义经济转型，因而有中国特色社会主义的思想文化必然带有这个时代的基本特点，它必须同社会主义基本经济制度政治制度结合在一起，围绕着建设富强民主思想文明的社会主义现代化国家的根本任务，以实体经济建设为中心，坚持改革开放，坚持四项基本原则，为人民服务，为社会主义和谐社会服务。

②民族性

一种源远流长的传统文化之所以能够不断地延续和发展，自有其深刻的道理，不管人们如何认识和把握它，它都要作为一种历史的积淀和社会意识的潜流，渗入社会心理的深层，同人们的生活方式、思维模式、行为标准、道德情操、审美情趣、处世态度以及风俗习惯融为一体，成为"化民成俗"的东西，成为人们生下来就濡染其间的一种精神家园，建设有中国特色社会主义的文化，深深植根于人民群众的历史创造活动，继承发扬民族优秀文化和革命文化传统，吸收了世界文化成果，形成了社会主义内容和中华民族形式相结合的全新的文化。

③科学性

作为上层建筑重要组成部分的有中国特色社会主义的文化，正确地反映了自然和社会的本质及其发展规律，坚持了同自然观、社会观中一切非科学的文化思想进行坚决斗争的立场，为了决策民主化和科学化提供理论依据。

④民主性

发展社会主义民主政治，是中国共产党始终不渝的奋斗目标。没有民主就没有社会主义，也就没有社会主义现代化，继承优良的民主传统和作风，增强民主意识，同封建主义、文化专制主义残余进行不妥协的斗争，使民主精神在广大群众中生根开花，是有中国特色社会主义的文化题中应有之义。贯彻"三不主义"，弘扬主旋律，提倡多样化，自由讨论、自由创作和不同学派、不同风格的自由发展，使文化园地百花齐放、百家争鸣；同时，合理吸收外国文化一切好的东西，使有中国特色社会主义的文化成为海纳百川、兼容并包的博大体系，是这一文化民主性的重要表现。

2. 新时代社会主义思想

（1）思想形成

国内外形势变化和我国各项事业发展都给我们提出了一个重大时代课题，这就是必须要从理论和实践结合上系统回答新时代坚持和发展什么样的中国特色社会主义、无论怎样坚持和发展中国特色社会主义，包括新时代坚持和发展中国特色社会主义的总目标、总任务、总体布局、战略布局和发展方向、发展方式、发展动力、战略步骤、外部条件、政治保证等基本问题，并且要根据新的实践对经济、政治、法治、科技、文化、教育、民生、民族、宗教、社会、生态文明、国家安全、国防和军队、"一国两制"和祖国统一、统一战线、外交、党的建设等各方面去作出理论分析和政策指导，以便利于更好坚持和发展中国特色社会主义。

围绕这个重大时代课题，我们党坚持以马克思列宁主义、毛泽东思想、邓小平理论、"三个代表"重要思想、科学发展观为指导，要坚持解放思想、实事求是、与时俱进、求真务实，坚持辩证唯物主义和历史唯物主义，紧密结合新的时代条件和实践要求，以全新的视野深化对共产党执政规律、社会主义建设规律、人类社会发展规律的认识，进行艰辛理论探索，取得重大理论创新成果，就形成了习近平新时代中国特色社会主义思想。

（2）主要内容

第一，明确坚持和发展中国特色社会主义，总任务是实现社会主义现代化和中华民族伟大复兴，在全面建成小康社会的基础上，分两步走在21世纪中叶建成富强民主文明和谐美丽的社会主义现代化强国。

第二，明确了新时代我国社会主要矛盾是人民日益增长的美好生活需要和不平衡不充分的发展之间的矛盾，必须坚持以人民为中心的发展思想，不断促进人的全面发展、全体人民共同富裕；明确中国特色社会主义事业总体布局是"五位一体"、战略布局是"四个全面"，强调坚定道路自信、理论自信、制度自信、文化自信。

第三，要明确全面深化改革总目标是完善和发展中国特色社会主义制度、推进国家治理体系和治理能力现代化。

第四，明确全面推进依法治国总目标是建设中国特色社会主义法治体系、建设社会主义法治国家。

第五，明确党在新时代的强军目标是建设一支听党指挥、能打胜仗、作风优良的人民军队，要把人民军队建设成为世界一流军队。

第六，明确中国特色大国外交要推动构建新型国际关系，推动构建人类命运共同体。

第七，明确中国特色社会主义最本质的特征就是中国共产党领导，中国特色社会主义制度的最大优势是中国共产党领导，党是最高政治领导力量，提出新时代党的建设总要求，突出了政治建设在党的建设中的重要地位。

（3）重大意义

新时代中国特色社会主义思想，是对马克思列宁主义、毛泽东思想、邓小平理论、"三个代表"重要思想、科学发展观的继承和发展，是马克思主义中国化最新成果，是党和人民实践经验和集体智慧的结晶，是中国特色社会主义理论体系的重要组成部分，是全党全国人民为实现中华民族伟大复兴而奋斗的行动指南，必须要长期坚持并不断发展。

第二节 高校思想政治教育的特征与目标

一、高校思想政治教育的内涵及特征

（一）高校思想政治教育的内涵

大学生思想政治教育是指高校按照一定的社会要求，对大学生实施有目的、有计划、有组织的思想品德、政治素质和心理素质进行教育，要把大学生培养成有中国特色社会主义事业的合格建设者和接班人的一种实践活动。大学生思想政治教育作为高校意识形态工作的主渠道和主阵地。在当代中国，坚持马克思主义指导思想，关键是要坚持以马克思主义中国化最新理论成果为指导，引导青年学生不断增强道路自信、理论自信、制度自信、文化自信，把实现中华民族伟大复兴中国梦的满腔热情转化为刻苦学习、努力工作、报效祖国的实际行动。大学生的思想政治教育作为我国高等教育的一个重要组成部分并且具有着鲜明的中国特色，内容是系统的而不是零散的，具有严密的科学体系。它既包括思想教育、政治教育这样的主导型教育，也包括道德教育、心理教育、法纪教育等基础性教育。

大学生思想政治教育就是一种实践活动。在大学生思想政治教育活动中，大学生作为思想政教育的主体和客体，实现了双重身份统一，"思政课"则成为大学生思想政治教育的工具，以实现把大学生培养成社会主义伟大事业的合格的建设者和接班人为目标。坚持马克思主义在各项教学内容中的主导地位，保持思想政治教育的社会主义方向，用中国特色社会主义理论体系武装大学生的头脑，树立中国特色社会主义的共同理想，树立正确的世界观、人生观、价值观，促进大学生的全面发展，着力增强大学生的社会责任感、创新能力和实践能力。由此看来，大学生的思想政治教育既是一个思想道德问题，也是一个政治问题。

为了完成社会主义现代化建设，实现中华民族的伟大复兴，确保中国在激烈的国际竞争中处于不败之地，只有加强对大学生进行思想政治教育，才能培养出高素质的人才，为社会做出应有的贡献。

（二）高校思想政治教育的特征

研究和把握当代大学生思想政治教育的特征，既是对大学生思想政治教育内涵的补充，也是搞好大学生思想政治教育的关键环节。接下来，从以下几个方面的特征进行深入分析和总结。

1. 政治性——明确正确的政治方向

"政治性"表现在几个方面？从一般到具体。每一个国家、每一个社会都有着自己占统治地位的思想。统治阶级总是利用各种手段来维护自己思想的统治地位。思想政治教育作为阶级统治的工具，具有鲜明的阶级性。一个阶级是社会上占统治地位的物质力量；同时，也是社会上占统治地位的精神力量。

而作为社会主义制度国家，我国思想政治教育的政治性表现在以下三方面。①反映维护广大工人农民阶级利益的思想政治工作的出发点和落脚点是实现好、维护好、发展好最广大人民的根本利益，尤其广大工人农民阶级的利益。②反映巩固社会主义制度。思想政治教育是使我国改革开放和现代化建设沿着巩固社会主义制度的方向发展、防止迷失方向的保证，是使我国社会主义制度得到巩固和发展，就是要深刻认识和把握中国特色社会主义制度的本质和特征，坚持党的领导、人民当家作主和依法治国的有机统一，大力促进经济、政治、文化、社会、生态等各方面制度的创新、发展和完善。③宣传党的纲领、路线、方针和政策，维护民主集中制和党的纪律；坚持思想建党和制度治党相结合；思想教育要突出重点，加强了党性和道德教育，引导党员、干部坚定理想信念，坚守共产党人的精神追求。党员、干部必须认真学习相关知识，自觉用贯穿其中的立场、观点、方法去武装头脑、指导实践、推动工作，始终不渝的为中国特色社会主义共同理想而奋斗。

意识形态工作是党的一项极端重要的工作，而思想政治教育作为意识形态工作的一个方面，大学生作为人民群众中最具生命力和创造力的一个群体，高校要把思想政治教育工作摆在更加突出和重要的位置，始终要坚持马克思主义的指导地位。在对其进行思想政治教育的过程中更是应该明确其鲜明的政治性，坚持正确的政治方向，运用马克思主义的立场、观点和方法分析和解决问题，坚定的共产主义信仰，牢固树立中国特色社会主义理论自信、制度自信、道路自信和文化自信。

2.时代性——跟紧时代的步伐，与时俱进

思想政治教育的时代性，就是要把握时代脉搏，与时俱进，不断地推进思想政治教育理论创新。随着时代的不断发展，使思想政治教育的时代性成为思想政治教育工作者需要一直面临的问题。时代的不同，决定了思想政治教育的目标、内容和方法也不尽相同。思想政治教育的时代性要求思想政治教育要在关注时代发展的基础上，要根据不同形势下的经济社会发展状况，思想政治教育既要在理论上进行创新和发展，又要使思想政治教育实践与理论相一致。时代的发展，也必将出现了新的特征和发展趋势，思想政治教育时代性，要把握时代发展潮流，体现出时代特点，不断地对思想政治教育理论进行创新和发展，使思想政治教育时代性体现在理论和实践的过程中。

而大学生思想政治教育也要紧跟时代步伐、社会发展的节奏，不允许滞后和倒退，具有鲜明的时代特征。这一特征主要体现在对当前党的路线、方针、政策等，以及这些内容的理论来源和现实依据的及时更新。因此，我国的思想政治理论教育内容必然包括了马克思列宁主义、毛泽东思想、邓小平理论、"三个代表"重要思想、科学发展观，和习近平新时代中国特色社会主义理论体系、社会主义核心价值观等内容。而这些内容的学习要与当今理论发展保持一致，对大学生理解理想信念教育、爱国主义教育、人生观教育、道德理论教育、生态文明教育等具有现实意义。思想政治教育只有融入时代的理论内容，理论教育才更具生命力，才更容易被大学生所掌握；时代性特征体现在大学生思想政治教育内容中，就是要做到理论联系实际；让大学生掌握先进正确的理论知识从而更好地指导实践活动，处理好实践中的热点与难点，这样的思想政治教育更具说服力。

3.实效性——切实做到以学生为本

大学生思想政治教育的实效性可以理解为，高校要按照大学生思想政治教育目标和教育内容的要求，结合高校思想政治教育的特点，发挥高校思想政治教育功能，对大学生开展思想政治教育活动，提升思想政治教育结果（即，大学生思想政治素质、道德品质和心理素质）与思想政治教育结合程度的实践过程，使大学生思想政治教育的各项任务落到实处，要真正做到以学生为本，把以学生为本的思想贯穿于高校思想政治教育工作的始终，秉着一切为了大学生全面发展和健康成长的理念，要从大学生的个性成长和实际

需求出发，有针对性地做好大学生思想政治教育工作。

（1）要转变观念，树立以学生为主体的理念

大学生思想政治教育的根本目的，就是促进大学生的成长成才，因此必须要确立以学生为中心的思想，充分尊重学生的主体地位和个性特征；应当摒弃过去那种忽视学生个体差异而采取居高临下、空洞冗长的说教式、灌输式思想教育的方法。要在贴近学生实际、深入了解学生各方面情况的基础上，找准教育引导的切入点和着力点，从大学生的个性发展和实际需求出发，要有针对性地做好大学生思想政治工作。

（2）要把大学生内在的积极性和主动性调动起来

大学生思想政治教育工作就是将作用于大学生身上的外部压力，转化为大学生的内部压力而完成这种转化，不能仅仅去依靠教育者的努力，更需要依靠学生的自我感悟和自我教育。所以，按照教育与自我教育相结合的原则，大学生思想政治教育工作的各项措施都要符合当代青年学生的心理需要，体现以学生全面发展为本，在发挥好学校教育引导作用的同时，培养学生积极主动的人生态度，能实现学生自我学习、自我教育、自我提高的目的，促进学生全面发展健康成长。

（3）高校思想政治教育要满怀关爱与责任

为大学生的成长成才服务，而且坚持把解决学生的思想问题和其他实际问题结合起来。高校思想政治教育既要教育人、引导人，又要关心人、帮助人。对学生倾注更多的关爱和支持，多些理解和尊重，以满腔热情积极帮助解决学生面临的各种实际问题。要切实树立一切为了学生、为了一切学生、为了学生的一切的意识，做到急学生之所急、办学生之所盼。及时地为大学生排忧解难，变成为春风化雨、润物无声的思想教育工作。

（4）根据不同层次学生的实际，建立分层递进的思想政治教育目标

由于学生在面对没有层次性的、过高的目标要求，会很容易出现混乱的现象。因此，高校思想政治教育需分层次、有步骤地引导学生从低级向高级，脚踏实地地从基本的道德要求向较高的道德追求迈进。在大学的整个教育环节，专科一年级到三年级，本科一年级到四年级，每个年级都应该有教育重点。对刚入学的新生，学校组织的教育重点应该是遵章守纪和怎样读好书。教育学生遵守学校的各种规章制度，上升到遵守国家的法律、法令，

以此约束自己的学习、思想和生活，在学习进步的同时，也要逐步学会做人做事，恪守人格尊严。对大二学生来说，学校教育的重点应促使每一位青年学生集中精力学好每一门课程，无论是公共课、专业课还是选修课，都要求每一个学生要认真学，不分心，不偏科，正确处理好读书与积极参加社会活动的关系，正确处理好读书与谈恋爱的关系，正确的处理好读书与生活中遇到的问题的关系。全身心投入读书，力求使各门功课都学得比较扎实一些。对大三大四的学生来说，学校教育的重点在于鼓励每一个学生在搞好学习的同时，逐步转入对学生的就业教育。引导学生树立正确的就业观，处理好就业、择业、创业间的关系，积极的倡导学生先就业、后择业、再创业。在整个大学阶段，除了每学年对他们进行侧重教育外，理想信念教育及世界观、人生观、价值观的教育应贯穿于高校各个阶段教育的始终。

（5）努力把思想政治教育做到大学生的心里去

切实提高思想政治教育的吸引力和感染力，而不是空喊口号，应当进一步改进思想政治理论课的教学方法。采取灵活多样的政治理论学习方式，更加有效地发挥思想政治理论课的主渠道作用。要将教师的言传口授与学生的能动思考有机结合，贴近大学生思想特点和思维习惯，让大学生从乐闻到信服。还要注重把积极的思想政治教育工作理念贯穿于各项主题活动中，通过一系列创新性校园与社会实践活动，使学生在实际参与中获得自我提升。要把以学生为本与以教学为中心统一起来，要把注意力放在提高教学质量上，真正把以学生为本的教育理念落实到日常教学中，去加强学风建设，提高教学质量；落实到大力加强德育工作，推进素质教育上来。切实提高高校思想政治教育工作的影响力和实效性。

4.针对性——提倡现实和个性

新时期高校思想政治教育即将面临的一个重要课题，就是探索在复杂的社会环境中，如何引导大学生学会分辨，学会选择，健康成长，这就要求思想政治教育要有针对性。不同学生群体倡导分类教育，绝不搞一刀切、一勺烩，而是在教育载体、内容和层次上有所区分和侧重，开展差异化、多样化思想政治教育，其最终目的就是帮助学生掌握正确的立场、观点、方法，认清哪些是先进的、代表社会前进方向和人民根本利益的，哪些是陈腐的、有害的、即将衰败的，哪些是对社会主义制度和广大人民的利益以及对个人的成长成才有害的。帮助学生透过社会现象看本质，认识社会主义的强大生命力，把握社会主义社会的主流价值观，一旦学生有了辨真伪、明是非的能力，就不会惧怕复杂的社会环境，就能在复杂的社会环境中健康成长。

然而对于校内各种活动和社会实践活动来讲，大学生除了学习书本知识外，还应该积极参加校内各种活动和社会实践活动第二课堂：组织大学生参观革命纪念馆，增强对中国特色社会主义的道路自信、理论自信、制度自信、文化自信。通过理论与实践的不断结合，要逐渐丰富自己的知识，为走上社会打牢基础。对于高校来讲，要针对大学生心理和身心成长要求，在注重课堂教学的同时，组织好各种选修课和讲座，并且邀请专家学者深入讲授广大学生普遍关心的一些问题，丰富学生的知识面。在课堂之外，则由班级、院和学校的相关部门，多组织一些能提起学生兴趣爱好的各种课外活动，使学生乐于参与其中并培养做成一件事的团队精神，同时也可以让学生自己的兴趣爱好得到深层次的挖掘，充分发挥自己的价值。对于家长和社会来说，则要支持学校组织的对学生的各种教育，把对学生的定位要求同学校的各种教育很好地联系起来，绝不另搞一套，也不放任不管，更不能向学生灌输社会上一些不健康的思想文化和违反社会道德规范的行为准则。学校、家长、社会相互配合，在通过校内外各种有针对性的思想政治教育活动，使广大青年学生走好他们成长中的每一步。

5.科学性——根本方向和出路

（1）指导思想要科学

指导思想受制于党的政治路线、思想路线和组织路线，这些路线错了，思想政治教育的指导思想肯定也是错误的。高校思想政治教育坚持以马克思列宁主义、毛泽东思想、邓小平理论、"三个代表"重要思想、科学发展观、习近平新时代中国特色社会主义思想为指导，要全面落实党的教育方针，以理想信念教育为核心，以爱国主义教育为重点，以思想道德建设为基础，以大学生全面发展为目标，解放思想、实事求是、与时俱进、求真务实，坚持以人为本，贴近实际、贴近生活、贴近学生。

（2）内容要科学

内容的科学性体现在理论要彻底：马克思说过，理论只要彻底，就能够说服人，而理论一经群众掌握，就会变为不可遏制的巨大物质力量。高校思想政治理论课作为大学生思想政治理论教育的主导，在青年学生中树立正确的世界观、人生观、价值观的重要途径。但是在现实生活中，正确的认识过程往往是很曲折的，需要在同一切谬误作斗争的过程中得以实现。思想政治教育既要注重引导大学生追求正确的"三观"，也要注意引导他们辨清各种错误思潮，与其划清界限。马克思主义理论体系是高校思想政治理论教育的主要内容，是被实践证明了的科学理论。一方面，必须要始终坚持马克思主义理论的教育，随着当代马克思主义中国化成果的不断丰富和创新，高校思想政治理论教育的内容也必须随着实践的发展而不断完善，坚定大学生树立正确"三观"的信心；另一方面，面对国际国内的各种消极因素和错误思潮，必须用马克思主义的立场、观点和方法，通过科学的研究和分析，做出正确的回答和有说服力的辩驳。对一些受到不良影响的大学生，则是通过摆事实、讲道理，引导他们追求真理，使之成为青年学生内在的心理需求和自发的行动。

（3）方法要科学

在时代发展的前提下，准确把握在思想政治教育的规律性，增强其实效性。高校思想政治教育是在特定的环境下，在特定的群体中进行的，不同学校在培养目标、专业方向设置上是有着很大的差异的。同样，同一专业中不同年级又各有不同的特点，同一年级的不同对象的思想品德状况又不尽相同。因此，在进行思想政治教育方法的选择上都要充分考虑到这些特殊的情况。当然，从一般意义上说，不管教育方法如何去千变万化，思想教育的目标无非都是通过群体教育和个体教育、直接教育和间接教育的形式去实现的。因此，不论最后采取什么方法都应该从高校及学生的实际出发，增强效果，有针对性地进行取舍。只有这样，高校思想政治教育才会事半功倍。

二、高校思想政治教育的目标

大学生思想政治教育的目标是高等学校人才培养目标的有机组成部分，是大学教育对学生提出的有关思想政治素质、道德品质等方面的要求。这种要求是社会、国家、学生个体对教育的客观反映，在大学生思想政治教育中，它处于核心地位。思想政治教育目标是社会发展中一个根本性、方向性的问题，它为民族的振兴和发展，国家的长治久安提供了精神保证。为实现这一总目标，我国围绕思想、政治、道德、法纪、心理等内容展开。

新中国成立以来，党和国家在不同的历史时期，根据不同的历史条件和学生的思想实际，围绕着"共产主义理想教育"和"党的路线、方针及政策教育"为中心进行的，并且提出过不同的思想政治教育目标。高等院校的基本任务是适应社会主义建设的需要，培养具有一定马克思主义理论水平、实际工作必需的基本知识，掌握科学技术的最新成就和理论联系实际的能力，并且身体健康、忠于祖国、忠于社会主义事业和准备随时保卫祖国的高级人才。

大学生应具有爱国主义和国际主义精神，具有共产主义道德品质，拥护共产党的领导，拥护社会主义，愿为社会主义事业服务，为人民服务，通过学习和一定的生产劳动、实际工作锻炼，逐步去树立无产阶级的阶级观点、劳动观点、群众观点、辩证唯物主义观点。学校的思想政治工作要旗帜鲜明地对学生进行系统的马克思列宁主义的立场、观点、方法教育，以及分析问题、解决问题的能力，逐步树立辩证唯物主义世界观。

加强和改进大学生思想政治工作，要在全面做好各项工作的基础上深入来进行以下几方面的教育。

（一）以理想信念教育为核心

深入进行正确的世界观、人生观、价值观教育，要使所有大学生都明白，党和人民对当代大学生寄予殷切期望，中华民族的伟大复兴需要大学生去奋斗，青春只有在为祖国和人民的真诚奉献中才能更加绚丽多彩，人生只有融入国家和民族的伟大事业才能够闪闪发光。

（二）以爱国主义教育为重点

引导大学生增强民族自尊心、自信心、自豪感，做到以热爱祖国贡献全部力量建设社会主义祖国为最大光荣，以损害社会主义祖国利益、尊严和荣誉为最大耻辱。

（三）以基本道德规范为基础

深入进行公民道德教育，引导大学生自觉遵守爱国守法、明礼诚信、团结友善、勤俭自强、敬业奉献的基本道德规范，来养成良好的道德品质和文明行为。

（四）以大学生全面发展为目标

要深入进行素质教育，促进大学生思想道德素质、科学文化素质和健康素质协调发展。执行课程新方案，加强和改进思想政治理论课的指导思想，坚持以马克思列宁主义、毛泽东思想、邓小平理论、"三个代表"重要思想、科学发展观、习近平新时代中国特色社会主义思想为指导，贯彻党的教育方针，解放思想、实事求是、与时俱进，立足于帮助大学生树立正确的世界观、人生观、价值观，深入开展了马克思主义立场、观点、方法教育，开展党的基本理论、基本路线、基本纲领和基本经验教育，开展了基本国情和形势与政策教育，不断的增强高等学校思想政治理论课教育教学的针对性、实效性和说服力、感染力。

我国高等教育肩负着培养德智体美劳全面发展的社会主义事业建设者和接班人的重大任务，必须坚持正确政治方向：必须坚持以马克思主义为指导，全面贯彻党的教育方针。要坚持不懈地传播马克思主义科学理论，抓好马克思主义理论教育，为学生一生成长奠定科学的思想基础。要坚持不懈地培育和弘扬社会主义核心价值观，引导广大师生做社会主义核心价值观的坚定信仰者、积极传播者、模范践行者。要坚持不懈地促进高校和谐稳定，培育理性平和的健康心态，加强了人文关怀和心理疏导，把高校建设成为安定团结的模范之地。要坚持不懈地培育优良校风和学风，使高校发展做到治理有方、管理到位、风清气正。

通过比较研究我国不同历史时期思想政治教育的目标，我国大学总体目标是：教育学生热爱社会主义祖国、拥护党的领导和党的基本路线，确立献身于中国特色社会主义事业的政治方向，要具有坚定正确的政治观；努力学习马克思主义，逐步树立科学的世界观、人生观、价值观；努力为人民服务，具有艰苦奋斗精神和强烈的使命感和责任感；遵纪守法，要具有良好的道德品质和健康的心理素质，勤奋学习，勇于探索，努力掌握现代科学文化知识，使之成为具有高尚人格、高素质的人才。一句话，要把大学生培养成为中国特色社会主义事业的合格建设者和可靠接班人。我国大学思想政治教育目标体系具体包括以下五方面要求。

其一，在思想素质目标上，要坚持学习马列主义、毛泽东思想、邓小平理论、"三个代表"重要思想、科学发展观、习近平新时代中国特色社会主义思想，树立辩证唯物主义的世界观、历史观，逐步学会运用马克思主义的立场、观点和方法分析现实生活中的政治，经济、文化和道德现象的能力，坚定中国特色社会主义共同理想，树立以社会主义、集体主义为核心的人生观和价值观。努力为人民服务，发扬对国家人民的奉献精神和勇于自我牺牲的精神，顾全大局，正确处理国家、集体、个人的关系。

其二，在道德素质目标上，热爱集体，关心集体，个人服从集体，以集体利益为主，依靠集体才能获得成功；明礼诚信，勤俭自强，文明消费，在生活和学习中吃苦在前，享乐在后；积极进取，以勤奋乐观的态度对待生活，对待人生、事业、未来充满信心；要实事求是，在现实中注重内在的真实性、客观性、有效性，反对片面的表面形式；团结友善，敬业奉献，对待工作、学习和生活有严肃认真的态度，勇于接受各种批评意见，努力培养自己高尚的情操和完美人格。

其三，在政治素质目标上，了解中国的历史和国情，继承和发扬中华民族优秀文化传统和中国共产党领导下的革命斗争传统，具有强烈的民族自尊心和自信心，自觉维护祖国的利益、荣誉、独立统一和各民族的大团结。具有忠于祖国、献身人民的自觉性和责任感，要做一个忠诚的爱国主义者。确立建设中国特色的社会主义的共同理想，拥护党的领导，理解和坚持党的基本路线、方针、政策。

其四，在法纪素质目标上，树立社会主义民主法治观念。自觉地学习、维护和遵守宪法和法律，正确行使法律赋予的民主权利，自觉履行法律所规定的义务；培养大学生的民主意识和能力，自己管理自己，在面对问题时能够做出独立的判断和决定，减少从众心理，勇于承担困难和挫折；遵守社会公德和校规校纪，维护集体荣誉，维护学校正常秩序，维护安定团结的政治局面，大学生更应该懂法，守法，担负起法治的崇尚者、遵守者、捍卫者，要学会运用法律手段解决生活中的纠纷和矛盾，用自己的实际行动推进依法治国，让法治成为一种信仰，让思想转变为行动。

其五，在心理素质目标上，心理素质就是一个人的心理过程和心理特征的总体体现，也是个体的认知、情感、意志、行为、性格、气质和能力水平高低的综合标志，大学生应该具备良好的个性心理品质和自尊、自爱、自律、自强的优良品格，具有较强的心理调适能力和较高的个人修养。面对今后的就业、竞争、恋爱、婚姻、困难、挫折，应当充满自信和勇气，保持良好心态。

第三节 高校思想政治教育的内容与任务

一、高校思想政治教育的内容

思想政治教育的内容指的是用什么样的政治思想、世界观和道德规范去教育培养年轻一代的问题，它是一定社会思想政治教育目标的体现和具体化。只有通过与思想政治教育目标相适应的思想政治教育内容的教育，思想政治教育目标才能落到实处并得以实现，高等学校思想政治教育内容应当是中学内容的深化和延伸，当前大学生思想政治教育的内容应涵盖了以下五方面：思想教育、政治教育、道德教育、法纪教育、心理教育。这几方面的区分只是各自作用、层次不同，在其内涵特别在实际操作中是不能完全分离的，它们是相互影响、相互渗透、相互作用的。思想教育在整个思想政治教育内容中都起着导向的作用，为其他内容提供世界观、方法论的基础，对政治教育、道德教育、法纪教育以及心理教育实施起着直接的指导和促进作用。政治教育是思想政治教育内容体系中的根本性内容，它决定着思想政治教育内容的性质和方向，制约和影响着其他方面的内容。道德教育要受思想教育、政治教育的制约和影响，但是它作为思想政治教育中最基础层次的部分，实质上是思想政治教育内容的核心，在思想政治教育中起着奠基的作用，对于坚定政治教育、思想教育、法纪教育的效果具有十分重要的作用。法纪教育是大学生思想政治教育内容的重要组成部分，它通过把法律、纪律等外部的硬性规范内化为教育对象的内在素质，从而为思想政治教育内容的实施、目标的实现提供保障。心理教育是大学生思想政治教育的基础性内容，通过对教育对象良好心理素质的培养，为了其他方面的教育提供赖以实施的基础和平台。

（一）思想认识教育

我国大学生的思想教育应该包括以下内容：世界观、人生观和价值观教育；集体主义与团队精神教育；学风校风教育；社会主义核心价值观教育；生态文明教育；等等。世界观就是人们对世界的基本看法和观点。我国大学生世界观教育是指无产阶级世界观教育，其根本内容如下：教育学生懂得辩证唯物主义的基本原理，培养他们从实际出发、尊重客观规律、实事求是的精神；懂得实践是认识的源泉，它是检验真理的唯一标准；培养他们研究新情况，探索新问题，坚持真理，修正错误的精神；教育学生树立唯物辩证法的基本观点，学会全面地、要发展地看问题；要学会对具体问题进行具体分析，善于分析矛盾和解决矛盾；克服片面地、孤立地、静止地看问题的思想方法；教育学生树立历史唯物主义的观点，使其认识社会发展的必然规律；懂得资本主义社会必然为社会主义所代替，社会主义社会最后必然发展为共产主义社会，要使他们认识人民群众是历史的创造者，树立群众观点和为人民服务的思想；进行科学无神论教育，不追求不可证伪虚无缥缈的东西，以及破除和肃清封建迷信思想。

人生观就是世界观的一个重要组成部分，受到世界观的制约，人生观主要是通过人生目的、人生态度和人生价值三个方面体现出来的，我国的大学生人生观教育是指共产主义人生观教育。它是无产阶级的科学的人生观。它把人的生命活动历程看作认识和改造客观世界的过程，把实现共产主义，为绝大多数人谋利益，看作人生的崇高目的和最大幸福，无产阶级人生观的特点是集体主义，一切都是为了无产阶级和人民群众的利益，把大公无私、舍己为人、全心全意为人民服务视为人生的根本意义和价值，把实现社会主义和共产主义理想视为人生最高的目标。价值观是指个人对客观事物（包括人、物、事）及对自己的行为结果的意义、作用、效果和重要性的总体评价，是对什么是好的、应该的总看法，是推动并指引一个人采取决定和行动的原则、标准。它会使人的行为带有稳定的倾向性。价值观是人用于区别好坏、分辨是非及其重要性的心理倾向体系。我国大学生价值观教育就是指社会主义价值观教育。它与社会主义制度相适应，以为人民服务为核心，以集体主义为原则，大力倡导集体主义和对国家对人民的奉献精神。人生的价值和意义在于对社会所尽的责任和所做的贡献，人生的最大价值和意义，在于努力为人民服务，无私地把自己的一切精力贡献给共产主义事业。注重对当代大学生集体主义与团队精神教育、学风校风教育。当前大学生应重点学习和践行"富强、民主、文明、和谐，自由、平等、公正、法治，爱国、敬业、诚信、友善"的社会主义核心价值观，要树立尊重自然、顺应自然、保护自然的生态文明理念。

（二）政治意识教育

政治教育内容包括马克思主义基本理论教育、中国特色社会主义理论体系教育、爱国主义教育、党团基本知识教育、形势与政策教育。马克思主义基本理论教育是大学生政治教育最关键、最核心的内容。它紧密结合时代发展，帮助学生学习和掌握马克思主义的基本立场、观点和方法，学习和掌握马克思主义中国化的理论成果。加强爱国主义教育，对自己国家与民族的认同，这是每个大学生应具备的最基本的公民意识和品质，了解中国基本国情，树立和弘扬以爱国主义为核心的团结统一、爱好和平、勤劳勇敢、自强不息的伟大民族精神。以此培养共产主义事业新一代的接班人，应加强党的基本知识、共青团基本知识的教育，切实地对大学生进行形势与政策的教育，明确奋斗目标，来增强前进的信心，更好地团结在党中央的周围。

（三）道德教育

1. 加强原则和道德规范教育

深入扎实地开展以为人民服务为核心、以集体主义为原则、以诚实守信为重点的社会主义道德建设，来引导大学生遵守道德规范，提高道德素质，使新一代大学生能够在社会生活中自觉用社会主义的道德规范来指导和约束自己的行为。

2. 进行劳动与职业规范教育

使社会主义思想道德体系与社会主义市场经济相适应，与社会主义法律规范相协调，与中华民族传统美德相承接。大学生毕业后从事一定社会职业，能否胜任岗位工作，既要看他的专业知识和技能，又要去看他对待工作的态度和责任心。有些大学生缺乏对工作的责任感，不安心本职工作，眼高手低，不愿去做具体的工作，特别是缺乏吃苦耐劳的精神。因此，我们应加大对大学生的劳动观念和就业指导，去培养他们树立正确的劳动观念、敬业精神。社会主义市场经济，要求社会成员具有科学、民主、团结、自立、竞争、效益、法制、求实等思想道德观念，它要求社会成员在兼顾个人利益的情况下以国家利益和集体利益为重，培养大学生权利与义务相统一的公民意识，引导他们正确处理好竞争与协作、自主与监督、效益与公平、先富与共富、经济效益与社会效益的关系，要反对见利忘义、唯利是图。另外，加强社会公德、职业道德、家庭美德、环境道德教育。倡导"爱国守法、明礼诚信、团结友善、勤俭自强、敬业奉献"的基本道德规范，引导人们在遵守基本行为准则的基础上，追求更高的思想道德目标。

（四）法纪教育

大学生是 21 世纪社会主义事业的建设者和接班人，他们的法纪观念和公民意识如何，直接关系着我国的社会发展和中华民族的崛起。人的观念、意识的形成发展与巩固要靠教育的内化。我们要培养和教育大学生增强自身的法纪观念和公民意识，使之"知法""守法""护法"，着重加强以下几方面的教育：马克思主义法律观；法治思维、法治信仰；法律基础知识以及守法、用法、护法；社会主义民主与集中；纪律与规章制度。

（五）心理教育

大学是一个竞争非常激烈的环境，而对于年龄在十七八岁到二十二三岁的大学生来说，其心理发展正处在从幼稚走向成熟的过渡时期，情绪不稳定，容易产生心理矛盾，面临许多压力和心理冲突，及时正确化解这些心理矛盾和压力是大学生健康成长的关键，关系我们能否培养出高素质的社会主义事业的建设者和接班人。心理健康教育应包括以下几个方面：身心健康的基本知识；预防心理疾病教育，如心理卫生知识教育、心理疾病的预防教育等；心理调适能力培养与训练，如开展挫折教育等，创新精神和竞争观念的培养。在心理健康教育中，对大学生要着重进行创新精神和竞争观念的培养。

二、高校思想政治教育的任务

（一）"立德树人"的重要性

1. "立德树人"的迫切需要

当前我国的教育方针以"办什么样的教育、怎样办教育"为重点，是以"培养什么样的人、如何培养人以及为谁培养人"为核心，也是教育事业改革和发展的根本指针，规定了教育工作的总方向，凝聚着党和国家对教育事业的总体要求。要坚持教育优先发展，全面贯彻党的教育方针，坚持教育为社会主义现代化建设服务、为人民服务，把立德树人作为教育的根本任务，培养德智体美全面发展的社会主义建设者和接班人。全国高等院校要走在教育改革前列，紧紧围绕立德树人的根本任务，加快构建充满活力、富有效率、更加开放、有利于学校科学发展的体制机制，当好教育改革排头兵。要坚持把立德树人作为中心环节，把思想政治工作贯穿于教育教学全过程，实现全程育人、全方位育人，努力开创我国高等教育事业发展新局面。由此可见，"立德树人"就是我党新时期教育方针的本质要求。

2."立德树人"是社会主义事业发展根本

中国特色社会主义事业已经取得了举世瞩目的巨大成就，经过多年的不懈努力，走出了一条符合中国国情的中国特色社会主义道路，这是一条超越了其他国家的中国式的现代化道路，具有鲜明的时代特征和中国特色。中国特色社会主义道路就是在中国共产党领导下，立足基本国情，以经济建设为中心，坚持四项基本原则，坚持改革开放，解放和发展社会生产力，巩固和完善社会主义制度，建设社会主义市场经济、社会主义民主政治、社会主义先进文化、社会主义和谐社会、社会主义生态文明，建设富强民主文明和谐美丽的社会主义现代化国家，坚持"立德树人"，以此培养以大学生为主的社会主义建设者，确保大学生从理论与实践的结合上深刻领会中国特色社会主义是党和人民长期实践取得的根本成就，深刻领会建设中国特色社会主义的总依据、总布局、总任务，深刻领会夺取中国特色社会主义新胜利的基本要求，领会确保党始终成为中国特色社会主义事业的领导核心。

（二）落实"立德树人"的基本要求

大学生思想政治教育要落实"立德树人"的根本任务，要用好思想政治理论课教学这个主渠道。思想政治理论课要坚持在改进中加强，提升思想政治教育亲和力和针对性，满足学生成长发展需求和期待，其他各门课都要守好一段渠、种好责任田，使得各类课程与思想政治理论课同向同行，形成协同效应。我国高校思想政治理论课有目的、有计划、系统地对大学生进行思想政治教育。通过思想政治理论课向大学生进行马克思主义理论和思想政治教育，帮助学生确立坚定正确的政治方向，树立了无产阶级世界观、人生观、价值观，进而提高学生的思想政治觉悟、辨别是非的能力和独立思考能力，逐步学会运用马克思主义的立场、观点、方法，分析现实生活中的政治、经济、文化道德现象。

加强思想政治理论课建设应做好以下的工作。

1.及时充实、更新教学内容

对党提出的新思想、新观点、新论断进行系统的梳理和深入解读，从重大意义、基本框架、理论创新等方面把党的精神和新时代中国特色社会主义思想纳入教学内容，加快构建中国特色哲学社会科学学科体系和教材体系。

2. 改进教学方法

认真抓好思想政治教育课和各类教育教学课堂教学方法改进的同时，着力开展丰富多彩的第二课堂活动。要结合时事政治的重大变化，举行讲座、讨论会、报告会、讲演会等，对大学生进行时事政治教育、爱国主义教育。英雄模范人物、三好学生标兵事迹介绍、参观革命纪念地、邀请老干部、知识分子、英雄人物作报告等，对学生进行思想教育。听学术报告，组织学术研讨会、学术研究小组、科研小组，开展这些活动，来增长学生的知识，激发他们的兴趣，培养他们不怕困难、勇于探索、追求真理的品质。鼓励和提倡学生参加社会公益活动和其他义务劳动，培养学生爱祖国、爱劳动、勤奋朴实的优良品德和作风。

3. 鼓励参加实践活动

实践活动包括模拟社会实践活动和社会实践活动。模拟社会实践活动是指具有一定教育目标，是在以真实情景为原型的人为情境中，学习操作的教育活动形式。模拟社会实践是在学校内开展"模拟法庭""模拟银行""模拟商店"等。学生通过模拟实践活动了解法律常识、学习法律常识、增强法律意识；了解银行的货币存取和商店的商品交换规则，学习理财和合理消费，从而培养正确的金钱观、消费观。社会实践活动是指在思想政治教育工作中，依照思想政治教育目标有组织、要有计划地引导学生走出校门，深入社会，在与工人、农民、知识分子、商人等社会成员的广泛接触中，了解国情，认识社会，使他们亲身体验、独立自主学习探索，从而进行提高思想觉悟、发展个性特长、培养兴趣爱好、锻炼意志品质，树立社会责任感和历史使命感。社会实践活动中包括了学工、学农、学商的生产劳动；植树种草，帮助孤寡老人、维护公共秩序及交通安全和环境卫生的公益劳动；参观访问、社会调查、社会考察、宣传党的方针政策及政治教育活动以及做家务和参加青年志愿者、学雷锋等社会活动。

4. 大力建设教师队伍

"立德树人"，无疑要立"师德"，大学生思想政治工作是一项塑造灵魂的工程，教师则是人类灵魂的工程师，承担着神圣使命。高校所有教师都应该紧扣"培养什么样的人，为谁培养人，怎样培养人"的时代课题，勤修师德，培养好的师风学风，然后才有资格塑造学生的灵魂。高校思想政治课教师要践行社会主义核心价值观。无论是在课堂还是在课外，都要严谨做人做事，言谈举止都不能违背社会主义核心价值观，真正去实现"全方位育人、全过程育人"。高校思想政治课教师要提高业务能力，善于运用马克思主义的立场、观点和方法解读各种现实问题和社会热点，用足够的理论自信引导学生的思想和认知。并且要密切关注时政，熟悉中央大政方针，紧跟国家发展大势，引导大学生关心社会、关心国家和民族的未来发展。通过加强师德师风建设，提高教师的师德水平和业务能力，来增强他们教书育人的荣誉感和责任感，引导他们以良好的思想政治素质和道德风范教育影响大学生，以高尚的人格魅力和渊博的学识魅力感染激励大学生。引导广大教师从而以德立身、以德立学、以德施教。

大学生思想政治教育要落实"立德树人"，必须坚持中国共产党的领导。高校党委要确保高校正确的办学方向，掌握高校思想政治工作主导权，保证高校始终成为培养社会主义事业建设者和接班人的坚强阵地；高校党委对学校工作实行全面领导，去制定正确的办学治校理念，把握高校发展方向，适时调整高校决策并提高党的基层组织做思想政治工作能力。加强党员队伍教育管理，组织党员深入开展学习教育，认真做好在高校优秀青年教师、高校学生中发展党员工作，使得每个师生党员都做到在党爱党、在党言党、在党为党。

各级党委要把高校思想政治工作摆在重要位置，加强领导和指导，形成党委统一领导、各部门各方面齐抓共管的工作格局。各地党委书记和有关部门党组书记要多到高校走走，多同师生接触，多去高校作报告，回答师生比较关注的理论和现实问题。要加强同高校知识分子的联系，多关心、多交流、多鼓励，多听他们的意见。

积极培育和践行社会主义核心价值观，是大学生思想政治教育"立德树人"根本任务的应有之义和必然要求。引导大学生积极培育和践行社会主义核心价值观，正是"立德树人"的关键。在当代大学生思想政治教育过程中有以下几方面：①要把社会主义核心价值观的内容和要求体现到教育教学、社会实践、文化育人等各环节。落细落小落实求实效，教育引导学生从细处着眼，从点滴做起，不以恶小而为之，不以善小而不为。加强了高校教材和课堂讲坛等阵地管理，抵制各种错误思潮和观点的影响，引导学生明辨理论是非，澄清模糊认识，不断增强"四个自信"。②应当充分尊重大学生的主体性，充分发挥大学生的主体作用，在深入了解和真正理解大学生的认知特点、个性差异和接受习惯的基础上，要把社会主义核心价值观教育与大学生实际生活紧密结合，激发他们自我教育的需要，强化他们自我教育的意识，提高他们自我教育的自觉性。③要弘扬我国古代道德教育中重视自我教育和道德修养的优良传统，努力营造民主、宽松、活跃、积极的思想政治教育氛围，为大学生提供自我教育的空间和平台，让他们掌握自我教育的正确途径和方法，使他们在社会生活实践中积极培育和践行社会主义核心价值观，同时逐步培育当代大学生核心价值观。

要落实"立德树人"的任务，高校就必须坚持"育人为本、德育为先"的教育理念。坚持"育人为本"，就是要求高校把人才培养摆在学校工作的中心位置，实现学生在教育过程中的主体地位。就必须围绕学生、关照学生、服务学生，不断提高学生思想水平、政治觉悟、道德品质、文化素养，让学生成为德才兼备、全面发展的人才。在人才培养中，道德才是能发挥的基础和前提，一个真正的人才必须具备良好的道德品质和崇高的道德追求。坚持"德育为先"，就是要求高校把德育放在一切教育工作的首位，注重德育的先导性和引领性作用，发挥德育对于各种知识学习的促进和激励作用，把握道德对于人的知识、才能、业绩的主导性作用。因此，高校思想政治教育不仅仅要培养大学生的科学文化素质，更要大力提高大学生的思想道德素质，要把"育人为本、德育为先"紧密结合在一起。

大学生思想政治教育与"立德树人"的根本任务要协调发展。大学生思想政治教育，不能完全局限于高校，这是一项复杂的系统工程，需要集合各方面、各层次、各类型教育协调推进，以此促进大学生思想政治教育各种信息、资源和成果的整合、融通与交汇：在传承以往好的经验和有益做法的同时，应当要注重这几方面：①大学生思想政治教育应当具有宽广的视野，利用搭建好的平台，善于学习和借鉴国内外先进的教育思想与成果，吸纳多方观点，为自身发展提供强有力的支撑。兼收众家之长，在实践中寻求发展，在创新中探求新突破。②要实现教书育人、管理育人、服务育人的有机统一和结合。教书育人是在讲授科学文化知识过程中进行思想政治教育，管理育人是要寓思想政治教育于管理之中，服务育人则是通过优质服务使学生在此过程中受到良好的思想政治教育和影响。虽然在方法和作用上有所区别，但在育人的性质和目标上是一致的，在育人的过程中相互促进、相互补充。加强和改进大学生思想政治教育就必须使三者统一于大学生思想政治教育过程之中并充分发挥其应有的作用。③营造家庭教育、学校教育和社会教育的良性互动，使各种教育能量互补共融。为此，就必须树立正确的家庭教育观念，重视养成教育，使家庭教育合理化、科学化，务必扣好人生的第一粒纽扣；立足社区教育和环境优化，充分发挥社会教育优势，探索社会教育途径；尤其要坚持学校教育在大学生思想政治教育的主体地位，明确学校是大学生教育工作的主要承担者，教师是大学生教育工作的重要责任人，丰富和拓展高校教育模式。当代大学生思想政治教育应该加强家庭、学校和社会的衔接、联系与沟通，构建家庭、学校、社会三位一体的完整教育格局，形成了学校、家庭、社会紧密配合的教育网络环境，进一步凝聚"立德树人"的强大生命力。

加强大学生思想政治教育，提高大学生综合素质，实现大学生自由全面发展，既是加强高校意识形态工作的重要战略部署，也是新形势下增强大学生思想政治教育的根本要求。必须要深刻认识加强高校宣传思想工作的极端重要性和现实紧迫性，坚持党性原则、强化责任担当，全面落实立德树人的根本任务。要办好思想政治理论课，发挥好哲学社会科学育人功能，加强高校各类阵地建设管理，加强教师队伍和思想政治工作队伍建设。要强化问题导向，弘扬改革创新精神，在破解高校思想政治工作短板上取得实质性进展。各级党委要负起把关定向、统筹指导、建强班子的责任，要把高校思想政治教育工作纳入党建工作和意识形态工作责任制，以此确保高校成为坚持党的领导的坚强阵地。要深刻认识做好高校思想政治工作的重大意义、目标任务和基本要求，增强做好工作的责任感和使命感。要牢牢把握社会主义办学方向，坚持以马克思主义为指导，坚持党对高校的领导，增强道路自信、理论自信、制度自信、文化自信，培养中国特色社会主义合格建设者和可靠接班人。

第二章 高校思想政治教育实践育人的主客体及矛盾

第一节 高校思想政治教育领域实践育人工作的主体

一、主体和思想政治教育领域实践育人工作主体

主体和客体是哲学中两个极其重要的范畴。所谓主体，就是指按照一定目的去认识和改造客观对象的人。所谓客体，是指被认识和被改造的客观对象。主体和客体不同于主观和客观。主观是指人的精神世界，客观是指个体意识之外的客观世界或客观存在。主体无疑是人，但又不能认为凡人皆为主体。缺少自我意识，居于被动地位的人不是主体。只要具有明确自我意识、居于主动支配地位的人才是主体。思想政治教育领域实践育人工作系统都是由人和"物"组成的，其中物的因素不可能成为主体，大学生是处于被引导地位的人，也不是主体，只有处于支配地位的人才是主体。概言之，思想政治教育领域实践工作主体就是该项工作中从事引导活动的人，即教育工作者。

思想政治教育领域实践建设课程工作主体作为主体的一种。但有其不同于其他主体的特殊规定和特定要求。

首先，思想政治教育领域实践工作主体必须具有实践教育工作所需的专门知识。知识是社会意识研究领域的基本范畴，众多学科都对其有所论述，关于它的含义界定很多，并且存在或大或小的差异。所谓知识是人们对客观对象的浅层感知和深层认识的总称，知识作为人类认识世界的成果和改造世界的武器，是一种无形的财富和巨大的力量。而我们这里所使用的知识范畴，不能局限在某个具体的领域，是指人类知识的整体。这些知识按照哲学上的诉求目标可以划分为真理知识、善德知识和美感知识；按照学科是可以分为自然科学知识、社会科学知识和思维科学知识；按照反映客体信息的水平又

可以分为经验知识和理论知识；按照获得知识的途径还可以分为直接知识和间接知识。总体来说，就是两个视角：横向和纵向。横向是指知识的不同领域，比如，前两种分类；纵向主要是指知识的层次性，比如，后两种分类。在开展思想政治教育领域实践育人过程中，教学管理工作人员和实践活动指导教师无疑也需要有知识，而且还要掌握更多的知识。这里主要包括：第一，有关教育教学领域的科学知识和专门技术。思想政治教育领域实践育人中的教学管理工作人员虽不一定是某行的专家，但起码应是内行而不是外行，只有这样才可以和有专业背景的教师更好地交流与沟通。第二，尽可能通晓有关的社会科学知识。思想政治教育领域实践育人工作作为一种人类教育实践活动，自始至终是在社会大系统中进行的。思想政治教育领域实践育人工作主体既要实现自己的意图，也要有效进行思想政治教育领域实践育人工作，除了通晓有关专业技术知识之外，免不了还要同整个社会打交道，因而，还必须掌握尽可能多的社会科学知识。如果缺乏这些知识，就不能在复杂多变的社会环境中审时度势、选择时机；也不可能做到科学决策、应对各种变化；也不能在竞争中纵横自如、立于不败之地。一般来说，思想政治教育领域实践育人工作中主体的决策权越大，越应掌握更多的社会科学知识。第三，要特别熟悉关于人的知识。思想政治教育领域实践育人工作的对象虽然包括物，但主要对象则是人，思想政治教育领域实践育人工作就是做教育人的工作。因此，作为一个思想政治教育领域实践育人工作主体，应当熟悉自己的对象，懂得人的生理、心理、需要、追求、信仰、期待和他们的行为规律，掌握有关的生理学知识、心理学知识、社会学知识、行为科学知识等人学知识。如果不懂得人，或者对人知道得很少，片面地将人看作"工具人"，就无法搞好思想政治教育领域实践育人工作。相反，只有掌握了有关的人学知识，了解人的心理活动和思想变化，才可能沟通主客体的关系，将教育工作者的意图化为大学生的行动。第四，作为思想政治教育领域实践育人工作主体，特别是思想政治教育领域实践育人工作主体中的决策人物，还必须学习运用哲学。哲学就是各门科学知识的最高概括，具有认识世界和改造世界的多种特殊功能，它为教育工作者尤其决策者提供综观全局、预测未来、揭示因果、防微应变的方法论，也为教育工作者如何正确决策确定价值坐标。是按照唯物主义观点或唯心主义观点来决策的，还是以系统辩证的方法或以形而上学方法来处理思想政治教育领域实践育人工作中的有关问题，直接关系到思想政治教育领域实践育人工作的成败。所以，不懂哲学的人不宜担当教育管理工作，现代教育教学管理工作者必须学好哲学。

其次，思想政治教育领域实践育人工作主体还应该具备丰富的教学工作经验和实践能力。知识作为思想政治教育领域实践育人工作主体的一种潜能，还只是思想政治教育领域实践育人工作活动的一个前提条件，它只意味着搞好思想政治教育领域实践育人工作的可能。要使可能变为现实，教师尤其一线教师还应该具备将各种知识转化为相应的思想政治教育领域实践教学成果的能力，不断在思想政治教育领域教学实践中学会如何具体应用这些知识。这就是说，在思想政治教育领域实践育人工作中知识固然很重要，没有足够的相关知识自然谈不上能力的培养，但是因为能力不是凭空产生而是由知识转化而来的，将知识同能力、理论同实践对立起来片面强调教学工作实际能力的观点是不正确的。但同时也必须明白看到，知识并不等于能力，有知识而无能力只能是空谈家而绝不可能成为优秀的教师。从这个角度分析，能力比知识更为重要。知识不等于能力，能力就是在思想政治教育领域实践教学实践中从知识逐步转化而来的。

思想政治教育领域实践育人工作主体的工作能力大致可以分为：观察判断能力、专业能力、人事组织能力和分析综合能力。观察就是指对形势的观察、预测而及时提出战略性目标；判断是指在多种计划方案中果断准确选择某一最佳方案。所谓观察判断能力就是教育工作者根据自身的有关知识在特定情势下进行科学决策的能力。而在这一过程中，没有相应的知识是无法对形势进行深刻分析和对方案做出理智果断选择的，否则只能是武断决策或盲目拍板。如果仅有相关知识而缺乏敏锐的洞察能力和沉着大胆的决断作风，只能瞻前顾后、犹豫不决，结果必然失去稍纵即逝的机会。所以，观察判断能力是思想政治教育领域实践育人工作主体特别是决策层所应具备的基本能力。所谓人事组织能力即领导能力，其核心是如何看待人、怎样处理组织内外的人际关系。对于一个教育实践工作领导者，必须要有识才的慧眼、爱才的热情、用才的技巧、护才的胆略和驭才的谋略，才能够将不同专长、气质、性格、职责的人才合理组织起来。这种人事组织能力固然依赖于人文社会科学知识，但更主要是通过人事组织工作的实践逐步积累的所谓教学工作管理和组织能力,是指教育工作者对他所面对的特殊活动的了解熟悉程度,包括教育工作知识的运用能力和技巧,对教育工作涉及的具体环节的了解和把握。而这种能力是指挥过程不可缺少的基本功。不具备这种能力就无法进入指挥别人工作的教育工作领导者角色。当然这并不是要求教育工作领导者门门通、样样精,而只是要求对开展思想政治教育领域实践育人的各个环节各个方面要有基本的全面的了解,绝非外行。

所谓综合分析能力,就是指教育工作者的思想技能,是指教育工作者分析综合思想政治教育领域实践育人工作系统各个方面、各种情况而对系统各活动要素进行有效控制的理性思维能力。从思想政治教育领域实践育人工作过程中决策确定目标开始,到目标的最终实现,教育工作者自始至终围绕着如何实现工作的优化目标而不断调控系统组织各部门各环节的活动方式。而要做到这一点,没有一成不变的模式可循,教育工作领导者必须随时分析现状、综合情况。而这种分析综合是很难从书本上直接学到的,只能在结合思想政治教育领域实践育人工作实践逐渐摸索。

最后,思想政治教育领域实践育人工作主体还是同威信联系在一起的,教育工作者个人或集团的威望和信誉是思想政治教育领域实践工作主体的又一质的规定性。所谓威望,就是指教育工作者良好的品德和超常的能力在大学生中造成的特殊影响力。所谓信用,则是教师和大学生通过教学活动为载体交往、相互沟通所形成的后者对前者的尊重的信任。威信并不是由习惯和规章制度从外部赋予思想政治教育领域实践育人工作主体的,而是大学生对教育工作者的一种认同,是教育工作者自身造就并通过大学生所赋予的。在一部分人影响另一部分人的心理行为的意义上,思想政治教育领域实践育人工作主体的威信也是一种权力,因为凭借威信同样可以达到教育、引导别人的目的。所不同的是,权力是一种强制影响力,威信则是一种自然影响力,前者是由地位决定的,后者是自发产生的。所以,权力同威望并不一样,不能认为有权必威、有权必信,威信同权力是构成思想政治教育领域实践育人工作主体的两个并列的内在规定性。有一种观点认为,思想政治教育领域实践育人工作既然是一部分人影响另一部分人的行为活动过程,因而权力之中就包含着威信,威信就是从权力地位中自然产生的。而根据这种看法,有权必威,有权必信,权力必然产生权威。事实并非如此,权力和威信并不具必然的联系。

二、思想政治教育领域实践育人工作主体的系统结构

思想政治教育领域实践育人工作是一项复杂特殊的教学实践活动，不可能通过一人来单独进行，而必须协同一部分人来共同完成。在当代高校，参与思想政治教育领域实践育人工作的人各有其不同的职责，思想政治教育领域实践育人工作系统通常又是由决策人员、智囊人员、执行人员和监督人员按一定方式组成的有机整体，我们称之为思想政治教育领域实践育人工作主体系统。而随着社会分工的发展和社会生活的日趋复杂，思想政治教育领域实践育人工作所需的主体系统也日趋复杂，结构的变动性日益明显，结构的优劣对思想政治教育领域实践育人工作的效率也起着十分巨大的作用。

处在思想政治教育领域实践育人工作主体系统最高层的是决策人员，他们是具有决策权和对整个思想政治教育领域实践育人工作系统负有最终责任的领导者。各高校负责教学工作的校级领导是决策人员，其任务就是确定思想政治教育领域实践育人工作目标，选择决定实现目标的某种方案。在现代社会，决策权绝不能再由少数个人"乾坤独断"，而应由集体民主决策，这就要求领导者大兴民主作风，并且注意选拔不同专长的人参与决策层工作，例如，让教育管理部门（教务处）、具体教学部门（二级学院、教学部）的负责加入决策工作中来，努力造成一个具有最佳人员结构的决策班子，形成一套科学民主的决策体制和决策程序。

现代社会，上至国家政府，下到各个高校，凡进行计划、统计、预测、咨询、研究的专家或团体，均属一定决策层次的不同类型的智囊团体。智囊团是决策层的"思想库"，是专门为决策进行调查研究的智囊。它的职责不在"断"而在"谋"，专为决策提供最优化的理论、策略和方法。在高等院校教学工作领域，也要善于使用外脑，在经过学校一级领导批准的情况下，去建设校内外专家为主的辅助决策智囊团十分必要。因为，吸收校内校外专家参加的教学工作智囊团虽然无权决策，但对决策工作却是不可或缺的重要组成部分。决策人员的工作好坏，很大程度上取决于智囊团的工作。决策人员和智囊人员的关系即"断"与"谋"的关系：谋是断的基础，断是谋的结果，二者既不等同彼此区别，又相互依赖彼此促进。思想政治教育领域实践育人工作主体系统越发展，断和谋的职能越清楚越完善，彼此的配合协调也越自觉。

如果教学工作领导者企图集谋断于一身并以此显示自己的领导才能，那么就会很容易导致决策失误，严重时则会误导学生。

思想政治教育领域实践育人工作主体系统的第三层次是执行人员。执行人员是思想政治教育领域实践育人工作主体系统中的基层教学部门领导者和执行者（一般包括二级学院的教学工作负责人、本学科教学研究机构负责人、具体课程一线教师等），其任务就是根据决策者的决策方案，从事制定具体计划、组织和指导学生，任务是贯彻执行方案。不同层级的执行机关在贯彻执行上级决策时，首先应当不违背决策的基本要求，也不得随意更改上级决策。更不允许借口情况特殊另搞一套。否则便是越权，执行层就变成决策层了。不过执行又并非机械照搬，简单执行，各级各部门因有不同情况，上级决策不可能详尽规定各个方面的内容。而这个时候就要求执行者必须根据实际将上级决策具体化，对上级决策包括不到的部分再决策。所以，执行过程同时也存在着决策过程，执行人员不单执行也有进行中观决策的任务。一般来说，执行某一项决策的中间环节越多，或者说执行链越长，其执行人员就负有越重的中观决策的任务。只有在一个层次少、执行链短的部门，决策人员和执行人员的职责才可以是分明的。这就是说，在理论上，我们可以而且必须将决策层和执行层相对分开来加以研究。但在事实上，尤其在体系庞大的教学工作人员系统内，最高层的决策人员和智囊人员是确定的，而中层的执行人员同时也负有不同程度的决策任务，执行人员同中层决策人员常常是混而为一、不能截然分开的。因此，在教学工作领域决策和执行的关系是非常复杂的，需要教育工作者坚持正确的工作方向，分析具体问题大胆创新，这样才能做好思想政治教育领域实践育人工作。

为了保证决策的贯穿实施，随时了解决策是否符合实际和执行部门是否按照决策执行，思想政治教育领域实践育人工作主体系统还可以设置相关的监督人员，其任务是跟踪捕捉执行过程中的偏差信息，并将它及时反馈到决策层。如果属于决策同实际的偏差，便由决策层修改原有决策；如果属执行中的偏差，则是由上级权力机关勒令执行人员纠正偏差。在决策的执行过程中，认为决策的绝对完美绝对理想和设想执行中绝对准确绝对一致是不现实的。由于多种原因，决策的执行必然是一个充满矛盾的过程，监督人员就在于及时发现执行过程中的矛盾。只有借助于监督控制，才能保证执行人员步步逼近决策目标。

总之，思想政治教育领域实践育人工作主体系统是由上述四个子系统有机组合而成的，决策人员、智囊人员、执行人员和监督人员共同构成统一的思想政治教育领域实践育人工作主体。其中，决策人员就是整个系统的"大脑"和"灵魂"，决策是否恰当和及时，直接关系着思想政治教育领域实践育人工作的成败。智囊人员作为决策人员的助手，是整个系统的"外脑"或"思想库"，帮助决策层"运筹帷幄、决胜千里"。执行人员则是思想政治教育领域实践育人工作的"躯干"或"主体"，只有去通过他们的教学工作，思想政治教育领域实践课程建设工作决策目标才会变成现实。而监督人员相当于思想政治教育领域实践教学系统的"眼睛"和指示仪，对于思想政治教育领域实践教学活动起着监控、调整、跟踪和定向等多重作用。而在教学工作中，思想政治教育领域实践育人工作主体系统要发挥正常的工作职能，必须上述四类子系统各司其职协同配合，其中任何一类人员不任其职、不尽其能，思想政治教育领域实践育人工作主体的功能就得不到正常发挥。

第二节 思想政治教育领域实践育人工作的客体

一、思想政治教育领域实践育人工作客体及其构成要素

客体在一般意义上，是主体有目的有计划作用的对象。其中，凡被人们有目的有计划地认识和考察的对象，就被称为认识客体；凡是被人们有目的有计划地加以控制和改造的对象，就被称为实践客体。因此，客体范畴是一个包容甚广的哲学范畴，凡是人类思想和活动所涉及的一切对象，都可以被称为客体。

（一）人的思想

人是思想政治教育领域实践育人工作的客体要素，而人是有思想的理性动物，而不是无思想的机器或动物，因此，课程建设主体首先需要关注的就是人的思想；当代大学生是思想无疑是最为活跃的群体，解决思想问题是第一要务。人的思想虽然无形但并非不可捉摸；人的思想对于个人来说诚然是一种反映客观的主观，而当它作为被他人认识和影响的对象，又是一种被反映被掌握的不以工作主导者意识而改变的事实因素。这恰恰说明大学生的

思想虽然是一种无形的精神，但对于教育工作者则同样具有可知性和客观对象性。思想政治教育领域实践育人工作既然是一部分人通过教育另一部人而进行的某一实践活动，那么思想政治教育领域实践育人工作主体自始至终就必先了解大学生的意愿、关注他们的情绪、激励他们的情感、培育他们的才智、树立他们的观念，从而使大学生的思想成为可预测、可感知、可跟踪引导的对象。

（二）人的行为

人的行为即是人的现实活动。同人的思想比较，它具有明显的客观物质性和目的方向性。每当大学生参与思想政治教育领域实践教学活动时，就同教育工作者发生关系，其活动就不再是完全自主的，成为受思想政治教育领域实践教学工作主体支配的对象性客体。思想政治教育领域实践教学工作之所以可能，正在于一部分人的行为方式、行为趋向以至活动方法不能任由自己支配而需接受别人的引导、规定及指挥。在具体的活动中，大学生干什么、怎样干、为什么而干，很多都是由教育工作者来决定。同时，一些协助参与活动教师，在课程中如何教，必须要接受学校相关部门的指导，不得违背他们规定的教学目的和教育方针，其行为趋向也构成大学生思想政治教育领域实践育人工作的客体要素。

（三）人员结构

作为思想政治教育领域实践育人工作客体要素的人并不是以个体的方式而是以群体的方式而存在。群体究竟以何种结构方式进行活动，对思想政治教育领域实践育人工作的成效影响极大。因此，思想政治教育领域实践育人工作客体要素不仅包括被教育的人的思想、人的活动，还包括人与人的组织方式或组织状态。教育工作者只有根据不同的活动目的来建立对应大学生的组织系统并根据情况的变化适度调整组织结构，才能够使对大学生的培养工作取得成效。

（四）人际关系

人际关系是指组织内人与人之间发生的关系，它既包括思想政治教育领域实践育人工作主体之间的关系，也包括思想政治教育领域实践育人工作主体同工作客体、思想政治教育领域实践育人工作客体之间的关系。正是由于组织内人与人的关系常常不和谐需要调整，因而，人与人之间的关系也就成为思想政治教育领域实践育人工作的对象。无论在什么样的人群系统中，人与人之间总会产生各种各样的矛盾，这是任何组织、领导者预先不可能防止的，是不以教育工作者的主观意愿为转移的。所以，思想政治教育领域实践育人工作就包含着对人际关系的调整。设想建立一个无矛盾的组织系统，这显然是不可能。

（五）环境

也可以被称为组织环境，它是存在于思想政治教育领域实践育人工作系统之外又影响工作系统的一系列因素的总和，其中包括校园周边生态自然环境、社会环境、政治法律环境、科技文化环境，等等。环境对于思想政治教育领域实践育人工作的作用具有两重性。一方面，环境作为思想政治教育领域实践育人工作系统的存在条件，是既定的、外在的因素。也可以说，是具体的环境选择决定具体思想政治教育领域实践育人工作系统；凡是适应特定环境的组织才能存在，与环境不适应者便会灭亡。而在这个意义上，环境不是思想政治教育领域实践育人工作主体可以驾驭改变的客体。另一方面，思想政治教育领域实践育人工作主体是具有主观能动性的人，因此思想政治教育领域实践育人工作系统又不可能被环境完全左右，在一定范围内和一定条件下，它可以按照自身的需要去选择环境、改造环境、与环境建立起互通物质、能量和信息的和谐平衡关系。而在这个意义上，环境就成为思想政治教育领域实践育人工作主体的重要工作之一。高校教育者应当在坚持党的一系列教育方针的前提下，大胆改革、勇于探索，想方设法改造现有的环境，或者开发利用不利环境中的有利因素。因此，环境决定思想政治教育领域实践育人工作背景，思想政治教育领域实践育人工作又改造环境。

二、思想政治教育领域实践育人工作客体的基本特点

思想政治教育领域实践育人工作客体作为实践活动系统，具有实践的客观实在性、主观能动性和社会历史性等一般特征。同时，其作为思想政治教育领域实践育人工作主体所作用的对象性客体而存在，又具有可控性、系统组织性等具体特征。下面就这些特征进行一一分析。

思想政治教育领域实践育人工作客体系统中的物、财、信息、环境、时间等因素，但它们的存在都是客观的。作用思想政治教育领域实践育人工作客体的人虽然是有目的、有意识的，但人的存在及其活动同样是客观的，

同样服从于一定的客观规律。教育工作者虽然进行的是引导工作，但仍然不能去随心所欲地对他们施加影响。思想政治教育领域实践育人工作客体的客观性说明，思想政治教育领域实践育人工作主体的一切活动，首先就必须从客体的现实情况出发，遵循唯物主义的客观规律。如果不从客体的现实存在而仅仅从工作主体的愿望出发，就会将思想政治教育领域实践育人工作引向错误的深渊。

思想政治教育领域实践育人工作客体的主观能动性，所指的就是思想政治教育领域实践育人工作客体系统中大学生的主观能动性或自觉的主动性。这就是说，大学生既是思想政治教育领域实践教学活动中受动的对象性客体，又是实践活动中能动的创造性主体。如果没有大学生的这种主动创造性，就不可能有真正意义的思想政治教育领域实践教学活动。另外，即使在思想政治教育领域实践教学活动中，作为客体的大学生也并非只具有客体的性质，很多情况下，有些大学生比如思想政治教育领域实践课程课代表也同时参与部分教学辅助工作，而这种参与也体现着他们的主动创造性。如果大学生不主动发挥作为人的主动创造性，或者教育工作者不更多关注大学生的实际情况，大学生作为思想政治教育领域实践育人工作客体就先去了它的活力因素，真正有效的思想政治教育领域实践教学也就难以去实现。

思想政治教育领域实践育人工作客体的社会历史性包括两层含义：一方面是说，思想政治教育领域实践育人工作客体系统及诸要素是在社会大环境中形成的，不可能脱离一定的社会环境孤立存在。或者是说，思想政治教育领域实践育人工作客体不是绝对封闭的系统，而是作为社会大系统的一个子系统与其环境进行物质、能量、信息的交换。如果脱离了人类社会，人既不能作为客体身份进入任何系统，物也不能成为被人改造的对象或客体要素，二者更不能耦合为完整有序的客体系统。在另一方面是说，思想政治教育领域实践育人工作客体及要素既然存在于社会大系统之中，那它将随时代的变化而不断变化，以保持它与社会环境的动态平衡。因此，在现实的教学活动中，没有一成不变的抽象的客体，只有着变动的具体的客体。

三、思想政治教育领域实践育人工作客体系统的优化

首先，思想政治教育领域实践育人工作客体的各要素不可能孤立存在，它们之间彼此作用，相互关联，具有相关性。这就要求思想政治教育领域实践工作主体树立系统整体观，注意各要素之间或显或隐，或直接或间接的联系，防止就事论事和"单打一"的工作方法。特别是在对待人的问题上，更要注意其系统组织效应。客体中的人绝对不是孤立的个体，而是彼此利益相关、声息相通的群体。因此，当我们在表扬、奖励或批评一个人时，不能着眼于一人一事，而应该着眼于这一人一事对个人的影响、考虑到它的组织效应。

其次，思想政治教育领域实践育人工作客体是一个全方位的开放系统，系统各要素与外部环境进行着多通道多形式的物质、能量、信息、人员的交流。客体系统的这种开放性又要求主体改变传统的封闭意识，树立现代的开放意识。也要有敢于开放的主体，才有可能在不断的开放中拓宽有利于系统生存和发展的环境，从外界积极汲取负熵抵消系统内部必然出现的熵增，从而在动态中维持平衡有序。相反，一味把自己封闭起来，不敢或不准客体与外界环境接触往来，可能在一个时期这个系统是稳定和谐的，但时间一长，内部的熵增大而又不能从外界获取负熵，其结果就必然导致组织的离散解体。

最后，系统总体效用不等于各元素的累加和，而是大于或小于各元素的累加和，其结果取决于系统要素组合结构优劣。自然系统的结构组合是自然形成的，本无所谓优劣之分。思想政治教育领域实践育人工作客体系统的组织结构则有优劣之分。如何去判断组织结构的优劣和如何追求实现最优化的客体组织结构，是思想政治教育领域实践育人工作主体常面临的重大课题。

第三节 思想政治教育领域实践育人工作主客体的矛盾展现

世界是充满矛盾的，矛盾存在于一切领域。思想政治教育领域实践育人工作也是一个矛盾世界，这项工作过程本身就是解决各种矛盾的过程。如，在决策过程存在着主观目的和实现可能的矛盾，组织目标和社会利益的矛盾，智囊人员同决策人员的"谋""断"矛盾；在组织领导过程，存在着上下级之间的矛盾、工作部门之间的矛盾、同级人员之间的矛盾；在调整控制过程，存在着计划与执行的矛盾，环境和组织的矛盾，离散和协调的矛盾；等等。显然，这些矛盾的产生有其极为复杂的根源。那么，在上述各样的矛盾中，究竟有无一种贯穿思想政治教育领域实践育人工作过程始终、决定工作基本性质的矛盾呢？答案当然是肯定的，这就是思想政治教育领域实践育人工作主体和客体之间的矛盾。这对矛盾决定着思想政治教育领域实践育人工作的基本形式和基本性质、引发其他矛盾的产生并制约着其他矛盾的解决。因此，研究这一矛盾便成为思想政治教育领域实践育人相关问题研究中的一项重要命题。

在一般意义上，思想政治教育领域实践育人工作主客体的矛盾是指充当主体的人同作为客体的人和物之间的对立统一关系。但是，对物的使用也是在对人进行思想政治教育领域实践教学时出现的。这样，两者的矛盾又可以归结为思想政治教育领域实践育人工作过程中人与人的对立统一关系，它分别表现为主体与客体在利益和责任、指挥和服从、纪律和自由、集权和分权、竞争和协调等五方面的对立关系。

一、利益和责任的矛盾运动

不同时代、不同国家和不同社会环境的人有着不同的需要，判断利益也就有不同的社会历史标准。责任作为与利益相对的概念，就是指人们在社会中所承担的义务和应负的职责。如果不负责任就无权得到相应的利益；反之，不满足一定的利益，人们也就无责任可言。

思想政治教育领域实践教学工作的开展，首先要依赖于组织成员合理分担一定的责任和获得相应的利益。相关人员不会承担相应责任，思想政治教育领域实践育人就不可能进行有效工作，自然就无法满足单一个体的自身利益。因此，要保障思想政治教育领域实践教学工作顺利进行，就必须申明系统内每一个要素成员的责任和义务，同时满足要素成员应得的利益。其中，教育工作者有其工作的责任和与之相应的利益，大学生也有其参与责任和与之相应的利益，只有当二者各尽其责、各得其利的时候，主客双方才能够耦合为一个动态组织系统，思想政治教育领域实践教学工作才得以持续有效地进行下去。

但是在思想政治教育领域实践教学工作中，利益和责任常常又是不统一的。这是因为，利益作为满足人们需要的表现形式，它具有一种由外到内、由他人到自己的收敛性和排他性。如果缺乏有效的组织约束机制，无论是个人还是组织都会本能地唯利是图。同理，责任就意味着向他人和社会做贡献，它具有由内到外、推己及人的社会发散性和自觉性，只有通过有效的组织约束和道德教化，它才能使组织成员树立责任感，对自己的行为负起与之相对应责任。思想政治教育领域实践教学工作过程之所以无法避免这一矛盾，就是源于此。"思想政治教育领域实践教学"工作之所以必要，也在于通过相关活动可以使两者统一起来。

二、纪律和自由的矛盾运动

要行使上级对下级的指挥，组织必须要制定纪律；而要变盲从屈从为自觉的服从以发挥广大学生的主动创造性，又需要自由。

纪律和自由是思想政治教育领域实践教学工作中的又一对矛盾，两者也常常通过教育工作者和大学生的关系表现出来。所谓纪律，是为实现组织目标保证思想政治教育领域实践教学工作有序进行而制定的各种行为规范，它主要是由教育工作者来监督执行。自由有着多重含义，这里是对组织纪律而言，主要指大学生在纪律允许的范围内行动的自主性和行为的自觉性和自律性。思想政治教育领域实践教学工作之所以能够进行，既要有统一的组织纪律来规范人们的行为，统一大家的行动；又要有一定的自由，以使个人能够独立地开展本职工作。没有纪律，就无法约束人们的行为使组织形成合力，自然也就做不好思想政治教育领域实践教学工作。没有自由，组织成员的一言一行都得按教育工作者的指令行动，大学生就会因丧失自主性和自觉性而成为没有主见的人，也实现不了培养有理想的青年大学生的目标。由此可见，纪律和自由作为矛盾的两个侧面，是相互依存、彼此作用的。思想政治教育领域实践教学工作在一定的意义上，就是教育工作者代表的组织纪律和大学生代表的个人自由这两者之间的对立统一过程。但是，纪律和自由的对立统一运动并不是自发完成的，它作为社会规律之一，就必须通过人们的正确认识和有效思想政治教育领域实践教学工作才能实现。

因此，在思想政治教育领域实践教学工作中，教育工作者既要警惕无视自由只讲纪律的工作方式，注意尊重大学生首创精神。去维护人们的自由权利，又要反对破坏纪律的极端自由主义，严格组织纪律，培养遵守纪律的良好习惯。

三、竞争和协调的矛盾运动

所谓的竞争，是指系统内成员之间或系统与系统之间为实现自身特定目的而展开的一种排他性活动，它具有扩散性、排他性、无序性和创造性等特征。相对于竞争的协调，则属于系统的组织活动或组织的系统功能活动之一，具有与竞争刚好相反的聚合性、协同性、有序性、保守性等特征。

在生物界和人类社会，竞争和协调作为两种互补的现象，是普遍存在的。在生物界，无论植物或动物都为了自身的存在和发展，无时无刻不在争夺最合适的生存环境，彼此之间充满了生存竞争。而正是这种竞争推动着物种的进化，才显示了大自然的勃勃生机。

人类社会是由生物界进化发展而来的，社会生活也一样充满竞争；同生物界一样，社会竞争既是社会进步的动力机制又有其负面价值，同样需要组织协调加以补充控制。

但是，人类社会毕竟不同于生物，社会领域的竞争协调同生物界的竞争协调相比较，有着本质的区别：首先，生物之间的竞争是由生命的本能冲动或生存需要引起的，它缺乏明确的目的性而显现出纯粹的自发性。社会竞争本质上是社会，每一次竞争的产生有着极为复杂的社会根源，是一种具有自觉意识的社会性活动。其次，生物竞争是以弱肉强食的自然方式进行的，竞争者之间完全是一种敌对关系。社会竞争虽然也有类似的关系和行为，但社会中通行的主要方式则不能简单定义为弱肉强食，竞争者之间的相依性是主要的。最后，生物竞争也离不开"协调"，但是这种"协调"主要不可能来自生物。自身或生物群落内部（高级动物群中的动物首领也有控制协调群体内部竞争的某些行为功能），而是来自竞争的外部自然环境。各类植物的共生现象、动物群成员之间的某种组织性，主要是由外部环境造成的。社会则不然，人类社会中的每一种竞争都有相应的协调相伴随。而且，这种协调多是自觉的，是由某些人或组织来进行的。正是由于社会能自觉协调社会竞争，人类才不同于生物竞争，社会才能有序地组织起来，让大学生理解上述问题也是思想政治教育领域实践育人的重要任务。

可见，社会竞争和社会协调都是社会自发组织的两种机制。前者是社会组织的动力机制，后者是社会组织的调控机制。在教学工作领域前者主要表现为大学生之间的关系，后者主要表现为教育工作者与大学生之间的关系；前者多由大学生的活动来进行，后者则属于教育工作者的职责。所以，社会竞争和社会协调之间的关系也体现了思想政治教育领域实践育人工作主体和客体的关系。认识两者的矛盾并寻求解决矛盾的途径是思想政治教育领域实践教学工作的一项重要内容。

在大学生思想政治教育领域实践教学工作领域竞争首先表现为课程内部广大大学生之间的竞争。与竞争相反的则是不争、退让，如，让利让名，或不争利而争贡献，等等。无论是争或让，都不能笼统地说谁是谁非、孰好孰坏，而应该做具体分析。不过一般来说，竞争才能打破平衡、拉开差距，形成人们行为的压力或动力，免于组织系统处于平衡状态而失去发展的生命活力。当然，竞争既带来了活力，也会引起了麻烦；既打破平衡，又可能带来组织内耗和混乱。这时就需要教学工作人员进行协调。防止人与人之间出现这种不正当竞争的基本原则不是取消竞争，而是批判不道德的竞争行为，确立公正平等的竞争原则。为此，教育工作者既要明察秋毫、辨别好坏，也要敢于坚持公正原则和确立切实可行的平等竞争准则。

思想政治教育领域实践教学工作中，既要提倡竞争、保护竞争，又要协调好竞争，避免可能引起的组织混乱；对竞争进行控制和引导。如果对竞争协调得当，组织就呈良性的有序循环，思想政治教育领域实践教学工作主客体之间也相得益彰。相反，如果对竞争不闻不问、放手不管，或对竞争横加限制，其结果不是使工作走向混乱无序，就是使教学工作缺乏创新活力。因此，教育工作者需要时刻注意：竞争必须要合法合理，不允许采取损人利己的手段来打击别人；竞争在本质上就是一种竞赛协作关系，而不是敌对关系。教育工作者可以依靠思想政治教育领域实践育人有效协调竞争，解决集体和大学生个人、大学生个人和个人的利益矛盾，使思想政治教育领域实践教学工作主客体关系高度统一起来。

第三章 高校思想政治教育育人体系构建

第一节 高校思想政治教育体系建设的原则与内容

一、建设原则

（一）"以尊重作为前提"原则

思想政治教育本质上就是做人的工作，情感又是人思想行为活动的重要基础元素，所以从这样的视角观察思想政治教育工作中的现象，恰当合理地运用一定的相关知识技术解决思想政治教育工作中存在的问题，是推动思想政治教育创新发展的重要视角和抓手。一定的相关知识技术是指沟通的方式、渠道，收集学生主体的问题的方式等。"以尊重作为前提"这一原则的核心思想之一就是以学生为中心，为学生赋能，充分的激发学生这一参与主体的潜能与动力，以期发展出一种发展型引导教育。在思想政治教育工作中，"以尊重作为前提"这一思路同样适合思想政治教育的实践，特别是在学生的自主性、能动性不断提高的情况下，采用赋能和引导等方法就可以更好地激发学生的自主能动性，构建双向互动、和谐共生的思想政治教育新格局，进而提升学生的幸福感、获得感，提升思想政治教育的实效性。

尊重每位学生的独特性与差异性是"以尊重作为前提"的基本精神，也就是思政教育过程中的晤谈守则。每个人都希望被尊重，也愿意去尊重别人。"以尊重作为前提"原则注重教育者对受教育者表现出的发自内心的尊重、倾听与理解，受教育者的情绪情感都会被接纳，同时教育者也不会对受教育者任意评价。当受教育者感受到自己受到尊重时，他们会提升自我尊严感与个人价值感。

传统的思想政治教育实践活动是教育者对受教育者的单向灌输，受教育者被视为教育的客体和被改造的对象，因而教育者缺乏对受教育者作为个体的尊重，对受教育者的需求和心理活动关注较少。而研究受教育者的需要和特点，实质上是把握受教育者的思想发展情况，运用焦点的尊重理念，倾听受教育者内心的真实想法，从而据此制定切实可行的教育目标，选择贴近学生、贴近生活、贴近实际的教育内容和灵活、丰富的教育方式。

（二）"采取积极正向的态度"原则

"采取积极正向的态度"是高校思想政治教育体系建设的一条重要原则。其是指聚焦于正向的、积极的方面，强调探索过去正向、积极的经验，来挖掘各方面内蕴的优势力量，并以此与高校思想政治教育体系相连接，使高校思想政治教育体系的内在资源得到充分利用。有学者指出，与其耗时费力、徒劳无功地寻找问题成因，不如直接聚焦目标，挖掘可以利用的、内在的资源和潜力，探寻正向的、朝向未来的目标解决的积极观点。

思想政治教育也会运用一定的物质手段和精神手段，并且通过激励的方式激发受教育者的思想动机，调动受教育者的内在积极性，自觉将组织目标内化为个人目标并为之奋斗。很多时候，教育实施者往往会使用赞美、鼓舞等技术增强学生的信心与动力。这也是属于"采取积极正向的态度"这一原则的运用。这样以积极的教育方式对待受教育者，从而激发受教育者的内在潜能，也是建设体系中所不可忽视的方面。

（三）"循序渐进的调整"原则

思想政治教育也强调遵循人的思想"综合影响"形成和"渐次发展"规律，融入各种教育因素及方式中，以循序渐进的状态进行。"循序渐进的调整"，易于促使体系的改变为受教育者所接纳与理解，帮助教育者去调整切实可行的教育目标，遵循教育规律、思想政治工作规律、学生成长规律，从而减少思想政治教育实践活动中的阻力，形成教育合力，实现思想政治教育过程的良性循环。

不能忽视一小步，改变也是一个重要理念。而在一般的思政体系建设中，很多人往往期待在短时间内获得巨大成效或者是跨越性进步。事实上，成功的背后都是由许许多多"一小步"的步骤所构成的。同样的，思政体系建设也涉及了多个方面，并非立刻就能够跟上改变的步伐。当设定的改进目标过高、过难，有可能会导致体系建设的不切实际。相反，当循序渐进地进行调整时，就会像滚雪球一般带动更多的改变。

二、建设内容

（一）理想信念教育

1. 筑牢理想信念教育的实践基础

我们的理想信念不是建立在抽象的概念之上的，而是凝结于现实的实践之中。中国特色社会主义抓住了我国在社会主义初级阶段生产力比较落后的主要矛盾，以经济建设为中心，把发展作为第一要务，全面推进国家的发展，改善了人民的生活，提升了我国的国际地位。今天，中国特色社会主义已经进入新时代，我们要继续坚持不断深化改革、不断扩大开放、不断推进创新，更加自信、坚定地向前奋进。

伟大的成就来源于伟大的实践，这表明了中国特色社会主义制度切合中国国情，能够解决中国问题、创造中国奇迹、决定中国命运。我们的理想信念教育，就是要以我们的制度及其实践所产生的伟大成就作为现实的载体，彰显中国特色社会主义制度的显著优势，以此树立我们建设中国特色社会主义的制度自信。

2. 指明理想信念教育正确道路

中国共产党是一个用马克思主义武装的政党，团结带领中国人民完成民族独立和人民解放、实现国家富强和人民共同富裕是它的两大历史任务。自成立之日起，党就团结带领人民为完成这两大使命而奋斗。自改革开放以来，党在不同时期针对国情民意，作出了一系列重要决策，一步步将中国特色社会主义现代化建设推向前进。中国共产党人解放思想、实事求是，从做出改革开放的历史性决策，从到建设完成我国的工业化基础，构建成熟的市场经济发展体制，再到坚持以人为本、推进全面协调可持续发展，中国特色社会主义建设在实践中不断前进、不断完善。马克思主义中国化进程在改革开放中不断扩展、不断深化。从步入 21 世纪开始，世界形势已经发生了深刻变化，我国的现代化建设取得了历史性成就，党和国家审时度势、总结经验、放眼未来，全面深化改革开放，在经济建设与社会发展、政治外交上都取得了令人瞩目的成就。实践证明，这一英明决策无论在路线、方略还是在方向上都是完全正确的。其是党在探索建设具有中国特色社会主义的伟大实践中作出的英明决断，而我国的社会主义现代化建设工作之所以能够取得如此辉煌的成就，归根到底在于中国共产党的正确领导与正确决策，在于中国共产党以马克思主义理论为指导、秉持全心全意为人民服务的宗旨，在理论和实践的结合中开创了中国革命、建设、改革之路。坚定理想信念，必须忠诚跟党走；开展理想信念教育，需要明确中国共产党在领导人民取得伟大成就之中所起到的引领作用。

（二）理性爱国主义教育

要在高校学生当中去弘扬爱国主义精神，首先要让高校学生了解国家，正确认知我国的国情，这是培养青年形成爱国主义思想要做到的基础性工作。国情教育主要是针对我国的社会制度、经济、社会文化、科技、军事、国家发展状况等各个方面的知识，对学生进行我国基本国情的普及教育工作。通过开展国情教育，能够让高校学生更好地认知、了解我国当前的真实发展情况，以客观理性的认识来看待国家的发展，正确进行国家性质和政治体制、社会文化的认知与判断。在当前的国际形势下，社会领域消费文化盛行，各类思潮借助消费领域多角度对青年一代造成影响。很多高校学生尚处在价值观跟思想认知能力、判断力尚未完全定型的阶段，因而很容易就受到不良文化的影响，遭受一些负面消极价值观念的冲击，而盲目跟随西方社会推崇的功利主义思想、无政府思想、极端自由主义思想，以及反社会、个人主义思想等不良的思想观念，这对青年的健康发展和正确价值观的建立是十分有害的。所以，要通过加强国情教育，让高校学生要正确认知我国的真实发展状况，从政治制度、国家体制、社会文化、经济、科技、军事等各个角度全面去了解中国，正确认知我国跟世界上其他国家之间的关系，可以为高校学生树立理性思考，正确判断社会政治问题的能力，提升其价值判断力水平，并为高校学生爱国主义思想的培养形成奠定了良好的基础。

所以，高校要积极引导学生树立正确"三观"。"三观"指的是人生观、价值观和世界观，这是人们对人生目的、意义和价值问题的根本看法。学生在学习过程中，处于"三观"形成的关键时期，是否能够树立起正确的"三观"，对高校学生未来发展有着至关重要的影响。"三观"就是属于意识形态的范畴，会随着社会经济的发展而不断发展。经济全球化发展使得各国思想文化大交流，高校的思想政治教育遭受前所未有的冲击和影响。高校思想政治教育必须紧跟时代步伐进行适当的改革和发展，教育内容、教育方法和教育形式都要进行创新，并结合中国特色社会主义社会发展的实际，在马克思主义的指引下，用社会主义核心价值体系来武装高校学生的思想，让他们免受西方意识形态的渗透影响，引导高校学生形成正确的"三观"

因此，要加强社会主义核心价值观的引导和教育，做好社会领域主流意识形态的正确引导，在社会公众中传播正能量的思想，去宣扬社会主义核心价值观，以德育教育、爱国主义教育、普法教育，提升高等专业人才对国家和社会主义的自信心和自豪感。要面向高校学生，做好党的思想、政策、方针的宣传教育工作，要让新一代青年树立起坚定的政治立场。马克思主义意识形态的核心内容就是社会主义核心价值观，这也是中国特色社会主义现代化建设的精神动力之一，同样是实现社会主义发展战略的重要思想保证。高校必须坚定地将社会主义核心价值观作为基础，在进行思想政治课程教学过程中不断创新教材内容，创新课堂教学方式，增加实习实践环节；同时，通过日常学生的辅导和教育管理等方式，创新和发展思想政治教育的新尝试和新方法，去加强社会主义核心价值观的引导和教育。在每一个教学环节中将我国的民族精神、时代精神和社会主义核心价值观融入其中，构建高校思想政治教育阵线。

第二节 高校思想政治育人体系构建策略

一、加强与高校辅导员的协同合作

（一）高校辅导员的角色定位

1.思想政治教育的引导者

高校辅导员是开展大学生思想政治教育的重要力量，承担大量第一线的思想政治工作，是其核心职能的履行，同样是这个角色自诞生起就肩负的使命。目前，我国高等教育大众化趋势正稳步前进，在校大学生的数量逐年增加。大学生是非常宝贵的人才资源，他们的思想道德、科学文化素质与我国现代化的建设和发展息息相关。所以，在对高校思想政治教育的指引上，辅导员肩负着非常重要的职责和使命。

2.身心健康发展的疏导者

大学生涯是学生社会化的重要阶段，而辅导员又是经常与学生接触的老师，对学生的成长有着潜移默化的影响。因此，对学生身心健康的疏导是辅导员角色扮演的客观要求。在大学阶段，学生心理和生理发展正走向成熟，在这一时期他们开始从心理上摆脱对家长的过多依赖，自主意识逐渐增强，心理变化比较激烈，情绪容易不稳定。随着社会生活节奏加快、讲求效率，生存发展空间竞争激烈，以至使部分大学生在社会认知、生活、学习、人际交往及就业方面存在不同程度的心理压力，严重者会导致心理疾病，对自身和社会造成许多不良后果。尤其作为新生力量的学生大多为独生子女，受家庭环境的影响，他们个性张扬，非常善于表现自我，但独立生活能力相对较弱、自我意识明显，抗压抗挫折能力不足，看事容易片面和极端，容易产生心理问题。再加上市场经济的刺激，强化了大学生的自主观念和竞争观念，会使其个体意识增长，而缺乏团队意识和集体主义观念。

3.校园和谐建设的助推者

高校辅导员可以通过对学生日常生活的服务和管理，去引导学生参加各类社团和社会实践，组织学生开展寝室文化活动，既丰富了学生业余文化生活，使他们调整了知识结构，又陶冶了学生的道德情操，提高了学生的思想水平，密切了学生的人际关系，而这些活动也极大地促进了校园文化建设。在开展日常安全教育，增强学生的危机意识和政治敏锐性，预防和处理校园突发事件等方面，辅导员也是责任重大的。学生在校一旦发生问题，首先就会想到的就是向与学生日常生活紧密联系的辅导员寻求帮助。面对突发情况，辅导员往往第一时间了解信息，此时，辅导员对事件的最初反应、把握和初期的处理手段可以说将直接影响到事件最终能否圆满解决。校园突发事件的善后心理干预工作也很重要，在重大事件中，一个人的不幸身亡或伤害就会给周围百人以上带来情绪波动和氛围低落等现象。辅导员应该及时开展系统的疏导性工作，帮助学生稳定情绪、平衡心理状态来面对已经发生的现实。

（二）高校辅导员的威信及影响力

1.高校辅导员的威信构成及其作用

威信即威望与信誉。对高校辅导员而言，它通常表现为学生对其的尊敬、信赖与服从，它是思想政治工作的前提，同时也是最好的切入点，表现出了一种巨大的精神感召力。对于思想活跃、思维独立性较强、知识面较宽的当代大学生而言，教育者有无较高的威信，成为其教育被接受与否的关键。高校辅导员威信的构成通常包括三类：一是专业性因素，它包括学术能力与水平、知识积淀程度、生活经验及理论素养；二是可信性因素，它包括人格、个性、人品、友爱程度及公正之心；三是智能因素，它包括决策、判断、组织协调与管理能力，以及果敢、坚定、敏捷等意志品质。三者相互支撑、又相互影响，形成统一的整体，其中，前二者更为重要。

高校辅导员的威信的作用在于：其一，它直接制约着思想政治工作的效果，高校思想政治工作的效果在很大程度上取决于教育者的威信，作为思想政治工作的一线组织者和实施者，辅导员威信高，思想政治工作的效果必然好，反之，效果就差；其二，它能促使学生将教师的教育要求内化为自身的需要，高威信者的所言、所行往往能够取得学生的信任与效仿，他对学生的批评易引发学生内在的心理与思想的冲突，促进其向积极方面转化，威信低者，其所言、所行易引起学生的怀疑、反感抵触甚至对抗，使思想政治工作从一开始就难以触动学生，更谈不上效果如何。总之，高威信者能有效地发挥暗示与示范作用，激起学生的模仿与内化，激发学生接受教育的动性，使思想政治工作真正的入脑、入心、见效，从而实现预期的教育目标。

2.影响辅导员威信形成的因素

崇高的威信是取得教育成功的重要因素，然而，威信的形成却非一朝一夕，一时一事就能达到的，它的形成有个过程并且受制于多种因素。

就客观因素而言，首先是社会的宏观氛围与整体评价。我们党一贯十分重视思想政治工作，面对新形势，我们党和国家采取了一系列措施，不断强化思想政治工作。在高教系统表现为：开设思想品质课；开办思想政治教育专业；将思政教育者队伍当作教师队伍的一部分加强建设；构建全员思想政治教育模式；建设思想政治教育新体制；等等。这些都有助于思想政治工作者地位的提高和威信的形成。高校辅导员威信的高低与社会的宏观氛围及重视程度密不可分。其次就是高校校园的微观氛围与评价。事实证明，一个领导重视、管理体制健全、措施得力、思想政治教育氛围浓郁的高校，其辅导员的责任感与进取精神就强，威信也高；反之，威信就很低。特别是市场经济条件下的思想政治工作氛围，唯有领导重视、全员参与、上下齐动，方能构筑一道足以抵挡功利主义与短视行为负面影响的、视思想政治工作为育人之首的亮丽风景。唯有如此，辅导员的威信才有产生与发展的基础。最后是大学生的期望值。对于处于半成熟向成熟过渡阶段的大学生而言，由于大学特殊的教育教学方式，其接触的最多、交流最多的教育者就是辅导员，他们对辅导员所抱期望值较高，期望在辅导员的关爱、指导、帮助下不断成长。他们对辅导员的信任与服从也多源于这种期待，由此便成为影响辅导员威信形成的重要因素。

（三）高校思政与辅导员协同育人的策略

1.加强辅导员队伍思想政治培训建设

（1）确立人才本位的培训理念

自古以来，人才资源一直都是各个行业争抢博弈的主要资源之一，确立人才本位的培训理念是确保工作行业发展的第一要义。重视人才资源、加强人才的内生（内部培训）与外引（扩大招聘）是市场竞争的迫切要求。人才本位的培训理念，不仅仅是简单的基础知识的填鸭式灌输、短期单一技能的文本培训，而是要求辅导员培训组织构建长期的、有效的、有体系的培训信仰。

（2）建立双向统筹的培训机制

培训部门要充分履行辅导员系统培训的牵头抓总的职能，践行集体调训与个体培训的双向统筹培训规划。一方面，要充分做好基层去参加培训的辅导员的信息征集工作，要作出有预见性的培训指导思路，在培训周期、培训班次、培训内容和人员集中选择上做好妥善的统筹分配工作，强化宏观管理，规范双向统筹标准，要严格执行计划；另一方面，要允许学院及辅导员本人以正当理由选择适合的参训班次、时间、形式等，让被培训部门及个人有一定的自主空间。实行辅导员个体自我需求与社会集体发展、工作实际需要相结合的培训机制。

（3）更新现代科技的培训方法

引入现代科技手段，不仅仅包含设备层面的更新换代，主要涵盖培训时间、培训空间、培训形式等多层次的培训方式的更新。一方面，充分发挥新时代科学文明与通用技术的功效，结合网络传输、多媒体设备、远程监控、电化教学等通用的新方式方法，最大限度地突破时间、空间对于辅导员培训教育带来的局限，解决在职辅导员工作与求学心理的冲突矛盾；另一方面，在现有的专题讲座、名师演讲等教学模式的基础上，更新培训方式，引入了个案分析、场景模拟、小组讨论等新途径，丰富授课形式，着重结合辅导员工作生活中的实际情况，进行有针对性的分析与研讨，把传教解惑、自思自省、互动互助等行为引入课堂，来充分提升辅导员老师的积极参与度与灵活创造力，以达到更加切实的学有所成，为学生服务的效果。

（4）丰富细致全面的培训内容

一是对缺少基层工作经验的新辅导员，采取"老带新"模式，以此增加实践教学内容，遇到突发事件和多发事件，要求老辅导员必须"一带一"现场指导，帮助新辅导员尽快进入工作状态，了解学生工作实际；二是对有一定发展潜力、近期可提拔的老辅导员老师，要注重提升他们的政治修养与文化素质，可以构建能力提升培训模块，如决策力模块、领导力模块、影响力模块、创新力模块等内容，进行综合性的全方位的领导能力提升，要有针对性地进行培训，建立全新的辅导员领导干部能力培训课程体系。

2.强化辅导员骨干作用

在大学生思想政治教育中，辅导员就是高校学生工作的重要力量。中共中央、国务院在《关于进一步加强和改进大学生思想政治教育的意见》中对辅导员的工作范围进行了明确规定，辅导员要按照党委的部署有针对性地开展思想政治教育，在学生的思想、学习、生活等方面进行指导。可见，辅导员是高校德育的骨干力量，思想政治教育是辅导员的核心任务。因此，辅导员必须抓好自己的中心任务，促进大学生思想政治教育的发展。教育者必须先接受自我教育。作为教育工作者，辅导员应该实现通过科学的方法来促进学生成长，不仅要规范学生的行为，还要使他们的情感受到熏陶，不断提高道德水准，使他们成为优秀学生。辅导员一是要通过引导使学生的理想信念更加坚定，能够深刻认识到共产主义思想的重要性，向着学校预期的方向发展。二是要深入学习专业知识，精通专业技能，增加自己的厚度，而这就需要用科学合理的方法对学生进行引导。

3.构建思政教师与辅导员联合育人的机制

（1）组织教育机构的科学联动

高校并没有思政专业，所以在高校中，思政老师都不会固定地划入某个专业或者院系的管辖中。不过随着高校管理体制的改革和细分，很多高校最终确定了思政理论老师归属于教学管理系统，不与辅导员同部门管理，这样简单粗暴地将二者分离开对于思想政治教育的发展没有益处，反而分离了明明可以互相联系的两个主体。想要思政教育得到飞跃发展，构建联合育人机制是当务之急，必须将思政教师和辅导员联系到一起，将二者归结为一个系统当中，更加方便他们开展更多思政实践活动，互相沟通学生思想。要想将高校思政课老师和辅导员归结为一个系统管理，就必须要让学校的管理层意识到这一点。由高校的党委宣传部等主动进行协调部署，同样让辅导员归属的学生工作部门与思政理论课归属的教学部门能够联系起来，并且团结一切可以团结的机构，例如，团委、就业指导中心等诸多组织，相互配合，既充分调动了学生的积极性，也充分调动了教师的积极性，共同组成一个可以互动配合的团结组织，为思政教育的发展提供了良好的氛围。在这样的组织当中，始终要坚持科学的管理方法和管理机制。有条件的高校可以多开展一些实践活动，加强大学生和高校教师之间的互动交流。而在管理当中，要明确分工，落实好工作人员的职责，严格管理。但是也要注意，既然形成了一个团体，思政教师和辅导员之间的工作关系就不能完全分裂开来，就必须要注意相互之间的配合和工作效率的提高。

（2）队伍建设的联动

队伍建设的联动需要每个成员共同的努力。要想改变过去封闭式的各自为政的局面，就要努力将二者之间的交集扩大。具体来说，需要做出以下三个改变。

第一，高校的辅导员选拔要更加严格。不能再像以往一样门槛过低，导致辅导员的水平不足而影响思政教育的效果，也没办法完成教育目标。在选拔中，必须要将辅导员的思想政治理论素养作为首要考核点，不具备这样的素养的应聘人员直接不予通过。辅导员的学历条件必须要满足硕士以上，最好可以在具备思政理论的基础上对心理学和法学有所了解。这些条件都需要高校的领导和人事部等一一进行严格筛查。这样既能够确保辅导员的基本素质，也能够保证至少在理论层面上，辅导员可以独当一面。在一些不具备和思政教师联动的条件的学校中，也能够帮助学生更好地养成正确的政治素养。

第二，尽量促进思政理论课老师和辅导员二者之间的工作交流。进行工作交叉，可以在思政教师的带动下提高辅导员的思想素质。一方面可以不用必须强调将思政教师与辅导员划为同一部门；另一方面也解决了当今思想政治教育发展的困境。而在这样开放式的沟通和合作当中，思想政治老师和辅导员二者之间角色可以互相转换。辅导员可以通过思政教师的帮助，更好地管理学生；而思政教师通过辅导员的帮助，可以更好地改进教学方式和探索教学模式，从而提升思政教学质量。

第三，要构建团队，在思政老师和辅导员的不断交流中去构建出一个梯队。团队当中要有中青年老师为团队的延续做保障，既要保证团队的活力性，也要保证团队的理论和经验厚度。

二、加强高校思政教师队伍建设

（一）提升教师政治水平和理论素养

要用中国化的马克思主义理论来指导整个"课程思政"教学过程，从而实现有效灌输。在准备进行有效灌输马克思主义理论之前，高校教师最重要的就是要有政治敏锐性，要把握思政教学过程中所灌输的理论的正确性、准确性和方向性。而在这一点上，就必须讲基本的政治规矩，这就需要教师具备政治智慧。一方面可以通过开展系统培训的方式，根据不同学科、不同专业的教师，开展不同学习程度、不同要求的培训，以便教师能更快地提高自身的政治水平，将所教授学科的课程内容结合思政元素，在教学过程中自觉融入相关思想理论。另一方面通过专题讲座的方式，讲解和学习党的最新理论成果，加强教师队伍的理论素养，寻求学科知识和"课程思政"的切入点，能够"润物细无声"地引导学生树立正确的政治站位，明辨是非，成为传播知识与传播思想文化相结合的真正的教师。校党支部定期开展主题会议、民主生活评议等活动，来帮助广大党员教师学习党的最新理论成果，营造良好的政治环境和工作氛围，使得各教师的政治信仰更加坚定，政治能力进一步得到提高。在"课程思政"教学中，会涉及一些基本理论的讲解，而这些理论往往是专业课程涉及的重要或基本的思想政治教育问题，学生应该掌握其知识并能结合专业课程进行理解和运用。教师要积极谋求以学理性分析帮助学生明晰思想政治教育知识的内涵，同时以科学理论的强大魅力指引学生。

教育者必须先接受自我教育。作为教育工作者，辅导员应该实现通过科学的方法促进学生成长，不仅要规范学生的行为，还要使他们的情感受到熏陶，不断提高道德水准，使他们成为优秀学生。辅导员一是要通过引导使学生的理想信念更加坚定，能深刻认识到共产主义思想的重要性，向着学校预期的方向发展；二是要深入学习专业知识、精通专业技能、来增加自己的厚度，这就需要用科学合理的方法对学生进行引导。

很多大学生会不自觉地把专业课教师当作自己努力的方向和最想成为的人，专业教师的身体力行时时刻刻影响着学生，"课程思政"教学成效依赖教师积极营造的富有感染力的课堂气氛，教师自身高尚的师德师风、独特的人格魅力及起表率作用的言行举止。学生在日常与教师的交流中，会不自觉地就会想要遵照在教师身上发现的良好的道德品质，而这种意识一旦经过长时间的发展，就会形成习惯，将会在今后的为人处世上产生十分重大的影响，使学生在之后的时光里能够保持好自身的道德认知，在自我成长的同时肩负起社会进步的职责。具有优秀道德品质和行为示范作用的教师，要不断学习以提高充实自己，并不断钻研如何能够更好地推进"课程思政"的教学，要明白自己的劣势和不足，从而积极主动地学习好的、新的知识，督促自己与时俱进，不忘自己之前想要作为一名优秀教育工作者的初心，在教育中提升个人价值。

（二）提高教师"课程思政"教学能力，创新教学方法

课程思政的建设，主要是以课堂教学为依托，这就要求教师要提高创新教学方法的能力，针对不同内容、不同问题采用不同形式的教学方法，积极创新满足学生需求、找准"课程思政"切入点，来增强"课程思政"教学效果。此外，应顺应时代发展创新教学方法，教师要不断地学习和运用信息化和现代教育技术进行教学，整合教育资源、编排教学内容、借用新技术激发学生学习兴趣。

思政课教学方式的革新是关键。思政课应当改变以往理论灌输的教学方式，思政课教师不能简单地将理论的知识讲解给学生，而是需要重视对学生政治能力和正确价值观的培养，变学生被动的学习理论知识为主动学习。思政课教师可以将时政事件引入课堂让学生进行讨论，以点带面引出课程内容，让学生自觉树立社会主义核心价值观，以此促进教师和学生之间的互动性，提升学生的学习兴趣。对于思政课课堂形式的改革方面，思政课的课堂不仅局限于室内，社会实践、室外教学也是同样适用的。将课堂学习发展到社会实践，对学生视野的开拓、社会的认知，以及学生价值观的树立都有一定的促进作用。

（三）加强教师思政培训

高校各级党委要加强对学科任课教师的理论培训，发挥先锋模范党员

教师的带头作用,把中国共产党的先锋队性质、全心全意为人民服务的宗旨、执政理念、先进性、纯洁性等优良理论教授给教师,提高他们爱党、爱国的政治觉悟。高校可以安排思政专业有名的专家、教授会给学科任课教师开展马克思主义基本理论知识的学术讲座、研修培训活动,让学科任课教师学会用唯物主义历史观、唯物辩证法的观,点、立场、方法来正确地观察、分析看待生活中的问题:让学科任课教师坚持马克思主义意识形态的正确领导地位,并且认识到马克思主义的指导作用:让学科任课教师知道什么是真正的马克思主义,怎样正确对待马克思主义知识;等等。高校学科任课教师只有把相关的理论知识学真、学透、学懂,才不会认为思政教育是纸上谈兵的套话和空话。各高校还应组织各学科任课教师参加有关"课程思政"建设的学习培训和研修活动,在第一时间把握国家、社会的热点、关注点,思考与教学内容的结合,增强自身的观察力,提高自身的思想政治素质,从进一步巩固科学的世界观和人生观;使科研能力得到提升,在集体备课过程中的发言更积极主动,内容更有创新性,教研更有积极性,教学能力增强,为学院的思政教育培养一支有创造力的高素质教师队伍。通过对教师的思政培训,来提高他们的政治素养、教学水平和科研能力,以此确保高校"课程思政"方案的有效实施,从而增强思政教育的效果。

以"课程思政"建设为主线,在参加理论学习之后,积极的组织受训教师通过实地调研、现场考察、案例分析,来提升受训教师的教育教学能力,对理论学习和实践考察均合格的教师发放结业证书。之后,针对各教师建立培训档案,设定马克思主义学院思政专业教师为联络人,针对之后"课程思政"建设中有关课程内容的疑问,负责解答和提供咨询。

学校应引导和加强对广大专业课教师关于社会主义高校办学方向、高等教育的目标就是培养社会主义接班人等方面的认知,从而注重知识传授和知识运用方向上的统一。多数高校教师具有国家事业单位编制和干部身份,但既然承担教学任务,那相应的教育职责也应充分担当起来,政治立场也应坚定。同样,高校要注意工作环境对教师群体观念的现实影响,既要贯彻落实"课程思政"教学改革,又要适当地给教师群体繁重的教学科研任务"松绑",做到"有所为有所不为",要给足教师群体对教书育人的自主思考、自主探索、形成认知的时间和空间。目前国内各高校对于教师晋升高级职称,一般原则上都要求"连续六个月及以上的国外大学学习、研修经历"。参照这一条，学校应当规定教师晋升高级职称，党员教师须有至少连续一周时间的本校或省级党校、干部学院的学习培训经历；非党员教师须有要有至少连续一周时间的本校或省级社会主义学院、干部学院的学习培训经历。只有学校及上级官方机构设立的政治学习培训单位，才是系统化提升政治素养的供给方，具有政治理论解释的科学性、权威性和学习结论认定的官方性、严肃性。统一培训并不是要放弃日常的教学工作，因为培训的时间仅一周左右，而且是分批次学习，所以对高校日常教学影响并不大。

对各类任课教师开展"课程思政"培训，将"课程思政"纳入教师长期职业发展培训的过程中，要不断加强各教师的道德情操，引导教师在备课上用心、课堂中用力、传授知识时用情。为了增强教师"课程思政"的培训成果，提高教师参与培训的积极性，高校可采取精神或物质奖励的办法激发教师参与培训热情。同时，对培训成果进行抽查和考核，并且纳入各学科教师的考核和职称评定中，以便在很大程度上保证德育意识的培训效果。

教师在落实"课程思政"这一教育方式时，除了加强自身的立德树人意识教育之外，还需对"课程思政"的内容进行掌握，即明确"课程思政"的定位。教师在明确"课程思政"内容的基础上，需要进行内容的融入，即将"课程思政"所要求的内容通过有效的方式融入课堂，让学生能够同时进行专业知识学习与正确价值观的引导。只有将这些方面的知识融入课堂的教学过程中，才能够将"课程思政"教育理念进行落实。

三、构建家庭、社会、学校联动育人体系

（一）加强家校联系，开展良好的家校互动活动

1. 开展家校共育

家庭教育对子女具有得天独厚的亲和力和深远持久的影响力。因此，家长要注重家庭教育环境的构建，以此为子女的健康成长创造良好的家庭环境。具体可从以下三方面来努力：其一，家长对高校思政课程的态度是子女正确定位此课程地位的重要参考因素。因此，家长要改变传统观念中思想政治课程是"副科"，学不学无所谓的错误观念，要树立正确的成才观，正确认识和定位此课程在子女德育培养和能力提升中的重要作用。其二，大学生对事物和行为的辨析能力还有待提升，非常容易把家长的言行作为他们模仿的对

象。因此，家长要严格要求自己，以身作则，给子女的道德培养做好示范。其三，建立家长、学校、教师沟通机制，要及时掌握和熟知子女的思想状况和行为表现。一旦发现问题，通过双方共同努力，及时帮助子女纠正错误观念和行为，以此保证子女沿着正规的路径前行和成长，同时也能通过这种方式让子女进一步感受到家长对此课程的重视，来提高他们的学习动力。

2.完善学生家长的监督权力

协同育人一定要实现权力的监督、监管，要保障权力不滥用。在某些时候，人们讨厌权力，是因为许多拥有权力的人在运用权力的时候违背了公平、公正的原则，打击了人们的信心。协同育人系统中，学校党委、职能部门、教师个体都拥有一定的权力，他们是否参与协同育人，协同积极性如何，协同工作参与度如何，协同效果如何，这些都需要有人监督约束。因此，完善的协同结构应具备监督、监管的功能，借助学生、家长等的外部力量，无形中给权力拥有者压力，促使他们主动参与到协同育人工作，让权力在正常范围内使用，变得更加透明，更加公正。

（二）拓展社会实践，开展和谐的社会互动活动

1.拓展社会实践

无论是价值观念、必备品格还是关键能力，都将在社会实践中得到检验并不断发展完善。比如，厚植爱国情怀是思想政治课的重要功能，大学生和高校教师既可以在教师环境中开展教学活动，深化学生对祖国的情感；也可以带领学生去祭拜革命烈士、参观战争博物馆等，深入了解国家曾遭受的苦难、更真切地感受革命先烈的大无畏精神，并且树立为国奉献一生的志向。因此，根据教学内容需要，适当地开展社会实践活动，充分利用当地的教学资源，加强学生与社会的互动，有利于拓宽学生视野，深化学生的乡土情怀，培育学生的爱国情感。

在社会实践中，社会风气在很大程度上对思政社会实践效果产生了影响。社会风气和社会环境的好坏影响着大学生对高校思政课程的认同与否，因此，整个国家、社会和各个部门都要协同努力，共同来为大学生养成过硬的思想政治素质和正确的价值观念提供一个良好的社会认同氛围。

2.要建设协同互助的校外队伍

通过建立校企战略合作网上协议，构建同步、智能、交互的"产、学、

研三位一体"育人网络，为学生学习、实习、就业搭建大数据网络平台，共建"创客空间"、孵化园、实验室、联合培养实验班等项目，加强人才培养、科研项目、技术攻关深入联合，结合企业科普实践、技术创新、文化价值、发展历程、创业名人、行业模范，强化大学生的思想价值观教育。大数据背景下校企协同育人要重视对大学生分类培养，来统筹大学生理论和实践、校内与社会、第一课堂与第二课堂多种教育资源，共享优质数据、智库、平台、技术、行业、资产，促进课堂育人与实践育人在内容、作用方式、效果等方面的反馈互补，创造性地把高校思想政治工作与行业领军人才需求进行精准化的前端对接，让理论与实践在校企合作中"打结"，全方位的培养大学生思维创新、实践技能、专业素养、学科兴趣、团队精神、社交方法、求职技能、职业规划意识、应变能力等。最后，构建学校政府协同育人队伍。政府对高校思想政治工作既有"管""引"的责任，又有参与、协助、配合的义务。在全球智能、创新、颠覆、互联、开放的大数据浪潮下，政府应当加快健全数据开放、共享、安全标准体系，建立政务数据与高校思想政治工作的多联结通道，将黏性强、契合度高、价值大的数据可向高校开放，加速有效数据在思想政治工作中的传播、转换。同时教师和政府人员要通过政策协商、决策分享、监督联动、评价共识、方案共建、责任同担、对象共教来建立工作契合点，为大学生提供基层挂职、顶岗实习、支教扶贫的专业化、精准化对接服务，既要发挥好政府对高校思想政治工作的引导、管理、监督、调控、激励作用，又要运用政务工作的专业性、严谨性、服务性育人育心。

（三）优化学校教学，开展高效的思政育人活动

1.加强高校对思政教学的重视程度

（1）加强国家对思政课程的重视程度

其一，国家目前虽然已实行了此课程建设情况的抽检和评估制度等，但正在实施的监督制度满足不了对各高校此课程建设的真实情况进行全面了解的需要，国家及相关部门应该进一步拓宽监督渠道、丰富监督途径，如将听取正面汇报与随机核查、明查和暗访、事先通知听课与随机听课相结合等。多途径、多方面的监督更有利于全面、真实地掌握高校思政课程的真实建设情况。其二，要加强高校思政教师队伍的建设，尤其师范类高校和此学科的硕士生和博士生的培养，为此满足高校对专职教师的需求提供保障。其

三，国家或地方相关部门要充分发挥自身在协调各高校共享此课程教育资源方面的独特作用，使此课程教育资源作用最大化。针对此问题，国家或地方相关部门要积极探索教育资源共享模式，并且做好监督工作。

（2）加强高校对思政课程的重视程度

高校应该从以下几方面来落实细节性的问题：其一，招聘满足教学需求的教师数量，严把质量关，改变现有的"大班教学"模式，去实行"中小班教学"模式；其二，加大投资，并且配备足量的现代化多媒体教学设备，同时加大对教师进行现代教育技术培训的力度，确保每位此课程教师都能熟练操作现代化教学设备；其三，纠正相关部门及领导对高校思政课程价值的错误认识，合理安排其上课时间，上课时间安排要尽量符合学生学习能力的变化规律，要尽量安排在学习效果较好的上午进行，以进一步提升此课程的教学效果；其四，高校及领导要准确定位和认识实践教学的地位和作用，把实践教学真正纳入正常的授课过程。实践教学是一种涉及学校多个部门的教学方法，需要各部门给予支持和密切配合。因此，高校及领导要督促教务处、财务处、后勤处和保卫处等相关部门积极配合实践教学，并且提供足够的经费支持。此外，要积极创建校内外实践场所和基地。充分运用学校的资源，创建校内实践活动场所，如建立模拟法庭，方便大学生进行模拟庭审等；要加强与社会相关单位的合作，建立大学生校外实践基地，选择实践基地时要综合考虑单位性质、工作人员素质等因素，以免对实践效果产生负面影响。

2.建设和发展校园文化

（1）高校校园文化的作用

第一，能够塑造学校的良好形象。对于一所学校外的公众，不仅会对学校的表面进行观察，还会去感知这所学校的内在精神和文化感知，以此来确立这所学校在公众心里的形象。因此，校园文化作为学校的内在精神和文化的集合，其中的一些优秀人物形象及一些标志性的建筑，包括教师和一些名人，以及散落在校园内的各种书画、水墨画，特别是历史名人雕塑、碑亭等文化景观等，都对公众以至全体社会发挥着很强的示范作用。和谐的大学校园文化可以塑造学校的良好形象，以此提高学校的声誉和知名度，从内到外提升学校的形象。

第二，能够对学生起到教育和导向作用。我国对高校校园文化的基本要求是必须要体现健康向上、生动活泼的内容。这是因为,健康向上、生动活泼的校园文化能够提高全体大学生和高校教师员工的思想觉悟和认知能力,进而塑造和培养其美好的心灵。现如今,由于每个人身处的工作环境、家庭环境和社会环境不同,这就会让他们的人生观、价值观及世界观有不同程度的差异。而且再加上如今全球化趋势,市场经济的冲击,信息时代到来给全体社会成员带来形形色色的信息的同时,也使其受到了一些低俗文化思想的负面作用,随之也出现了一些不良现象。因此,这些都需要发挥校园文化价值取向的导向作用对其进行引领,来启迪他们的思想行为,从而使其树立正确的世界观、人生观、价值观,这强烈地体现了校园文化价值取向的导向功能。

第三,能够不断提升高校本身的文化品位。对于学校来说,其校园文化品位主要会在学校的办学理念、学习氛围、学术水平、管理氛围、校风等方面体现出来。学生在校园里是最便于体验的就是学校的文化品位,学校所展现出来的文化品位越高,就说明学校的水平越高。并且,文化品位会构成一种无形且强大的力量,在学校的方方面面渗透开来,潜移默化地影响全体成员的文化品位,对其产生一种其他专业课程无法比拟的深刻的影响。因此,建设完善的校园文化,就可以使学校的文化品位得到不断的提高。

（2）营造民主氛围

在校园文化中营造民主氛围,就是要让高校重大决策的透明度、公开性大大增加。重大决策的讨论应当广泛征集或采纳大学生和高校教师的意见,使大学生和高校教师的声音和意愿能更好地在高校的重大决策中得以真实、准确地反映；还可以建立畅通的学校领导与大学生和高校教师间的联系渠道,例如,实行校长网上接待日、设置大学生和高校教师监督岗、长期设立意见箱等,来通过这些措施让双方充分交流意见,进一步来激发大学生和高校教师的精神动力、主人意识与归属感。

（3）建立健全校园文化设施

校园文化设施先进且齐全、校园文化环境优美且恬雅,为校园文化活动井然有序地开展创造了便利的物质条件,同样也标志着整个学校的文化建设与发展的水平。因此,校园文化设施的建立健全和校园文化环境的构筑,是建设校园文化过程中不能遗漏的重要组成部分。高校要科学规划、加大有关方面的资金投入力度,使各类文化设施不断完善,如,图书馆、校史馆、电教馆、实验室、音乐厅、学术报告厅、体育馆、计算机中心、博物馆等，利用这些场所来开展具有不同意义又多姿多彩的校园文化活动，对大学生的精神文化生活需要加以满足，进而丰富他们的精神世界。

3. 优化校园运动休闲区的环境建设

（1）优化运动休闲区的空间布局

空间不仅仅是社会关系变化的"容器"或"平台"，它还是文化的另一种表现形式。因此，就可以认为校园空间是校园文化的表现，甚至它就是文化。校园内的走廊和庄严的列柱也将是对学生教育的一部分，花园里的每块石头都能向学生传递校园精神。无论是哪种类型的校园环境建设，都必须以整体性和连续性为原则，来进行空间环境布局的改造。整体性原则就是指在设计时应该有统一的思想精神，周围所有的环境布局都应该以此为出发点进行建设，这样就可以使学生更加明确学校所传递的思想精神；连续性是指思想精神在空间环境布局上的分布应该是连贯的，不能只在校园里的一个或几个地方体现思想政治教育精神内涵。教学楼的教室是大学生接受思想政治教育最多、最频繁的一个场所，我们应该在其他的校园空间环境中将其连续下去，既可以是温馨有爱的宿舍、使人振奋的广场，也可以是宽敞整洁的小路，清澈明亮的湖水。因此，必须要优化运动休闲区的空间环境布局，既要体现校园建筑的审美情趣，也要体现时代脉搏，更要体现校园精神，使学生无论是在课堂内还是课堂外，都能够受到环境教育的熏陶。

（2）完善运动休闲区的"教育链"

大学生的学习任务相对高中来说会有所减少，这为学生参加课外活动提供了充足的时间。完善运动休闲区的教育链就是指使学生通过对校园活动的深入了解和学习，形成对该活动的进一步认识，从而形成了一种情感上的认同，而不仅仅是停留在这场活动举办的表层意义上。因此，对大学生的教育要由无到有、由浅入深，使学生形成系统的、切实的思想逻辑。当然，形成一个完整的教育链条需要校园活动的组织者做好活动前期和活动后期的统筹计划工作，为学生提供深化自身思想意识的机会和平台，比如，组织学生进行赛后反思、邀请专家或专职教师进行专题讲座，使学生充分意识到了每一场比赛背后所蕴含的意义，这样才能帮助学生树立良好的思想意识。

第四章 高校思想政治教育育人教学模式与方法创新

第一节 高校思想政治育人教学模式的构建

一、自我教育法

自我教育法的特征主要有：

第一，从教育对象来看，无所谓教育者与受教育者之分，一个人既是教育的主体也是教育的客体。因此，自我教育中的教育对象没有来自外面的压力，不会产生被动学习的心理，增强了自主性，即自觉、主动选择学习内容、安排学习步骤、组织学习过程等。

第二，从教育过程来看，以"自我"为中心，凸显"自我"能动作用。学习什么？是自我选择、自我构建：为何学习？从学习动机的激发到学习任务的确定，再到学习过程的具体实现，再到学习成败的肯定或否定以及提出整改策略并且进入新一轮的学习，无不是"自我"角色的转换、"自我"参与的结果。只有这样，才能够较好地发挥自我的主观能动性，去调动起自我的学习主动性、积极性和创造性，进而让学习者认识到学习不是他人的"公事"，而是自己的"私事"。

第三，"以人为本"思想在自我教育中得到充分体现。思想政治教育工作者必须认真考虑教育对象的文化知识基础、理论修养和思想观念的实际状况，具体问题具体分析。在自我教育中，因教学内容、教学方略都由教育对象根据现实水准选择、确定，这就充分体现了人本主义尊重人、理解人、依靠人、相信人的理念，依据人的现实性，提升人的主体性，从而去实现人的价值性。

自我教育法运用于当代思想政治教育中的价值：

（一）坚持"以人为本"，提升人在教育中的主体性

"以人为本"思想认为人类社会历史是由人创造的，排除人而孤立地就事论事、见事不见人，就物议物、见物不见人是错误的。人在创造人类社会历史中的巨大作用奠定了人的重要社会地位。为此，我们要从经济、政治、教育、文化、艺术、宗教等一系列工作的出发点和落脚点都应集中在人身上，我们进行改革开放和社会主义现代化事业甚至为实现崇高的共产主义社会而努力都是为了人的美好幸福生活。离开人，这些工作、事业和信念都将失去应有的价值和自然存在的意义。为此，认清和牢牢把握人的主体地位十分重要。开展思想政治工作也是如此。我国思想政治教育的最终目的就是通过有效的教育影响和作用，让教育对象认真领会党的路线、方针、政策，明确自己是建设家园和推动经济发展和社会进步的重要组成部分，树立主人翁意识，为人类文明的精进不舍贡献出智慧和才华。

自我教育法的最大特征是凸显了人的主体性，即人的自觉性和主动性、积极性和创造性，这正是思想政治教育希望达到的目标。因为我们从事任何一项任务、一件工作，其成功或者失败，除了客观物质条件外，主要是看参与这项任务、这件工作的劳动者的工作态度、工作能力。尽管能力因素至关重要，但并不起决定作用；态度则不然，以热火朝天的工作热情、执着的工作志向追求、积极的应对策略能够改善不利条件、创造有利条件，最终在大家的齐心协力下可以保质保量完成任务。相反，工作消极、怠慢，要么只能勉强草草完事，要么拖拖拉拉始终没有进展甚至半途而废，既浪费了大量的物力、人力、财力，又错失良机而令人遗憾终生。

（二）充分体现民主性，培养民主精神

民主性，是从自我中体现出来的：民主精神，是在自我中培养起来的。有学者提出"民主就是自治"。虽然，此处的"自治"实质是指参与国家事业和政治、经济等社会事务的管理，但是，这种管理国家的能力正是自我能力的体现。为此，自我个体中没有民主性，又怎能推己于人、推己于社会呢？即使通过他人教育方式可以灌输一些民主的理念，但是民主意识的形成没有自我自觉主动的参与也是不可能的。

在自我教育法中，教育者与受教育者都是同一个人，永远不存在教育上的教育者与受教育者的事实上的不平等现象。因而，建立在平等基础上的

教育，能够排除教育对象不必要的心理上的沉重负担，会使人在脱去包袱后以一种愉快的心情、加倍的热情、高度的激情投身于学习中。

（三）加强针对性、实效性

在新形势、新环境下，新情况、新问题层出不穷。为针对新情况、解决新问题，来促进我国社会主义市场经济健康、快速、有序地发展，全面推进小康社会建设，高校要使思想政治教育真正体现出对今天经济社会的物质文明、政治文明、精神文明和社会文明的导向作用，焕发出智力支持和精神支柱的无穷魅力，释放出应有的优势。新时期的思想政治教育，特别是要在增强时代感，加强针对性、实效性、主动性上下功夫。

在社会转型时期，利益主体呈现出多样化的趋势，这就为把握多样化教育对象的特征增添了工作难度。此时，采用自我教育法，为教育对象创造良好的学习气氛，在确保引导机制的条件下，让他们自主决策、分析、判断、确定教育的具体内容、难易程度、有效途径、形式、手段等，就是遵循了针对性这一原则。因为受教育者自己最清楚自身的情况，诸如，理论知识水平、思想观念状况、困惑或疑难的问题等。有了好的针对性，即使开不出包治百病的灵丹妙药，至少也是"对症下药"，其实效性虽不会"立竿见影"，但也定然能够很明显。

二、推动思想政治工作理念的创新

（一）以人为本的理念

以人为本的内涵十分丰富，涵盖经济、政治、文化、生态环境等方面。"以人为本"作为科学发展观的重要组成部分，它既是目的，也是过程。是目的，指社会发展最终是为了人的全面发展；是过程，指在社会发展过程中要始终以人的全面发展为指针。任何一项制度发展、任何一项工作的推进都要看能否去满足人的全面发展的需要，能否代表、维护和实现最广大人民的根本利益。

首先，以人为本的德育理念就是要以促进人的全面发展为根本目的，去解决"培养什么人"的问题；其次，要以人为本的理念要求德育工作始终从民众全面发展、健康成才的需要出发，更好地实现好民众的根本利益，解决"如何培养人"的问题。落实以人为本的德育理念，围绕"培养什么人，如何培养人"的问题，要把握四个思考维度。在教育目标上强调以"人"为中心，突出人的全面发展，把人的发展作为教育的出发点和归宿，作为实施教育的基础和根本。这里所指的"人"的发展，不仅仅包括广大青少年学生，还应当包括一线的专业教师和广大的德育工作者，因为德育并不是一个单向度的教育系统，它不仅对受教育的学生发生作用，而且会对身处其中的专业教师和德育工作者产生引导和推动作用，所谓"教学相长"，也应当适用于德育领域。

在教育对象上不仅要强调和突出人的主体地位，尊重人格，尊重基本权利，尊重个体价值和社会价值，把德育与人的幸福、自由、尊严、终极价值紧密联系起来，贴近民众，了解民众，尊重民众，而且最大限度地激发和调动学生的积极性、主动性和创造性。要引导人们进行自我教育，培养他们热爱生命、热爱生活、热爱自然的情感，引导他们树立时代精神，追求高尚情操，养成良好品质，这也是德育的生命力所在。没有人们主动参与的德育很难说是"真"的、有效的德育。当然，以民众为主体，并不意味着我们教育工作者就真的丧失了主体地位，不需要我们自身的积极性、主动性和创造性，恰恰相反，只有改变人们被动受"灌输"的地位，以此激发人们自主成长、自发进取的主体意识，我们的德育工作才可以说是主动的，也才能更有效地引导和帮助民众。在教育形式上要强调对民众需要的重视，把民众的呼声和要求作为第一信号，把民众满意作为第一追求，把实现民众利益作为第一目标，为民众的发展创造有利的环境与条件，去寻找更加广阔的平台和空间，以现代视野培养现代人，以现代精神培养全面发展的人，培养人格健全、素养完备的人。当然，满足民众的需要，实现民众的利益，并不意味着不加分辨地满足人们的任何需要，我们应当根据国家、社会以及学校的规则要求，把握好引导学生健康成长成才的度。

在教育途径上要强调生活化与适应性。生活教育是最直接的教育，生活化的教育能够产生巨大的教育力量。例如，进一步重视文化育人的作用，通过为人们营造积极的文化氛围，让人们在社会文化的熏陶之下健康成长成才：适应民众自主意识增强的特点，要克服不考虑民众接受能力与兴趣、空洞口号式的教育模式，变居高临下式的单向灌输为平等交互的双向沟通，变要求式、命令式为选择式、引导式，在民主、平等、和谐的气氛中对民众进行教育引导，来让学生在自主选择、自我发问中找到健康成长成才的答案。

（二）素质教育的理念

素质教育理念的形成和发展，是我国教育对长期教育实践的一种总结与突破。素质教育应当以满足人的全面发展，全面提高民众的基本素质为根本目的，是以尊重人的主体性，注重开发人的智慧潜能，注重形成人的健全人格和个性为根本特征的教育。社会经济和高科技的迅猛发展，社会竞争的日趋激烈，决定了人们必须具备良好的综合素质，包括适应社会、开拓创新、人际交往的能力，以及宽厚的基础知识、坚实的专业技能、良好的心理素质和身体素质等。但这些素质并不是孤立存在的，而是互相制约、相互储存的整体。所以，素质教育必须遵循人的素质整体结构的规律，从人的整体素质结构出发，使素质教育与人的素质结构相适应。因此，在高校德育工作过程中，就必须围绕素质教育，做到智育与德育并举，求知与做人同行。国家强调"德智体美劳，德育为先"就是这个道理，它突出强调了德育在素质教育中的基础、灵魂、核心的地位和作用。

（三）解决思想问题与解决实际问题相结合的理念

德育工作的实践告诉我们，必须把思想教育和解决群众实际问题有机地结合起来、统一起来，把握好人们提出的实际问题该不该解决、什么时候解决等问题。对思想问题的解决如果不与解决实际问题相结合，工作就难以落到实处、收到实效；如果用解决实际问题取代思想教育，就会使德育工作失去意义。而正确的做法应该是，解决思想问题应通过解决实际问题来实现，即借助解决实际问题这一环节升华思想，提高觉悟；在解决实际问题的过程中，要强化思想教育功能，凸显解决思想问题的人文内涵和精神支柱的作用。这样，两者相辅相成，相得益彰，就能够极大地提高工作的针对性，收到实际效果。

（四）骨干队伍建设专业化、专家化的理念

1. 推进德育工作队伍学习型组织建设

学习型组织就是一个不断创新、进步和自我超越的组织，它的最大特点就是全员学习，学用结合，个人与组织共同发展。把德育工作队伍建设成学习型组织，有利于调动这支队伍的积极性、主动性和创造性，增强他们做好工作的信心，提高个人和组织的可持续发展能力。

2. 推进德育工作学科建设

在加强德育工作的专业化建设中，我们应当进一步丰富德育的学科内容，去建立起一个比较完整和科学的学科体系，通过学科建设培养一大批专业化的德育工作人才。

3. 推进分层次、分梯队培养工作

一方面，可以通过研究和制定队伍建设规划，通过学习培训、实践锻炼和交流考察等形式，不断的提高德育工作者整体的工作能力和水平；另一方面，应当有计划地形成德育工作队伍梯队，培养不同时期、不同领域、不同特色的教育管理专家，特别是在专业硕士、专业博士培养方面要体现学生工作的基本特点。

4. 建立和完善德育工作队伍的激励保障机制

首先是要制定德育工作干部的从业标准，对他们进行素质认证。其次是提供政策和条件保证，鼓励和支持他们安心本职工作，制定德育工作干部职称、职务发展序列，使他们当中的专业化人才能够积淀下来，最终形成一支相对稳定的专业化队伍。同时，要开辟这支队伍向外发展的道路，使德育工作干部能进能出，在合理流动中保持队伍的相对稳定和骨干力量的稳定，同时成为各级党政领导干部的重要后备力量和人才资源库。

第二节 高校思想政治育人教学模式的实施

一、自主学习模式

（一）自主学习

自主学习环节包括学生的自主读书、自主辩论和自主练习三个方面，目的在于使学生全面掌握教材，熟悉思想政治的相关理论。

1. 自主读书

为了使学生在课堂上有较多的活动时间，教师首先要充分理解教材，熟练掌握教学内容，在授课时要贯彻"少而精"的原则，主要讲述重点、难点、热点问题，要阐明每一章学生应掌握的基本知识。其次，教师要根据每一章的教学内容编制读书指导，设计具体的指导方案，组织学生利用较多的时间自主读书，提出问题。

2. 自主辩论或讨论

对于学生提出的问题，首先可以在小组内部予以解决，如果小组内部解决不了，可以通过组与组之间进行交流。而对于一些重要的带有普遍性的问题，可以由每个组提出自己的不同观点，由学生进行充分的讨论或者辩论，老师做好引导和总结工作。

3. 自主陈可

对于每一章的授课内容，教师都要编好思考题，每个学生自选五道练习并自己回答，不允许一个小组内的两名同学选择完全一样的题目，然后由学生相互交流，最后教师统一做辅导。

（二）自主应用

自主应用环节主要包括自主竞赛、自主实践以及自主写作三个方面，其目的就是在于使学生能够自由运用理论知识，锻炼学生分析问题、解决问题的能力。

1. 自主竞赛

每学期结合纪念日活动及热点、难点问题组织知识竞赛，以此加深了学生对时事问题的掌握和理解。竞赛要以组为单位，在组与组之间进行，从选题、评判到主持等都由学生自己准备，教师只需要做好把关和指导工作。

2. 有主实践

在学习过程中要由学生自主选择实践方式。一是进行课程讲授，在教师的指导下，学生根据授课内容，上网查询资料，自编课件，进行授课。二是要进行社会调查，在教师的指导下，学生自主确定调研提纲，确定采访对象，最终形成调研报告并在课堂上进行汇报。

3. 自主写作

教师根据授课内容列出题目，由学生自主选择自己感兴趣的题目进行深入研究，写出优质论文，提高论文的写作水平和实际运用知识的能力。

（三）自主管理

自主管理环节包括自主总结、自主考试和自主测评三个方面，目的在于使学生的自主管理水平和教师的授课水平均获得了提高。

1. 自主总结

每学期初，教师都要给每个小组去发放一个本子，由学生自己记录在这一学期中的成长历程和课堂参与情况。学期末，每一个学生都要把自己的学习体会写下来，既包括收获，也包括不足，还要对老师的教学提出一些建议，以便教师了解自己教学的实效性，并且有针对性地改进自己教学中的不足。

2. 自主考试

试题题目，尤其分析题的题目，要在学生中征集，因为这样的考试题目更贴近于学生的实际生活，更能够锻炼学生的思维能力。考试要采取开卷形式，不要求死记硬背，更加注重能力的培养。

3. 自主测评

自主测评包括两部分，一是对教师的测评，学生要对教师的教学方法、教学内容、教学态度、教学手段、教学效果等进行评价，利用评价系统给教师打分，促使教师要不断提升自己的教学水平。二是对学生的测评，对学生的测评由学生自评、小组测评、教师打分三部分组成，以保证成绩的客观性。

自主学习模式对传统的教学方法、考试方法进行了变革，克服了片面注重知识讲授和知识考核的弊端，去更加注重问题分析能力和问题解决能力的培养和提高，激发了学生对课程的参与热情，强化了学生对思想政治知识的理解和掌握度，显著增强了教学实效，来促进了教师的自我提高，是深入推进思想政治教学改革的重要途径。

二、育人实践模式

（一）高校思想政治育人实践模式的目的

1. 让学生在实践中反思

通过改变教学模式希望学生能够减少枯燥与乏味，去引导学生主动深入到实践，并将学习到的知识运用到实践当中，从而提高知识的实用性，通过不断总结经验和思考过去，不断提升与完善自己。经过一系列社会体验能够使学生更加重视知识的积累与运用，从而端正自己的学习态度，改良自己的行为和作风。

2. 让学生意识到实践的重要性

知识和经验都来源于实践和生活。只有深入到实践当中才能够自我反思，防止思想滑坡，减少错误行为的发生。人们获得的经验往往也是在实践中，经过生活不断的检验得来的。学习教育也是如此，需要在实践中不断的总结经验教训，不断取得进步与发展，这样才能够少走弯路。高校思想政治教育育人实践模式也是为了让学生在实践中认识思政教育理论知识的重要性。学生的教育学习环境很重要，需要一个能够有效吸取知识的良好氛围，在这样的学习氛围中更有助于边学习边思考，提高了自己的综合实力，不断提升自己的价值。

3.让学生养成正确的价值观

实际上高校思想政治教育具有十分重要的作用，尤其对于培养全面发展高素质人才具有十分重要的意义。通过思想政治教育课程，更能够引发人们的思想共鸣，让学生能够边学习边思考，而不是一味地吸收理论知识，并能够引导学生在实践中逐渐养成正确的世界观、人生观与价值观。不难发现，优秀的人往往同时具有较高的思想道德水平，与能力是相得益彰的，这样的人往往更能够在工作当中一枝独秀，成为典范。这是因为思想道德水平高的人，看待问题往往会以更加辩证与全面的态度，思维更加的严谨，往往有自己的想法与行事法则，而不是人云亦云、随波逐流，会和大部分人做一样的选择。因此，思想政治教育对于人的发展十分重要，甚至能够改变人的命运，所以我们必须加以重视，积极发挥思想政治教育的作用与职能，从而实现其育人的价值。

（二）高校思想政治育人实践模式的作用

高校思想政治教育往往具有更强的实践性、具有更强的包容性，也具有更强的适用性。高校思想政治教育育人模式是一种创新与改革，是一种涵盖学生日常学习与思想政治教育教学的融合体，有利于促进现代化思想政治教育教学体系的发展。在课程设置方面，通常是根据学生的生活需要进行课程设置。这种教学模式的创新，有助于提高思想政治教育的普适性，提高人们对思想政治教育的理解和认可。但随着时代进步，思想政治教育教学模式也不断发展和变革，越来越重视学生的素质教育与综合素质的提升，根据学生的发展需要，也会随之不断调整和完善教学手段和方法，从而更利于学生的成长与进步。

高等教育发展迅速并逐渐普及，高校以很快的速度进行扩招，大学生数量迅速增加，因此面临着越来越大的竞争压力与就业压力，而在这种情况下，想要在众人中脱颖而出，引人注目，需要接受更大的挑战。想要在越发激烈的市场竞争中一枝独秀，一方面要打好知识基础；另一方面要提高综合素养。唯有两者兼备，才能在激流勇进的浪潮中继续前行，并且时刻保持竞争力。因此需要进行相关改革与完善，让学生接受更多思想洗礼，从而在学习理论知识之外，能够有效结合社会需求与实践，不断总结与反思，一边实践，一边调整，不断完善自己的学习方式。希望通过这样的教学模式，培养出更多不仅知识储备充足，并且具有很高的思想觉悟，且社会适应能力强的全面发展型高素质人才。

（三）高校思想政治教育育人实践模式的价值

1. 实现教育资源的一体化运用

高校思想政治教育教学改变了过去单一的理论教学模式，让学生在课堂理论知识学习之余，还能够立足于社会实践，在实践中接触社会，不断感悟、不断进步，提高社会适应能力，提高综合能力与素养。目前高校思想政治教育育人模式主要包括课堂教学、校内与校外实践三部分。首先是课堂教学。除了进行直接的理论学习，还会组织教师或者专家演讲，或者是让学生观摩影像，从而让学生更加深入地了解所学的教学内容与理论知识：对于校内实践，可以通过举行系列讲座，在参与过程中引发学生对生活、学习和工作的思考：关于校外实践主要就是学生实习。可以与校企合作，为学生提供进入企业进行实习的机会，在实习过程中体验社会，从而发现自己的缺点与不足，为未来真正踏入社会打好基础。也可以通过其他参观式活动，例如，带队参观爱国主义教育基地、参观烈士陵园，等等，在活动过程中激发学生的爱国主义情感，在类似的活动更加坚定内心信仰，不断完善与提升自己，为中华民族的发展献出自己的一份力。

2. 教育内容具有更强的开放性和实用性

进行高校思想政治教育改革，关键是在于改变过去假大空教学模式，换以新的教学理念，要能够因材施教，根据学生实际发展需要制定和完善教学内容。如今时代早已不同，单纯的说教往往枯燥乏味，很难会对如今学生产生吸引力，甚至会引起学生的反感与抵制。想要改变这种现状，育人模式发生巨大的转变，思想政治教育需更加贴近人们的生活实际，同时教师与学生的距离也要逐步拉近，学生在实践当中能够更加的适用，更能够接受这种教学，同时还促进了教学资源的有效整合。而这种校内与校外实践相结合的体验式教学方式，修正了传统思想政治教育的弊端，不容易受到时间和空间的限制，从而有效地发挥环境影响与作用。

第三节　高校思想政治育人教学方法与评估体系的创新

一、新时代高校思政育人教学方法的创新

（一）新媒体时代思想政治理论课的教学方法

1. 创新课堂讲授法教学

（1）专题式讲授法＋轮班讲授法

这种讲授法是在严格遵循统编教材的主要内容和逻辑结构的基础上，既依据教材，又不拘泥于教材，以"专题"为单位整合教学内容的一种方法。采用专题式教学讲授法，才能够达到术业有专攻的效果。因为教师各有所长，也各有所短，一位教师知识水平有限，纵然使出浑身解数也很难完美准确地把握并教好一整门课程，而采用专题式讲授法，则可以最大限度地去发挥教师专业所长，且有利于教师形成集中的研究方向，深化教学内容，也非常有助于教学团队的团结协作力量的发挥。

（2）"一多结合"的讲授法

新媒体技术的发展，改变了传统的"一支粉笔一张嘴、一块黑板一杯水"的课堂模式，使教学方法手段有了多样的选择。思想政治理论课教学中的"一多结合"，是指同一个教学内容由多个教育主体、采取了多个（不同的）理论视角，选择不同的理论工具，分别阐释的教学方法。其主旨就是在思想政治理论课堂教学过程中多角度切入某一重点教学内容，如，请不同专业的教师或专家同堂对话并对学生进行讲授、交流。"一多结合"讲授有利于增强高校思想政治理论课的理论魅力，增加教学内容的科学性与深刻性；有利于加深受教育者对教育内容的理解，提高了多种角度学习理解知识的水平、能力，增强学生的学习主动性。

2. 推进案例式教学法

案例式教学方法实质上是理论联系实际的一种具体表现形式。这种教学方法是在理论课教师的指导下，把实际生活中的事例引入课堂，非常有利于提高学生分析问题、解决问题的能力，从而使学生自觉不自觉地学到知识。要想很好地实施案例式教学，最关键的问题是要处理好教材和案例之间的关

系，将案例和教材结合起来，既不能脱离教材而运用案例，也不能用案例代替教材，只有这样，才能够保证这种教学方法的可行性、系统性和生动性，从而更好地实现教学目的。案例式教学法的核心在于组织课堂讨论，形成师生之间互动、学生之间互动的一种动态的、开放的教学氛围。在实施案例式教学的过程中，课堂上教师的理论引领和提升是非常必要的。在实际的教学过程中，学生在分析案例时，很难去找到案情与教学内容的契合点，他们还不能把案例上升到一定的理论高度来进行分析。所以，在具体组织和实施教学的过程中，任课教师也可以根据教学目的、教学内容以及授课对象的不同，灵活掌握教学模式，既可以在理论内容讲授之前抛出案例，启发学生思考，引出要讲的内容，也可以先进行系统的理论内容的讲授，之后再抛出案例，引导学生学以致用。案例式教学方法丰富和发展了传统的思想政治理论课教学方法与手段，对于提高思想政治理论课教学的实效发挥了非常重要作用，尤其提升了学生的实践能力，是现代思想政治理论课教学设计的一大亮点。案例式教学法中的案例既可以选择视频案例，也可以利用 PPT 制作图文并茂的案例。利用新媒体技术，更易于大学生接受并深刻体会教学内容。

3.有效采用情境式教学

情境式教学就是指教师依据教学目标、教学内容以及学生的实际情况创设特定的教学情境，从而引导学生自主探究的教学方式。具体来说，它是指在教学过程中，教师有目的地创设或引入一个相关问题的情境，使学生产生身临其境之感，以引起学生一定的心态和情感体验，来扩大学生的知识视野，刺激学生思考的积极性，从而促使学生以最佳的情绪状态主动投入，主动参与，主动探究，主动发展，从而启发、去帮助学生掌握、理解知识，提高其分析问题、探求问题和解决问题的能力。情境式教学模式是以学生的"实践"为中介，通过指导学生参与社会实践活动，亲身去体验并启动心智去感悟和内省，或是通过科学的、有目的的典型情境的设置，让学生在"做"中体悟，在"参与"中反省，从而实现情感的整合和认知的建构，并且将思想政治理论的学习转化为政治情感和道德素质的践行。

（二）创新思想政治理论课教学方法的基本要求

1.倡导和坚持启发性教学原则

启发式教学即指受教育者在教育者的启发诱导下，主动获取知识，发展智能，陶冶个性，形成完美人格的过程。它符合了教育教学规律和人才成长规律，具有从学生实际出发、尊重学生主体地位、注重学生能力培养等特征，是思想政治理论课堂教学的基本思想和基本原则。无论采用何种方法教学都应当坚持启发式教学原则。实施启发式教学应遵循如下要求：一是要立足学生实际。运用启发式教学的基本前提就是要立足学生实际，全面了解学生的生活、学习、思想和心理实际，包括学生的认知水平、知识结构、学业成绩、心理需求、兴趣爱好等。二是要激发学生的问题意识。坚持启发性教学原则，思想政治理论课教师在课堂教学活动中就要避免简单训导倾向，从重说教、轻启发，重灌输、轻交流，满足于传授知识，摆大道理，而不太关注学生是否喜欢，是否能吸收和内化转向针对思想政治理论课教学实际内容由情入理地引导，根据大学生关注的视角，去认真设计富有启发性的问题，运用启发性的语言，启发学生的思维，进而激发大学生的主动探求欲望，从而达到提升学生认识、分析、解决问题的能力的目的。特别要根据教学实际，利用新媒体技术载体，适当选择和灵活运用不同的启发式教学策略，并且在教学实践中灵活运用与创新。

2. 坚持继承与创新相结合的原则

在新媒体环境下，传统的思想政治理论课教学方法存在一定的问题是毋庸置疑的，但是它经过若干年的积累沉淀，并经过时间和实践检验能传承至今，就说明它是有一定科学性和成效的。这就要求我们在创新当代思想政治理论教学方法的同时对传统的教学方法给予充分的肯定和保留，并且适当地注入现代元素；也就是说，全盘否定和全盘继承都是不正确的，传统的思想政治理论教学方法与创新教学方法是相互补充的关系而非替代关系。只有有效结合运用新方法和传统方法，取长补短，思想政治理论课教学的实效性才能够充分实现。

3. 坚持形式服从内容的原则

思想政治理论课教学方法的创新就要坚持政治导向的正确性和科学性。新媒体是科学技术进步的结果，是思想政治理论课教学的一种载体和形式，这种形式是为思想政治理论教学内容服务的。

二、新时代高校思政育人教学评估体系的创新

（一）与时俱进，加快转变考评理念

第一，坚持"以学生为本"。制定思想政治理论课的考评模式与方法时要从学生发展需要的实际出发，在考评内容的选取上要导向学生的全面发展，这就要求高校注重选择那些对学生发展和能力提升有帮助的内容。第二，把学生的新媒体素养作为一项考评指标。媒介素养是指人们面对媒体各种信息时的选择能力理解能力、质疑能力、评估能力、创造和生产能力以及思辨反应能力，其核心能力就是培养人的认知能力。新媒体素养是新媒体时代人的基本生存能力之一。在新媒体时代，高校思想政治理论课应该将媒介素养纳入教学目标和教学考评体系之中。第三，坚持科学的、开放的、动态的、全程化的网上道德考评理念。思想政治理论课考评的目标就是随着时代的发展以及学生实际情况的变化而变化的，因此，考评目标也要保持开放性，给学生能够发展但尚未发展出来的能力留有一定的空间。考评本身就应该是一个不断完善的循环过程；也就是说，当一轮考评结束后，对在此过程中遇到的问题进行讨论解决，对其中产生的有效做法保留并加以完善，对那些不适合的做法予以抛弃。具体来说，这种考评体系的建立可以通过完善学生评优评奖体制，改变评审办法，实行评优评奖学生网上申报，同时配合科学有效的奖惩措施来建立。

（二）开拓思维，健全灵活多样的考评方式

第一，平时考查。它通常包括考勤、课堂发言、课堂测验、课后作业、社会实践等。考勤是平时考查时必备项，这也是考查学生自我约束、自我教育、遵规守纪的表现。课堂发言是学生是否积极参加课堂教学的体现，也是参与式教学的表现形式之一，它能激发学生主动思考解决问题的能力，更是体现学生创造性的方式。在课堂活动中，学生参与课堂讨论的次数和发言的质量，需要教师亲自负责记录，以此作为考评依据。课堂测验则计入平时考查范围，是教师随堂考查学生理解和掌握所讲内容到何种程度的参考。课后作业一般以社会调查报告、论文、资料整理的形式呈现，是教师根据本课重难点和社会实际，留给学生的任务。教师就可以通过互联网，就比如博客、QQ空间、网络课程的建立，让学生在网上完成课后作业。

第二，基本理论水平测试。针对理论知识和运用能力的考评，可采用

闭卷、开卷、口试、讨论会和读书报告等多种卷面考评形式相结合的方式。闭卷是应用最为广泛的一种笔试，试卷考题具有较高的区分度。这种考试方式有利于考查学生对理论知识的记忆和理解，能够促使学生看书理解，并记忆相关知识。开卷也是笔试的一种，它重点考查学生对理论的运用能力及概括综合能力。考题难度一般高于闭卷，否则易流于形式。有些院校可能以课堂或课后作业、读书报告、调研报告、论文等方式考评计分。闭卷、开卷的考核方式，都是可以尝试统一在网上完成，这样既可以在最短的时间内考查学生的成绩，又可以避免学生作弊，应该在思想政治理论课教学中去推广适用。当然，这样的考评方式需要建立在有完善的网络课程的基础之上。口试是思想政治理论课常用的考试方式，一般分为期末综合口试和案例分析口试。学生当场应试，考评知识水平的口头表达能力。通过连续的追问，可以考查学生的知识深度，观察应变能力，可以杜绝作弊。但是口试也存在缺点，即考试的效度、信度较低，耗时耗力，且主观性强。而这种测试方式在有些院校的思想政治理论课考试实践中一般以课堂讨论、情境模拟案例、答辩、读书报告、知识竞赛等方式考评。

第三，引入民主评议方式。但是这种考评方式在目前的思想政治理论课考评中尚未普及。民主评议方式是提高学生思想道德修养的一种考评方式，它以批评和自我批评为主要方法，将学生自我评价与学生相互评价相结合，可以真实地评价学生的思想表现，提高考评的信度。这种考评方式坚持教育和自我教育相统一，能够帮助学生形成自我意识。而且这种考评方式是一种多主体考评方式。高校可以通过建立相应的思想政治理论课网络课程，在对学生的道德评价中引入这种考评方式。这样既便捷，又可以清晰有效地凸显学生自评和他评的结果。

（三）加大力度，深化实践教学考评

思想政治理论课教学效果如何，最终会体现在学生身上，既包括学生在校的表现，又包括学生步入社会后参加工作实践的表现。因此，对于思想政治理论课教学效果的评价"固然需要运用一定的知识标准进行检验，但这些知识能否真正为广大学生所掌握，转化为其分析、解决问题的能力，最终还需要接受实践标准的检验"。然而，在思想政治理论课的实际教学中，思想政治理论课考评一直存在一种倾向，即重理论知识考评，轻实践教学考评。

之所以出现这种倾向就在于思想政治理论课实践教学考评机制不完善，难以量化。因此，要深化实践教学考评，就要采用行之有效的考评方法，使思想政治理论课实践教学可以考评。思想政治理论课实践教学包括了基地教育、研究实践、校园文化实践等多种形式。

要深化实践教学考评，一是要确立科学的实践考评目标，在具体的考评目标上实现由重理论概念考评向重应用能力考评转变，由重书本知识考评向重社会实践考评转变，由重考评结果向重学习过程转变，由重简易经验测试方法向重科学考试制度规范转变。在教学考评中应适当的引入社会成果评价的价值标准，利用考评"指挥棒"培养和引导大学生自觉学习马克思主义，并能够在实践中灵活运用，要形成良好的创新精神和能力。二是要制定实践教学考评体系。对学生社会实践既要有"量"的标准也要有"质"的标准。从实践的"量"上看，包括实践学时、实践报告的字数与格式、实践报告上交时间等；从实践的"质"上看，包括选题质量、实践态度、实践收获、实践报告的质量、实践手册的填写质量等。高校应该围绕这些标准，将定性评价与定量评价相结合，来进行综合考评。三是要优化考评方法，坚持自评与他评相结合。在新媒体环境下，更加有效的办法是用学生自我评价与学生间的评价、教师对学生的评价相结合的考评方式取代单一的教师考评。这种考评方法有助于学生间相互监督，自我约束，是教育与自我教育的统一，有利于培养学生的自律能力。实践教学考评方式的实现要建立在网络课程的教育平台上，要实行网上与网下结合的方法。关于"量"的考核，可以在网上进行，而具体到"质"的考核，就需要学生按照考核目标去做，主要由教师来把握，并且结合学生的自评和他评，将多种评价结合，得出学生的最终成绩。这是一种综合、全面、立体的考核。

第五章 高校思想政治教育实践育人工作

第一节 高校思想政治教育实践育人工作意识

一、意识和思想政治教育领域实践教学组织工作意识

意识就是人脑对客观事物的主观反映,它在社会发展中又逐渐分化为诸如道德、艺术、宗教、哲学、科学等各类社会意识形态。

意识作为与物质相对应的哲学概念,涵盖了社会领域的一切精神现象。既然思想政治教育领域实践教学组织工作是一种有目的有计划的特殊实践活动,而这就意味着有一种源于思想政治教育领域实践教学组织工作实践又反过来指导思想政治教育领域实践教学组织工作的社会意识形态。

首先,教育管理工作意识作为社会意识的一种,固然离不开一般的实践活动,追本溯源,它也是人们在改造自然、创造社会系统的实践中产生的。但是,培植教育管理工作意识的基础并不是一般的实践活动而是人们的教育、教学工作实践,教育管理工作意识只能在教育、教学工作实践中形成而不能在改造自然改造社会的实践中形成。这就是说,虽然思想政治教育领域实践教学工作离不开社会一般实践,思想政治教育领域实践教学组织工作意识同其他社会意识保持着紧密的联系,但是思想政治教育领域实践教学组织工作实践毕竟有别于一般实践,思想政治教育领域实践教学组织工作意识也不同于其他社会意识。因此,思想政治教育领域实践教学组织工作意识就是对思想政治教育领域实践教学工作的直接反映。脱离了思想政治教育领域实践教学工作的人,是无法形成思想政治教育领域实践工作意识的。

其次,在思想政治教育领域实践教学工作中,各种社会意识都发挥作用。离开了人类在各类实践中积累起来的社会意识形态,无论是改造自然改造社

会的实践，还是高校教学工作实践，都无法进行。但是不同形式的社会意识，其指向又各有侧重和区别。比如，自然科学，它主要就运用于指导改造自然的生产实践；政治法律思想，则主要运用来指导人们改造社会的实践活动；宗教、哲学，主要指向人们的思想，直接影响的是人的思想观念。思想政治教育领域实践工作意识略有不同，它并不是直接指向具体的生产和社会管理领域的实践活动，而是指向高校育人实践活动，用于指导、组织、调整各类教学活动。

再次，思想政治教育领域实践教学工作是思想政治教育领域实践教学工作主体对客体的对象性活动，是教育工作者的能动性活动。因此，思想政治教育领域实践工作意识主要就是教育工作者的意识，不是或主要不是大学生的意识。人只有作为一个教育工作者的角色进入现实的教学工作领域，才可能产生工作的冲动、形成相应的工作意识。对于在活动占大多数的大学生来说，也可能形成自己关于如何开展思想政治教育领域实践的观念或想法，但因置身思想政治教育领域实践工作决策之外，这种意识大多都是模糊不清、片段零散的。所以，思想政治教育领域实践工作意识主要不是作为一般实践活动参与者的其他社会意识，而主要是思想政治教育领域实践工作中教育工作者所拥有的工作意识。

思想政治教育领域实践工作意识作为一种相对独立的社会意识形态，具有不同于别的社会意识的若干特点：

第一，普遍性。社会意识的各类形式，都具有着一定的普遍性。而思想政治教育领域实践工作意识则普遍存在于选修课教学工作实践领域，也具有普遍性。从各类社会意识形态发生的时间序列看，哲学、宗教，道德、艺术、法律和科学，都是在文明社会中先后从社会意识总体中分化出来的。思想政治工作意识则随着思想政治工作的出现而产生，随着它的发展而发展。从各种社会意识形态所反映的空间来看，哲学、道德、法律、思想政治工作意识普遍作用于社会生活的各个领域；宗教、艺术、法律则只是对某一特殊实践活动起作用。科学是个总概念，不同的科学也只适用于特定的实践活动，这四者都不如思想政治工作意识普遍。所以，思想政治教育领域实践工作意识在选修课教学工作领域具有普遍性。

第二，综合性。社会意识作为对社会存在的抽象把握和主观反映，都有着一定的综合概括性，但各自的综合概括程度又有差别。其中，哲学是对各种知识的最高概括，具有最高的综合性。宗教虽也是一种世界观，但它是用信仰代替理性，谈不上科学的理性抽象和科学综合、道德作为人们行为关系的总规范，对涉及人与人利益关系的方面做出规定，显然这只是从社会特定方面进行某种综合。政治法律也是人们的行为规范，所综合规定的方面比道德还严格。艺术就是通过形象情感语言来传达表现作者的愿望，与概念综合离得较远，要说综合只是典型的塑造或人物性格的"综合"。各门科学对某一特定领域的特殊规律进行抽象反映，是一个方面的综合。思想政治教育领域实践工作意识则不然，它要依托思想政治教育领域实践活动对思想政治教育实践活动进行计划、组织和控制，就必须综合运用百科知识。思想政治教育领域实践工作需要综合运用尽可能多的各门知识，思想政治教育领域实践工作意识是各门知识的综合运用。在社会诸意识当中，如果说哲学就是对各门科学知识最高的综合概括，思想政治教育领域实践工作意识作为思想政治教育工作意识的表现形式之一，这就是对各门知识最广泛的综合吸收和综合运用。

二、思想政治教育领域实践工作意识的形式

对思想政治教育领域实践工作意识做纵向即从其发生形态分类，可以划分为工作心理、工作观念、工作理论和工作方法四种相互联系又彼此区别的表现形态。

在人类实践中最初形成的工作意识是工作心理，它大致包括了需要、动机、意向、情绪、情感、意志、信仰、习惯等形式。思想政治教育领域实践工作理想状态需要是由教育工作者的职业本能和职责引发的工作欲望，它同人的其他需要相类似，既具有强烈的内在冲动但又缺少明晰单一的目的指向。处在思想政治教育领域实践教学工作需要的心理阶段，教育工作者主要受到在教学工作实践中形成的潜化意识的支配，本能地生发出工作欲望。长期居于教育工作者地位、积累了有大量工作实践经验的教育工作者，工作在不知不觉中已成为他的潜化意识，成为一种职业的习惯或"本能"的需要。

思想政治教育领域实践工作需要的定向化是工作动机和工作意向。当工作需要作为一种自发的职业内在冲动时，就会有意向不明、不断转移的心理活动。如果没有外部环境起作用，那么人将会永远停留在这种躁动不安的

环境中。事实上，教育工作者不可能将自己封闭起来，而是要受到外部环境各类信息的刺激干扰。一旦某一信息反复影响教育工作者而使他将注意力逐渐集中到解释这一信息的时候，这便出现"问题"或心理学上所说的"情结"。"问题"是指现实和需要的差异，"情结"是指反映问题的矛盾心情。这时，为了解决问题或解开情结，原有的变动不定的需要心理开始平静下来，交错出现的不明晰的目的指向逐渐转移到问题上，从而形成有明确指向的动机和变成为解决某问题的意向。心理的动机和意向也具有不稳定性，与工作决策和计划中工作目的相比，决策计划是思想政治教育领域实践教学组织的理性化，是思想政治教育领域实践活动目的的原型。同时，动机和意向是意识形成的一个不可缺少的环节，没有它就不可能产生出教学工作的其他意识。动机和意向引导教育工作者如何看问题，在准备选择解决何种问题。如果在动机和意向上出了偏差，比如，他所期望的目的根本不可能实现，教育工作者就会使教学工作走偏方向。

教育工作者作为人，还具有情感和情绪。情感就是在人与人交往中形成的心理定式，它表现为对某些人的偏爱、信任、同情、感激以至于崇拜信仰。史上一些观点认为，思想政治工作者是制度的化身，不应有任何个人情感，将情感带入工作领域是很危险的。在他们看来，理想的思想政治教育工作者只能是一副冷面孔、铁心肠，唯其如此，才可能看待问题客观、处理事情公正。事实上，在依托思想政治教育领域实践活动开展"大学生思想政治教育"工作的实践活动中，无论是教育工作者或大学生，绝对不可能没有情感；任何一次具体的思想政治教育领域实践活动，也不可能完全摒弃情感。虽然，教育工作者如果仅凭情感而不用理性来处理工作活动中的人和事，或者将私人情感带到公共事务中，这对工作将是十分有害的。但是还应看到，情感对教学工作也有帮助。在教育工作者之间，多一些情感就会少一分摩擦，情感在这里是决策团队的凝聚力。在教育工作者和大学生之间，情感是沟通上下级之间的心理通道，是了解情况、激励大学生必不可少的"柔性工作手段"。大量工作实践也证明，凡是情感丰富且善于控制情感的教育工作者，不仅能团结工作团队中其他工作人员，形成一个关系融洽、无话不谈的有战斗力的工作集体，还能够在学生中树立良好的形象、使他们乐于听从他的意见和建议。相反，一个缺乏情感的教育工作者很容易成为一个孤芳自赏的人，他既不可能赢得同事的信任，更不会得到学生的理解和支持。可见，情感是教育工作者不可或缺的心理。事实上，思想政治教育领域实践工作不在有无情感，而在如何培养情感和正确投入情感。

同情感相比较，情绪是另一类心理活动。情感是一种外显的心理倾向，是指人们在长期交往中形成的亲和力；情绪则是一种内隐的心理定式，是由内外环境刺激产生的某种心境或心绪，主要表现为喜、怒、哀、乐。在思想政治教育领域实践工作中，不论是教育工作者还是大学生常常受环境的刺激，会很自然地引起情绪的变化。所谓工作情绪，就是指这种心理态势。应当指出的是，情绪不同于情感，它对工作弊大于利，特别是对于教育工作者，千万不能为情绪所左右，更不能带着浓重的情绪来工作。情绪作为一种心理活动，是一种受环境左右的变动不定的无意识现象，它与理性不相容。尽管喜怒哀乐可能会激起一时的激情，在工作中发挥出冷静时无法发挥的积极作用，但因它缺乏理智的支配而不可能持久且具有很强的随意性，任其发展不加控制就容易将教育工作者变成情绪的奴隶，导致工作失败。作为一个教育工作者，应当尽量避免将个人情绪卷入工作，要做到范仲淹说的"不以物喜、不以己悲"。碰到困难不要气馁，取得成绩不妄自尊大、目空一切。要做到这一层很不容易，它需要在教学工作实践中经历长期的修养磨炼，掌握并熟练运用心理自我调节方法。

属于思想政治教育领域实践工作心理的还有意志、信仰和习惯。所谓意志，是指向明确行为目的的心理机制。所谓信仰，是对某人某事或某种最高存在的绝对信任和无条件服从。所谓的习惯，本来指人们思想行为的常规或定势，这里专指思维定式或习惯思维。

思想政治教育领域实践工作作为一种组织目的性活动，决定参与教学工作的人必然形成实现工作目的意志。意志主要有三个特点：一是明确的目的性；二是判断是非的果敢性；三是迎战挫败的坚韧性。在思想政治教育领域实践教学工作中，教育工作者意志的积极作用是非常明显的。这是因为，教学工作是多个步步逼近的目标又常常遭受挫折的风险过程，为使教学工作能按预定目标继续下去而不致中断，教育工作者必须具有坚强的意志。如果意志薄弱，在挫折面前就可能观望退让、对事业丧失信心。只有具备坚强的意志，认准了的目标决不改变，才有希望达到胜利的彼岸。当然，由于意志是一种缺乏理性自觉的心理机制，单凭意志并不能去保证目的正确。如果意志很坚定而拒绝理性参与，那么就很可能出现当实践证明目的不对决策者还会顽固地坚持下去的现象。因此，意志在教学工作中虽很重要，但必须使之理性化。教学工作仅靠个人的坚强意志而不注意根据情况随时加以调整，那么顽强就会变为顽固、果断将会变成武断。

习惯是在多次实践基础上形成的行为定式和思维惯性，它以固定的经验为根据。每当人们主要凭借经验而不是凭借理性来行动的时候，这就停留在习惯的心理水平上。所以，经验和习惯是难以区分的。教育工作者通过多次教学工作实践，不知不觉中就会形成了一套自己的工作经验或工作习惯，其中所包含的难以用语言表达但又实际发生作用的意识形态为习惯心理。习惯心理在教学工作中的出现既具有必然性又具有诸多积极作用：首先，它作为一种感性经验，与工作实践最接近，反映了工作实践的问题最快捷。思想政治教育领域实践教学工作中许多常规问题主要是通过教育工作者的经验习惯及时加以处理的。如果教育工作者缺乏经验而未形成惯性思维。就不可能对思想政治教育领域实践工作中纷至沓来的问题做出快速反应，必然事事请示或拖而不决。其次，习惯是理性的基础，教学工作经验则是教学工作理论的前提。大量事实表明，一切理论的产生，都不能脱离对工作经验的总结。教育工作者的工作经验越丰富，对其学习接受教学工作所需的理论也就越有利。一个没有工作经验的人，尽管也可以从书本上学到思想政治教育工作理论，但一般很难真正理解这些理论，更不可能切实运用这些理论。所以，经验习惯对于教育工作者是十分必要的财富，特别是对于基层教育工作者。不过，工作习惯毕竟是非理性的工作心理，它也是有局限性：第一，习惯心理是一种心理惯性，它对教育工作者的创造性思维有一种天然的抑制作用。如果固守经验，由习惯来支配思想政治教育领域实践工作，教学工作方式只能简单重复。第二，经验习惯只是对过去教学工作实践的总结和重复，缺乏对思想政治教育领域实践工作发展新趋势的预见功能。如果因循经验习惯，就只能往后看而不会向前看，结果必然因目光短浅而无法应对当代多变的教学工作环境。

各类工作中的心理积淀就是工作观念。而这里所说的观念是指在感性经验基础上形成的融入了若干理性因素的固定看法或根本观点。在心理学上，观念即是表象。马克思主义所说的观念，就是指反映实践并为指导实践所创造的体现目的计划的社会意识形态。工作观念作为工作意识的一种，是介于工作心理和理论之间的一系列关于工作的根本观点，主要包括价值观、决策观、人性观、组织观（团体意识）、教学工作效益观等。同各类工作心理相比较，工作观念不表现为纯感性而有一定的理性渗入，包含着对事物的深层理解，不是对客观对象的直接反映而是间接反映，表现为对过去的反思和对将来的向往，不是由刺激而引起的间发的、不稳定的心理活动，而是对根本问题的持久稳定的心态或倾向。因此，思想在政治教育领域实践工作观念在教学活动中的地位特别突出，它潜在于教育工作者和大学生的意识深层，从根本上左右或影响着他们的行为。

依托思想政治教育领域实践活动开展"大学生思想政治教育"工作意识的第三类形态是教学工作理论，这是意识的理性表现。与工作心理诸形式和工作观念比较，教学工作理论具有着如下特点：第一，思想政治教育领域实践教学组织形成的教学体系反映的不再是"大学生思想政治教育"工作的表象而是它的本质和规律，具有本质的深刻性；第二，"大学生思想政治教育"工作理论并不像心理那样多变易逝，具有相对的稳定性和持久性；第三，与教学工作相关的理论是对教学工作实践的抽象概括，具有抽象性和普遍性。可见，教学工作理论是更高级的意识。教育工作者如果仅凭工作心理或工作观念去指导思想政治教育领域实践活动，终身勤劳也不过是一个经验主义者，不可能达到高度的自觉而做出新的贡献。只有学习科学的教育工作理论，自觉地以有关的理论来武装自己的头脑、指导自己的教学工作行为，才有可能成为一名合格的现代教育工作者。当然，像一切理论一样，教学工作理论也有着它的局限性，这主要表现为任何教学工作理论只能是对教学工作实践一个方面本质或事物某一本质层次的抽象，它只能近似正确地反映对象。另外，由于教学工作理论是以纯概念的逻辑方式来反映教学工作实践的，二者之间横隔着层层中介，要运用它来指导教学工作实践，还必须将其转化为教学工作方法。

所谓的思想政治教育领域实践工作方法，是教学工作意识的具体化、程序化，特别是应用教学工作理论的方式或模式。而按照方法的特性来区别，又可以划分为数学方法、系统方法、经济方法、法律方法、行政方法、伦理方法、心理方法等。

综上所述，教学工作意识按其发生发展的时间作阶段划分，可以区别为最初的心理，其次的观念和再次的理论，最后就是方法。只有全面系统考察教学工作意识的发生发展规律，才可以为大学生教学工作提供认识论的理论依据。

三、思想政治教育领域实践工作个体意识和群体意识

思想政治教育领域实践工作意识从横向结构考察，还可以区分为个体意识和群体意识。所谓的个体意识，是指组织中个体成员特别是教育工作者个人的心理、观念、理论和方法，它是在个人的教学工作实践中形成的个性意识。所谓群体教学工作意识则指组织整体特别是教学工作主体群所共有的心理特征、工作观念、团体精神和价值取向。一些观点认为任何个性、主见都妨碍统一思想。甚至认为，既然思想政治教育是要树立共同的理想，那就应在思想政治教育领域实践活动中首先统一大家的意志。在思想政治教育领域实践工作领域，而这种观点是比较片面的，主要源于如下几点。

首先，这种观点割裂了个性和共性的关系，看不到个性意识的存在不仅是必然的，而且共性意识只有通过个体的理解才能发挥作用。无论在哪类组织中，由于个人的经历、出身、地位、职责、利益、环境的差别，决定组织成员的心理状态、价值追求、知识水平、理想情趣是不尽相同甚至截然对立的，思想政治教育领域实践工作既不可能也无必要消灭这些差别，集体意识也不是以消灭个体意识作为自身存在的前提。实际上，任何的集体意识的产生都离不开个体的理解。如果组织成员缺乏自觉的个体意识，这种组织的集体意识也不可能形成。同理，只有个性发展的群体才是思想活跃的组织。这种组织从表面看，人人都有自己的想法、个个都有棱有角，少有唯唯诺诺、随声附和之辈。但正是这样的群体，才可能会产生自觉的集体观念，才可能深刻理解统一命令统一行动的意义，也才能上下同心去自觉地完成任务。所以，认为个体意识必然会阻碍集体意识的形成，认为只有消灭个性和个体意识才能统一组织成员的思想和行动，实际上就是将组织看成同质要素的简单集合或机械拼凑，而不是将系统理解为异质要素的有机集合和辩证统一。

其次，这种观点颠倒了个体意识和工作共识的源流关系。个体意识在思想政治教育领域实践工作中的作用，不仅仅表现为工作共识必须通过教育

工作者个人的理解才能起作用，还表现为个体意识是教学工作达成共识的基础和前提。一些观点认为，工作共识似乎是先于个体意识而产生的，恰恰颠倒源流关系。任何组织的工作共识，包括大家认可的指挥组织原则、共同追求的组织目标、人人遵循的行为规范，都是在各种个体意识的比较、争论、碰撞之中逐渐形成的。当然，一部分组织的领导也可以不做情况调研、不会征求大家的意见、不考虑下级的感受，就只将个人想法通过行政命令贯彻下去，表面上看，似乎大家都在按命令行动，但是由于命令只是领导者个人的一己之见，群众并没有从心里理解，也就很难形成集体意识，有的只是少数领导者的个体意识。相反，在开展思想政治教育领域实践教学工作中，只有通过有意地培育基层学生管理者和大学生的个体意识，来让大家出主意想办法，鼓励大家为思想政治教育领域实践工作出谋划策，并允许不同意见展开争论、比较，然后才能求同存异，形成组织的共同观点。这样就可以培育师生同心、和衷共济的团体精神，来增强组织的凝聚力和提高思想政治教育领域实践教学工作效率。所以，认为个体意识同教学点工作不相容是完全违背意识发生规律的。如果用这种观点去指导教学工作，很容易就造成不尊重同事、不充分了解学生需求，以少数人的一己之见去对组织成员进行行政强制的现象。

最后，这种观点抹杀了个体意识的独特功能。在思想政治教育领域实践工作中，共识固然很重要，但个体意识同时又有不可取代的独特作用。这主要表现为：第一，教学工作共识一般属于求同思维，个体意识则多表现为求异思维，善于发现新问题，具有敏锐性和批判性。在组织中，要形成共同的集体意识，往往需要一个长期的过程，而这种共识一旦产生，它又具有相对的稳定性。思想政治教育领域实践工作之所以可能，组织成员之所以能有所依归，正是以某种相对稳定的共识为其依托。如果共识缺乏这种特性和功能，指导组织行为的思想瞬息万变，教学工作就很可能无程序可言。但是又必须看到，工作共识又有着一定的局限性，即缺乏对事物变化的敏锐性，对过时的思维习惯、规章制度的批判性。为弥补这一缺陷，就需要个体意识。与群体意识不同，个体意识是一种个性思维，是一种以求异为主要特征的思维方式，它可以在人们的习惯中敏锐地发现新问题，对旧有的大家所认同的某些不足之处提出怀疑、做出批判。其中有的看法可能是错误的，但是常常有一部分是正确的。人类意识的发展规律都是由异而同、又由同而异。如果没有少数个人对多数人已有的习惯和共识提出怀疑和批判，就不可能有认识的进步。当用一种大家认可、形成习惯的教学方法进行教学工作时，教学工作虽然比较容易秩序井然，有章有法，但却只能周而复始、代代重复，不可能会有新的进展。只有允许少数人在工作总体思路指导下，大胆提出新的改进意见，才能使思想政治教育领域实践工作不断有新的手段，为了当代大学生的成长服务。第二，思想政治教育领域实践工作要想发展，以适应现代社会的发展，离不开创造性思维。而创造性思维的主体主要不是组织集体而是组织个体，特别是参与了思想政治教育领域实践工作的教育工作者个体。因此，创造性是个体意识的另一个显著特点。以思想政治教育领域实践工作决策为例，决策可划分为常规决策和非常规决策两类。其中，常规决策相当于程序化决策，通常是集体意识的具体化和定型化。但是，单纯的常规决策并不能应对变化的决策环境，必须辅之以非常规决策。而非常规决策是没有常规可援的随机决策，它必须通过决策当事人根据具体情况快速果敢地加以判断，这就不得不充分发挥个体意识的创造性，不得不更多地借助参与决策的个人的想象力、直觉判断以至灵感思维。如果任何一项决策都按常规办，以为只有通过集体认同的意见才有科学性，那么就无法应对非常规的环境变化，也不能激发个体的主动积极性。相反，只有平时注意培养教育工作者的创造性思维，从制度到风气给少数人以决策自由，才能够使决策具有应变性，不至于在突发性问题出现时束手无策。

总之，个体意识和群体共识作为教学工作意识的两个方面，是互为条件、相互促进、共生共长的辩证关系：一方面，共识存在于个体意识当中并通过个体而发挥作用，离开个体意识就谈不上真正的共识；在另一方面，共识又制约着个体意识，个体意识也离不开共识。离开群体共识的制约，个体的意识就会失去作用。个体意识和群体共识的这种辩证统一关系要求教育工作者必须尊重每个组织成员的首创精神，启发他们的聪明才智，注意倾听同事和大学生的意见。同时也提示组织成员要服从组织决议、遵守组织纪律、领会组织意图、发扬团体精神，警惕自以为是和各行其是，自觉地将个人的思想行为融入集体之中。只有这样，教学工作意识才能够从积极的方面对思想政治教育领域实践教学工作发挥能动的指导作用。如果割裂了共识和个体意识的关系,偏执一端,就可能会给思想政治教育领域实践工作造成不应有的混乱。

第二节　高校思想政治教育实践育人的管理理念

一、人本管理与思想政治教育领域实践教学工作

把人本管理列为思想政治教育领域实践工作中使用的第一个管理原理主要理由如下:首先,人本管理原理的提出是整个社会发展的大趋势;其次,人本管理原理的提出,在管理学发展史上也是一次非常重要的变革,它对科学管理过分强调"物"的作用进行了必要修正;最后,思想政治教育领域实践工作就必须把人本管理作为学生管理工作的根基来抓。人本管理的基本原理和基本理念对于学生管理工作理念进步显得尤为重要,这是由思想政治教育领域实践教学工作与大学生打交道的特点所决定的。因此,在阐述思想政治教育领域实践工作涉及的管理理论时,就必须将人本管理放在首要位置。

人本管理主要是指一种把"人"作为管理工作的核心和组织的最重要资源之一,把组织内全体成员作为管理的主体,围绕如何充分利用和开发组织的人力资源,服务于组织内外的利益相关者,从而实现组织目标和组织成员个人目标的管理理论和管理实践活动的总称。

在思想政治教育领域实践工作中引入人本管理的基本观点,就是把人(包括教师和大学生)看成组织管理的中心和最重要的资源之一,组织的成员既是组织管理的第一客体,又是组织管理的主体,组织生存与发展的根本途径是提高大学生的综合素质,组织的宗旨和使命就是服务于组织的利益相关者,协调统一地谋求组织目标和组织成员个人目标的共同实现。

任何一种管理理论方法或实践都是以一定的人性假设为基础,如何认识人的本质或本性,是管理学领域理论纷争及其发展的本源。人本管理是时代发展的产物,人本管理在20世纪的50年代提出后,经过不断地发展与完善,在20世纪80年代最终确立的,关键是在于其对人性的假设与"以物为本""以技术为本"等传统管理思想有着根本区别。

人具有客观理性,即人的行为的客观后果有利于最充分实现自身的利益;还具有主观理性,即每一个人都依据自我偏好对各种事物做出独立的主观价值判断,并且依照这种主观价值判断做出趋利避害的行为决策,力求能

最大化地实现自己的利益。这种人性假设既承认个体主观效用的多维性，又认识到客观上满足需要的实际效果，实现了主观与客观的统一。这样，就便于教育工作者在思想政治教育领域实践工作中对大学生采用多种激励方法，以非经济的精神手段为主并运用适当物质奖励手段，最大限度地激发大学生的主观能动性。研究当代的现实，不难发现人本管理"主观理性人"思维人性假设基础，更加符合当代个人价值取向多元化的现状，体现出个人目标理性与工具理性的辩证关系，从而为教学工作使用人本管理奠定了较为全面且真实的思想基础。

在人类管理发展史上，管理的要素构成中，人的地位和作用是逐步被认识的。直到人本管理思想形成，人在管理中的主体地位才被揭示。而这个过程大致经历了三个阶段。

人本管理的出发点和落脚点都是以"人的目的"。人的目的即人的全面而自由的发展是人追求的最高价值。人本管理就是以谋求人的全面自由发展为终极目的的管理。在经济管理领域，人本管理通过人在管理活动中以尽可能少地消耗获取尽可能多的产出，来锻炼人的意志、智力和体力，通过竞争性的生产经营活动，完善人的意志和品格，提高人的智力，增强人的体力，使人获得超越受缚于生存需要的更为全面的自由发展。

人本管理在处理人与组织的关系时，并不否定和排斥组织的目标；而是把人的自我发展和自我完善作为组织目标的组成部分，通过提高素质、发展人的才干、改善人的价值观念和人格系统、增强人的创造力和意志力，以及提高人的生活质量等来促进人类文明，加速组织目标的实现。以人为目的的人本管理是把人本身当作成就，奉行强者逻辑，认为人越强大，强大的人越多，管理就越有效。因此，人本管理致力于人的建设，把挖掘人潜在的创造力，并且将使其转化为贡献作为一个至高无上的目标来进行看待。

在思想政治教育领域实践工作中，引入人本管理理念，可以在教学工作中明确人的主体地位以及以大学生能力提升为目的工作核心，管理者通过实施适度分权、民主管理，依靠科学管理和更多师生参与，就可以使个人利益与教学工作目标紧密结合，使参与教学工作的全体师生为了共同的目标而自觉地努力奋斗，从而实现高度的工作效率。

只有在参与教学工作的全体师生共同努力下，学校可以调动的各项资源才可能得到最合理的利用，才能使教学工作更好地进行。所以，让更多的师生都有权参与教学工作是非常有意义的。

人本管理倡导服务于人，在思想政治教育领域实践工作中体现在服务教育工作者和大学生。为教育工作者服务体现在致力于教学工作队伍的建设，促进了教育工作者的全面发展。服务于大学生则是现代教育工作对当代大学教学工作创新的要求。为大学生服务，满足社会对人才的需要，是当代大学生实现其社会价值的基本条件。在人本管理思想的指导下，教学工作向着大学生思想政治过硬、专业能力满足社会需求、人的素质全面发展方向努力，高校的办学质量也将会得到不断提升。

依托思想政治教育领域实践工作，实现人本化管理方法包括如下途径。

第一，树立人本化管理理念。一方面，对大学生教育、引导工作树立"以人为本"的理念，从而在当代社会多元化条件下，吸引广大学生参与具体教学环节。这种人本化在教学工作中主要体现在教学活动的设计与实施上，充分考虑大学生的生理、心理的潜在需求以及个性化需求，设计符合教育工作方向、大学生乐于参与的教学活动。而另一方面，教育工作者管理人本化。正确认识教育工作者在现代高校教学工作领域的主导地位，人文关怀精神逐步从"教育工作者对大学生"延伸到"学校对教育工作者"。对教育工作者的管理体现人本化的理念就可以体现为：教学工作领域以学校工作为第一，通过有效的激励与约束机制，培养教育工作者对教学工作的忠诚，来加强教学工作队伍内部的凝聚力。

第二，在高校教学工作领域完善人本化管理组织。要想在高校教学工作领域实现人本管理，必须建立并完善与之相适应的管理结构。一方面重视教学工作领域人力资源开发工作。在具体工作中，强化原有的高校教学工作队伍人力资源管理职能，尤其要强化教育工作者人力资源规划、素质测评、激励、培训等开发性职能；同时，扩大普通教育工作者参与教学工作重大活动的决策，提高其归属感。另一方面在高校教学工作系统内部建立学习型组织。所谓学习型组织，是指一种按照人性化原则建立起来的、具有着浓厚学习气氛的、能够自我管理的、不断创新和进步的组织构成单元。学习型组织是知识经济时代促进人本化管理发展的优化组织形式。首先，营造开放式的学习氛围，激励教育工作者自己学习、互相学习，在学习中去认识自己，发现不足，增强能力。其次，塑造知识式的新型教育工作者，改变对教育工作者"重使用轻培养"的陈旧观念，加强了对教育工作者的培训，特别是新知识、新方法、新技能的培训，使教育工作者得到全面发展。

在思想政治教育领域实践工作中实施人本化管理工作要做好如下工作：

第一，完善培训制度。首先，在培训目的上，着眼于提高教育工作者对外部环境的适应性和对教学工作的驾驭能力及竞争能力，同时也扩大教育工作者的知识结构，提高教育工作者的整体素质。充分考虑教育工作者个人的发展规划，并使之与高校发展规划有机结合。其次，在培训内容上，从高校的实际需要、教育工作者的实际需要和社会的需求出发设置培训课程，既要着眼于现在，又放眼于未来。同时充分考虑高校文化建设、高校发展方向、教育工作者个人素质、高校现存主要问题等因素。最后，在培训方法上，针对不同的内容采用不同的方法，尽量采取"启发式"培训方法，培养教育工作者的创新能力。

第二，优化激励机制。采取民主化、多样化的激励手段和方法，把以行政指令为主，让教育工作者被动地执行上级命令的工作方式转变为以激励为主，鼓励人们发挥主观能动性的管理方式。在通过重大活动向更多相关人员征求意见等方式让所有教育工作者共同参与学生管理决策，强调高校的发展与教育工作者共命运的关系，调动教育工作者参加教学工作决策的积极性，来增强教育工作者的责任感，使教育工作者感受到自己是高校的重要一员。在激励方法上完善日常交往中的融通式激励、布置工作时的发问式激励、委派任务时的授权式激励、令行禁止时的影响式激励以及评价功过时的期望式激励等。

第三，加强沟通。保持高校教学工作领域内部良好的沟通，通过信息分享，缩短教育工作者与大学生的心理距离，以此增强感情交流，让教育工作者参与决策，实现心理换位。长期坚持，可以增强教育工作者对高校的认同感，从而在确定目标、制定政策、做出决策、实施重大计划等方面与教育工作者取得共识。只有达成共识，才能够实现和谐，才能增强高校的凝聚力和教育工作者的应变力。这就要求高校建立良好的信息传递渠道，真正做到"上情下达"和"下情上传"，使得高校的意图和教育工作者的行动达到和谐统一。

二、战略管理与思想政治教育领域实践工作

战略（strategy）一词最早是军事方面的概念。"strategy"一词源于希腊语"strategos"，意为军事将领、地方行政长官。后来，随着历史发展演变成军事术语，指军事将领指挥军队作战的谋略。目前，"战略"一词还被广泛应用于社会、经济、文化、教育等诸多领域。

当今世界，教育水平领先的高校都具有长期的教育发展战略。思想政治教育领域实践教学组织作为辅助思想政治教育领域工作的一项战略性活动，对学生的成长具有着深远意义。因此，教学管理部门需要立足思想政治教育领域实践教学组织工作长期目标，分析开展思想政治教育领域实践工作面对的外部环境和内部条件，以正确的指导思想，对思想政治教育领域实践教学组织工作主要目标、重大工作方针、策略和实施步骤做出长远的、系统的和全局的谋划。

思想政治教育领域实践教学组织工作战略管理都是以课程建设指导文件为指南，根据外部环境和内部条件要素来确定教学管理部门的工作目标，保证目标的正确落实并使思想政治教育领域实践工作使命最终得以实现的一个动态过程，这是一种崭新的教学工作思想和工作方式，其关键是动态的管理。随着社会主义市场经济的发展，高校之间人才培养效果的竞争愈演愈烈。在这种情况下，思想政治教育领域实践教学组织工作战略管理理念越来越被一些勤于思考的教育工作者所关注，要采用战略管理思想帮助教学工作领导者进行战略决策，已经取得了良好的效果。随着中国高等教育的发展，战略管理作为一种重要的管理方式也日益受到思想政治教育领域工作者的重视。

教学管理部门在开展思想政治教育领域实践教学组织工作中实施战略管理时，需要经历战略目标确定、战略实施、战略评估三个阶段。其中，战略实施主要表现为执行能力、战略评估一般都是由教学管理部门和其他相关部门联合完成。教学管理部门在实施思想政治教育领域实践教学组织工作战略管理时，需要坚持如下原则。

第一，环境分析原则。思想政治教育领域实践教学组织工作战略的制定与实施必须与教学管理部门所处的环境要相适应，这里所说的环境就包括外部环境和内部环境。教学管理部门必须重视自身与其所处环境的互动关系，这是为了思想政治教育领域实践工作能够更加适应和改造外部环境必须

坚持的一项重要原则。

第二，系统性原则。"思想政治教育领域实践教学组织"工作战略管理包括战略制定、战略实施、战略控制等过程。在整个战略管理过程中的各个环节并不是相互独立的，它们是一个互相联系的系统。当代高校教学管理部门负责人应该将思想政治教育领域实践教学组织工作战略的制定、实施、控制、来评价作为一个完整的过程来进行分析和决策。

第三，最优原则。最优原则是指教学管理部门在战略制定、战略实施过程中要着重强调思想政治教育领域实践教学组织工作整体价值的最大化。这就要求高校教学管理部门负责人在制定和实施战略的过程中将思想政治教育领域实践教学组织工作当作一个整体来看待，目的是要提高工作整体效果，不是只关注某一项具体教学活动的重要性，而是关注工作整体效果最优。

第四，全员参与原则。教学管理部门在确立思想政治教育领域实践教学组织工作目标时的全员参与原则主要包含两层含义。第一层含义，战略的制定过程要吸收尽可能多的教育工作者去参与，并且向大学生征求意见；第二层含义，战略的实施过程需要全体师生参与。这样在战略制定和实施的过程中才能发挥思想政治教育领域实践教学组织团队成员的积极作用，减少阻力，从而增强战略实施的效果。

三、现代管理新理论与思想政治教育领域实践教学工作

为了做好思想政治教育领域实践教学组织工作，教育工作者在掌握上文分析的人本管理、战略管理的基础上，还应当不断地借鉴和吸收其他一些新的管理理论。思想政治教育领域实践教学组织工作中比较典型现代管理的新理论还包括如下几种。

第一，系统管理。思想政治教育领域实践教学组织工作具有区别于一般教学工作的特征，但是，也有很多特点是与一般教学工作相似的，如，思想政治教育的无形性、长久性，而这就更加说明系统管理原理在教育工作中的重要作用。如果将每一个学生思想政治教育工作流程都当成一个系统来看，无论是在教学工作队伍内部管理，还是在对大学生的教育上，都要充分发挥系统管理原理的作用。

系统是具有特定功能的、相互间具有有机联系的许多要素所构成的一个整体。在自然界和人类社会中，一切的事物都是以系统的形式存在的，任

何事物都可以被称为一个系统。根据系统的不同属性，可以对系统的类型进行五种划分。第一种情况，按系统的自然属性分类。根据系统的自然属性，可以将系统分为自然系统和人造系统。前者是由自然物生成的系统，如猫科动物系统、水文系统等；后者就是由人在一定的目的驱动下，按照一定的需要组成的非自然系统，如社会管理系统、休闲产业系统等。在人类生活中，有时为了实现某一目的，会在系统设计中利用自然物，这样就形成了两者结合的混合系统。第二种，按系统的状态属性分类。根据系统的状态属性，可以将系统分为静态系统和动态系统。凡是在系统的状态因时间变化而变化的系统就称为动态系统，相反的就是静态系统。系统的动态是绝对的，而静态则是相对的，它是动态系统的极限状态。第三种，按系统的物质属性分类。根据系统的物质属性，可以将系统分为实体系统和概念系统。前者是由物质实体组成的系统；后者则是由概念、原理、方法、制度等观念性、意志性的非特质实体组成的系统。概念系统是以实体系统为基础加以抽象化研究形成的，又进一步指导实体系统的运作。第四种，按系统的循环属性分类。根据系统的循环属性，可以将系统分为开环系统和闭环系统。前者是指系统的输出对系统的输入不产生任何反馈影响的系统，在现实生活中多数指在输出某种服务后，不再反馈给再输入的系统；后者则是具有反馈特性的循环系统，系统的输出影响系统的再输入。第五种，按照系统的环境关系属性分类。根据系统与环境的关系，可以将系统分为开放系统和封闭系统。前者是指系统与环境不断进行物质、能量、信息等交换的系统；后者则相反，系统的物质、能量、信息等处于封闭的状态中，外界环境的任何因素都不能够影响系统的运行。在现实生活中，封闭系统只是一种相对系统，一种理想系统，大多数系统都是开放式的。

教学工作系统是由人、物、信息组成的社会系统，任何学生管理工作实际上都是对教学工作系统的管理，没有教学工作系统，也就没有教学工作管理。系统原理为认识思想政治教育领域实践工作的本质和方法提供了新的视角和思想政治教育领域实践工作系统管理，就是指教育工作者依据系统论的思想，以确定的系统为研究对象，把所需要研究和管理的对象作为有机组合的整体，综合运用控制论、信息论、系统工程和运筹学的基本原理与方法，去实现教学工作的最佳效果。

第二，柔性管理。"柔性管理"就是相对于以"规章制度为中心"的"刚性管理"提出来的一种人性化管理方法。关于"柔性管理"，中国古代以墨子为代表的先贤就曾有过论述。柔性管理就是依据共同的价值观和文化、精神氛围进行的人格化管理，它是在研究人的心理行为规律的基础上，采用非强制性方式，在人的心目中产生一种潜在的说服力，进而把组织意志变为个人的自觉行动。在思想政治教育领域实践工作中实施柔性管理需要关注三大要素，即人、组织结构和信息。这三大要素在教学工作的各个环节都相互交错，其中人是最具柔性的资源，因为人是教学工作的主体，人通过自己的创造能力、选择能力和分析能力同时具备了柔性，同时人能够主动地感觉、学习和适应环境；合理的组织结构能够促进教学工作各个环节的柔性，适应外部环境的变化；信息是教学管理部门获取柔性、实施各项措施和行动的强有力支持，快速收集、存储、传播信息有助于教学工作系统在教学工作中迅速做出正确的决策并且付诸实施。

第三，风险管理。风险管理提出在科学系统全面的风险管理措施保障之下，通过科学的实施风险识别、评估、控制与预防，以最小的成本实现最大的安全保障的管理过程。思想政治教育领域实践工作由于所处环境有较大的变数，因此风险在所难免。教学工作系统在思想政治教育领域实践工作中所面临的风险一般包括决策风险与活动实施中的风险，教学工作风险的大小主要是由其实际工作效果和预期目标之间的差距决定的。风险管理的目的，是对教学工作中需要面对的不确定性进行更为积极主动的管理，使教学管理部门以更加有效的方式，达到目标并且完成其使命。虽然教学工作所面临的风险带有很多不确定性和偶然性，但是，应对风险的措施和步骤依然也是有章可循的。这些措施主要包括：建立风险管理的机构、设定风险管理的目标、对风险进行有效评估、控制风险活动、进行信息沟通与反馈等。根据现代教育领域教学工作面对风险的具体情况，还可以将风险处理的对策与方法分为风险防范、风险回避、进一步减少风险等；简言之，要尽最大努力将风险的影响减少到最低程度，从而保持思想政治教育领域实践教学的持续发展能力。

第四，管理信息化。信息时代的到来以前所未有的速度改变着当代中国高校教学工作方式，管理信息化正是应这一变化而产生的。伴随着网络技术的不断发展，它们为高校教学工作信息化提供了技术支持。教学工作的信息化也经历了好几个发展阶段，如，电子数据处理阶段、综合数据处理阶段和系统数据处理阶段，目前正朝着网络化、信息技术集成化的方向发展。高校教学工作信息化实现了从个人计算机到群体计算机网络、从孤立系统再到联合系统以及从内部计算机网络到跨部门计算机网络的飞跃。高校教学工作信息化对思想政治教育领域实践工作进步做出了重要贡献，它使得教学工作能够突破传统模式的限制，更加灵活地安排高校内外部资源，高效率地完成工作目标。例如，云计算方法是基于信息技术而诞生的，是大数据信息化的最直接应用。高校教育工作者通过信息技术，在把不同地区的现有资源迅速组合成一种超越时空约束、依靠信息网络手段联系和统一使用的教学工作资源库；当前高校在思想政治理论课课堂教学环节中引进"雨课堂"就是管理信息化典型案例。

第五，项目管理。思想政治教育领域实践教学工作中一项独特的具有主体性的工作。具体的单项学生活动具有目标性、独特性、约束性、对象性、风险性、不可逆性等特点。这里根据单项学生活动与项目的相似性，引入项目管理理念。所谓的项目管理，就是在特定的组织环境中，为有效实现项目的特定目标而制定的一整套原则、方法、辅助手段和技巧。在管理学研究领域，现代项目管理与传统的经验性项目管理有很大的区别，主要体现在管理理念、管理组织、管理方法和管理手段上。因为项目管理是在有限的资源条件下进行的，所以它具有复杂性、创造性、专业性等特征。基于这些特征，高校教学管理部门在实施思想政治教育领域实践教学组织工作项目管理时应该注意如下几方面问题：第一，关注思想政治教育领域实践活动的资源基础；第二，努力建立规范化的工作执行程序；第三，建立具有团队精神的教学工作文化；第四，建设合理有效的授权体系；第五，建立有效的沟通渠道。思想政治教育领域实践教学活动，就可以把不同活动主题分别归集成为一系列项目，这样就便于非设计开展实践教学指导。

第六，学习型组织。所谓学习型组织，是通过培养整个组织的学习气氛、充分发挥组织成员的创造性思维能力而建立起来的一种有机的、高度柔性的、扁平的、符合人性的、能持续发展的组织。这种组织具有持续学习的能力，具有高于个人绩效总和的综合绩效。21世纪企业间的竞争，实质上是企业学习能力的竞争，而竞争唯一的优势就是来自于比对手更快的学习能力。根据"学习型组织"，教学管理部门应该依托思想政治教育领域实践工作，要努力把教学管理部门及其领导学生会等学生团体从传统的"权力控制组织"改造成为"学习型组织"。并做好五项修炼：第一项修炼，要建立共同的愿景目标。进行这一项修炼的目的是建立生命共同体，它包括教学管理部门开展思想政治教育领域实践教学组织工作愿景、教学管理部门开展思想政治教育领域实践教学组织的价值观、教学管理部门开展思想政治教育领域实践教学组织工作目的和使命以及具体目标等内容。第二项修炼，要加强团队学习。主要目的是激发教育工作者和大学生智慧，强化团队的向心力，进而做好思想政治教育领域实践教学组织工作。第三项修炼，改善心智模式。这项修炼要求教学管理部门领导者和相关师生打破旧的思维障碍，去用创新的视角去审视世界，激发青年人的创造力，为思想政治教育领域实践工作服务。第四项修炼，培养系统思考能力。这项修炼要求教学管理部门领导者和相关师生把思想政治教育领域实践工作看成一个系统，考虑问题既要看到局部，又要顾及整体；既要看到当前利益，又要兼顾长远利益。第五项修炼，追求自我超越。这项修炼鼓励教学管理部门领导者和相关师生人们不断挑战自我，挖掘潜力，实现人生价值，为思想政治教育领域实践工作登上新台阶而努力。思想政治教育领域实践教学活动的最大特点就是与时俱进，思想政治理论课教材内容是一个不断丰富的过程中。因此，教师要加强政治学习，要第一时间领会党的政策，这样才能跟上教材更新的步伐；在马克思主义学院建立学习型组织尤为必要。

第三节 高校思想政治教育领域实践育人工作观念

为了深入研究开展思想政治教育领域实践教学活动的特征，就需要对教育工作中的观念方法去进行分析。人性观念、价值观念两种观念虽不是教育工作观念的全部，但是却从根本上影响着教育工作者的基本观念。

方法是主体实现目的的手段，或是主体能动作用于对象性客体的各种工具的总称。无论是认识世界或是改造世界，人们都必须借助一定的物质手段或精神工具，离不开相应的方法。没有方法或方法不当，人们就会寸步难行、一事无成。

教育工作作为人类特有的一种对象性活动，自然也依赖一定的方法，这就是教育工作方法。什么是教育工作方法，不同方法之间有何联系与区别，以及如何去正确选择和恰当运用众多的教育工作方法，一个十分复杂的方法论问题，需要首先要做出哲学的说明。

一、开展思想政治教育领域实践教学活动工作中的人性观

无论什么类型的教育工作，本质上都是通过一些人对另一些人的教育工作，教育工作的核心是人不是物。这样，当教育工作者着手教育工作时碰到的第一个问题便是：什么是人？由于对人的理解或对人性的看法各有不同，于是就形成形形色色的人性观念，而人性观念上的种种差异，又带来教育工作目的、教育工作方法和教育工作模式的区别。

20世纪40年代，马斯洛（Abraham H. Maslow）提出了需求层次理论。该理论认为，人性是善是恶，或懒或勤都不符合人的本性，人之为人，是因为人人皆有多层需求，首先就是生理需求；其次是安全需求；再次是社交需求；再次是尊重需求；最高的就是自我实现的需求。任何人只有满足了低一级需求，才会产生高一级需求。

后续学者就马斯洛理论提出许多新的观点。一种观点认为，马斯洛提出的逐级上升，在许多情况下是有特例的，有些人可以在低层次需求没有满足的情况下，去实现了高层次的需求。另一种观点认为，人的需要心理逐级上升，这只是一种理想状态，事实上，由于外部条件的限制，需要经常得不到满足而遭受挫折。当人们提出高一级需要但又得不到满足之时，他们就会产生失落感，并将需要心理调整到低层上来。在一个相当长的时期，支配人们行为的不是高一层的需要心理而恰恰是稳定的低层心理。这种理论被称为"挫折——回归论"。

从被大多数学科认可的马斯洛层次理论学说看，人有高层次追求是教育和开展教育创新实践的基础。相信教育可以使人向善是"思想政治理论课选修课"的前提。

二、开展思想政治教育领域实践教学活动工作中的价值观

在哲学中，价值是一个含义广泛的关系范畴，凡是涉及客体对主体的意义关系，就会包含人们常说的价值。具体地说，凡是对主体有用的东西，就叫有价值；无用或有害的东西，就叫无价值或负价值。

价值按其客体满足主体的属性，可划分为功用价值、道德价值和审美价值三类。功用价值就相当于马克思说的物的使用价值；道德价值是指人的德行对于他人的精神感召和对社会的积极影响；审美价值就是指主体所创造的对象反过来给予创造者的愉悦感，是人对人类自由本质的确证和审视。无论哪类价值，都反映了主体需要和客体功能的肯定关系，都是主体对他所创造的客体的认同或评价。

所谓的价值观念，即人们在实践中形成的对客观对象意义的看法或观点。在实践中，人们对客观对象的看法可分为两类：一类是关于客观对象的本质和规律的看法或观点，也被理论界称"事实真理"或"事实判断"。另一类即关于对客观事物有无意义、有无用处的看法或观点，这即是所谓"价值真理"或"价值判断"。价值观念同事实观念相比，后者侧重于对事物真理的客观性探讨，回答对象是"什么"以及"为什么"一类真理问题；前者侧重于对事物意义的主观评价，回答对象对我"好不好"以及"好在何处"之类的功用问题。人在实践中所形成的各种观念，无一不是由这两类观念组成，如通常所说的哲学世界观，既包括人们对世界本质和发展规律的客观探讨，表现为一个知识体系或说明体系；又包括着人们对现存世界的主观体认和评价，对理想的未来世界的设计和追求。人生观也是如此，既包括了人生本质规律的理性探索，又饱含了对现实社会的主观感受和对理想人生的追求。人们的观念既不可能是对客观事物的机械反映，其中必然渗透着人的意向目的、定向选择和主观评价；又不可能是纯粹主观任意的，必然以客观事物为对象，以事实为基础。因此，事实观念和价值观念是互为条件的辩证关系。人们为了研究问题的方便，可以而且必须将二者分开来看，但在事实上，二者都是分不开的，任何具体的观念系统都是由二者有机组成的。

所谓教育工作价值观即教育工作者关于价值取向和价值评价的观点的总称，它是在教育工作实践中形成的教育工作主体对教育工作环境、教育工作目标、教育工作客体、教育工作现状、教育工作结果，以及教育工作未来的体认、选择、态度、倾向、评价和期待等各种观念的总和。认为教育工作价值观是教育工作主体的价值观，但并不意味教育工作系统中作为教育工作客体的人没有价值观。因为教育工作是教育工作主体作用于教育工作客体的特殊实践或主体性活动，因而教育工作价值观是指导教育工作主体的观念而有别于教育工作客体的价值观念。当然，在研究教育工作的价值观念时，不能也不应回避受教育者的价值观念，因为凡是人都有着自己特定的价值原则和价值判断。不过，教育工作过程实际上是用教育工作者的价值观影响受教育者价值观的复杂思想过程，或者说是主体价值观和客体价值观之间的求同过程，而且在此意义上，又可以将教育工作价值观规定为教育工作中占主导地位的教育工作主体的价值观念。

首先，教育工作价值观表现为教育工作者对教育工作环境的体认。教育工作系统存在于一定的社会环境中，教育工作要正常进行以维持并发展组织系统，就必须了解、适应环境，同环境进行物质、能量、信息、人员的交换。而在了解适应环境的过程中，教育工作者一方面必须搜集整理环境的信息，力求使自己的认识符合外在环境的本来面目；在另一方面又要根据自身的目的和需要去筛选信息，并按自己的价值方式去整理信息和评价信息，从而对环境做出好或坏的价值判断。所谓对环境的体认，指的就是教育工作者通过多次教育工作实践而形成的对环境好坏的辨识能力和判断标准，而这种辨识能力和判断标准，即是教育工作价值观的一种表现。任何时代的教育工作或现代任何一类教育工作，教育工作者首先要考虑的对象并不是自身所处的系统而是系统所面临的组织环境。只有对环境有尽可能详尽的了解并对之进行了一番"审时度势"的价值判断之后，才可能进行别的思考。

其次，教育工作价值观表现在组织目标的选择确立领域。当对外部环境有所了解并确认环境对组织有无意义之后，接下来教育工作者便要根据组织的需要和环境的可能，确立组织行为的目标。任何一类组织目标的确立既不是任意选定的，也不是自发产生的，而必须依赖可能和需要两个条件。一是目的要有实现的可能性。如，某种目的尽管很有意义但在现实中缺乏根据、无论如何都不可能实现，那么这种目的就是空洞无边的幻想，就注定不能实现。二是目的要符合教育工作者或教育工作系统的需要。如果不适合需要，尽管在现实中有实现的根据，教育工作者因其对自身需要无关甚或有害，也是不会将其确立为目标的。可见，在确立教育工作目的的过程中，也有着两种观念在同时起作用，分析目的有无可能、能否转化为现实，这依据事实观念；而确认目的有无意义、哪种目的符合组织的主观需要，这依据价值观念。

总之，组织目的既然不是环境强加给组织系统的，而是组织的教育工作者在分析环境的多种可能性之后进行价值选择的结果，这样，在同一环境中，不同的组织因有不同的价值观念从而产生了不同的组织目的，就是很自然的现象。相反，以为同一环境只能产生同一目的则是形而上学的机械决定论。

最后，教育工作价值观表现为对教育工作结果的评价和对组织未来的期望。教育工作过程的结束，必形成一定形式的教育工作结果。教育工作者必须对结果进行评价。如果结果符合预设的目的，便做出定性评价；而不符合预设的目的，就要做出否定性评价。不过在实际教育工作过程中，参与评价的人存在价值观念上的差异，而教育工作结果一般又不可能与预期目的完全符合，所以，评价教育工作结果并不像上文所描述的那样简单，必然充满歧见和争议。当某一教育工作过程结束而对未来教育工作进行设想的时候，因人们价值观念的差异和理想期望不同，人们对教育工作前景的设想和所期待的东西也必然不一致。这种不一致即是人们常说的目光有远近之分、境界有高下之别。

通过以上分析不难看出，所谓的教育工作价值观，绝不仅限于人们常说的某种观念，而是贯注在教育工作各方面和全过程的各类教育工作意图、教育工作目的、教育工作态度、教育工作倾向、教育工作评价和教育工作理想的总和。不同的人，由于出身经历、文化素质、道德修养、阶级地位、职责权限、利益关系、理想情趣各不相同，价值观念是存在差异以至对立的。教育工作要能够有效进行，就必须设法使这些不同的价值观念大致统一起来。

三、开展思想政治教育领域实践教学活动过程的教育工作方法与艺术

（一）教育工作方法及其系统结构

教育工作作为一种特殊的实践活动，有其独有的方法。如何认识和界定教育工作方法的问题，是一个需要认真探讨的话题。

首先，教育工作方法不是教育工作活动中人们所采用的一切方法，只是教育工作者进行教育工作的方法，特别是教育受教育者的方法。教育工作作为一种社会组织活动，是教育工作主体和教育工作客体的互动过程。在教育工作过程中，教育工作者和受教育者都在活动，二者都有自己作用的对象，同时也都借助于一定的方法。但是，绝不能认为教育工作活动过程中人们所采用的方法就是教育工作方法。因为，受教育者在教育工作过程中虽然也在活动，但是他们从事的不是教育活动，其方法不具有严格的教育工作方法。而教育工作者的活动才是教育工作活动，是教育人或通过教育人来实现教育相关目标的特殊实践活动。因此，只有教育工作者的行为方式才具有教育工作的属性，其方法才算是严格意义的教育工作方法。如果将教育工作过程中所有成员所使用的方法都看成教育工作方法，那么就会混淆模糊教育工作者同受教育者的界限。

其次，在研究教育工作方法时，还有注意一种观点。有人承认教育工作方法是教育工作者的方法，但又认为只有教育工作者在教学活动中的教育工作实践方法才属于教育工作方法，而将教育工作者进行教学准备、教学方案设计与决策等思维活动所采用的教育工作认识方法排除在教育工作方法之外。这种观点是很片面的，教育工作方法不仅包括了教育工作者的实践方法，也包括他们的认识方法，这是因为完整的教育工作活动不仅包括教育工作主体对教育工作客体一系列的教育活动，还包括了教育工作主体对教学目标的设计、论证、择优和计划的制订，这两类活动都需要借助一定的方法，而这两类活动也都具有教育工作的性质。如果将教育工作者的认识方法排除在教育工作方法之外，这不仅是教育工作的片面理解，也与现代教育工作特别是当代教育工作丰富的内涵明显不合。在现代教育工作中，教育工作者常常既是教学计划（即便是在基础教育和社会教育领域的教育工作者也会参与教学方案与计划设计）的制定者，同时又是计划的执行者，他们所采用的方法既具有教育工作实践的属性，又具有教育工作的认识属性。所以，将教育工作方法仅仅看成教学工作的实践方法是不正确的，教育工作方法理应当包括教育工作者为达到教育目标、实现教育工作职能、确保教育工作活动顺利进行的各种手段、工具、措施和方式的总称，在本质上它属于教育工作主体的精神性工具。既然教育工作方法是教育工作者进行教育工作所采用的各种工具和手段，这就说明教育工作方法不是一种而是多种。

教育工作方法作为一个系统，是由多层次多侧面的不同方法按照一定结构有机组成的。从方法的总体特征来分类，教育工作方法可以划分为教育工作者的认识方法和实践方法；按教育工作方法的普遍性程度，又可划分为哲学方法和教育技术工作方法；按教育工作方法系统的历史形态划分，还可划分为传统的教育工作方法和现代教育工作方法。下面重点去介绍教育工作涉及的哲学方法、一般方法和技术方法及其关系。

所谓哲学方法，就是指教育工作者运用某种哲学观察教育工作世界和指导教育工作活动的方法，它包括教育工作者如何理解教育工作的社会本质和一般规律，如何确立教育工作的最终目标和进行价值判断，怎样评价自身和受教育者的能力以及二者的基本关系，怎样在宏观上把握教育组织和环境、教育单位和社会之间的关系等等。在涉及教育工作的根本路线、战略决策、基本原则和思路等重大问题，大都需要借助哲学方法，有关基本信仰的一系列思想价值教育工作涉及的问题，谁也离不开哲学方法。这种方法具有最大的普遍性但也最抽象，初看起来似乎不能直接解决教育工作中任何具体问题，因而常常被人们所忽视，好像哲学与教育工作无关。实际上，教育工作者是离不开哲学的，哲学决定教育工作者的思维方式和行动路线，自觉或不自觉地影响着各种教育工作活动，并在一定条件下决定着教育工作的成败，为教育工作者提供了必不可少的方法论原则。

与哲学方法相关但又不同的另一类教育工作方法就是一般方法。同哲学方法相比，这类方法没有哲学方法那么广的普遍性和形式上的抽象性，显得比较具体，容易操作、但是与更具体的技术方法相比，又具有相当大的普遍性，可以为不同的教育工作所共用，这就是一般教育工作法。

教育工作者特别是基层教育工作者常用的教育工作方法是具体的教育技术方法。这里的"技术"不是指工程技术，不是人们常说的各种技术工具（如，计算机、打字机、现代通信设备和各类电子监测仪等），而是指各教育工作者进行教育工作的具体方法和技巧。教育技术方法是最具体最易操作的方法，同时也是最直观最丰富的教育工作手段，为教育工作者提供明确的教育工作工具和具体的教育工作手段。

教育工作方法之所以会成为一个系统，正是由于教育工作者所采用的不是一种方法或一类方法，而是综合使用上述三类方法。一方面，这三类方法分属于教育工作的不同层次，各有自己的特点和功能，彼此不能取代；另一方面，这三类方法又相互制约、相互影响、互为补充，综合运用于教育工作。一般来说，属于最高层次的哲学方法，因为它侧重于宏观决策和总体设计；属于中间层的一般方法，因其通用性和一定范围的规范性，是教育工作者最常用的。技术方法因为具体而实用性强，往往成为教育工作者在具体教育工作中的手段。因为教育工作方法是一个系统，各类方法单独使用都不能发挥最佳的组织教育工作效用，只有三者兼用、互相配合共同作用于受教育者才能够更好地实现教育目标。因此，教育工作者应当树立系统教育工作观念，既注意克服方法上的单一化倾向，又杜绝不同方法的混淆和错位。

（二）教育工作艺术

艺术的本义就是指运用形象思维把握外部世界的一种社会意识形态，具有一系列不同于科学思维的特点。当教育工作者面临常规方法不能解决的问题而需采用机动、灵活的方式和使用创造性思维时，会常常用"艺术"一词来描述这类行为方式。在教育工作方法系统中，上述各类方法因各有其特点、功能和运用的常规程序，但只是对教育工作方法一种大致的分类和定型的描述，没有也不可能穷尽教育工作方法的一切方面。而在具体运用这些方法时，教育工作者还需掌握一种方法，这就是教育工作艺术。

所谓教育工作艺术，既可以说是如何选择运用教育工作方法的方法，也可以说是创造性进行教育工作的一种应变能力和教育工作技巧。对同一教育工作对象，不同的教育工作者可能会选择不同的教育工作方法，这种选择就包含着教育工作艺术；不同教育工作者选择同一教育工作方法运用着于同一教育工作对象，但结果大不一样，这说明运用方法也有艺术。在教育工作的整个过程中和诸多环节上，教育工作者需要遵循一般的教育工作法则来进行教育工作。但因教育工作过程变幻万端，教育工作对象复杂多样，教育工作也不可能死守某一范式，或是机械照搬某一方法，教育工作者应当机动灵活地进行教育工作，"艺术"地使用各类教育工作方法，掌握有关的教育工作艺术。

教育工作艺术外化表现在教育工作者的讲话技巧方面。语言就是表达思维的工具，在教育工作实践中，教育工作者的教学活动必须要运用讲话的艺术或技巧。

在教育工作实践中教育工作者的语言艺术是非常重要的，稍有不慎就有可能前功尽弃或半途而废。同样的内容不同的教育工作者以不同的方式讲出来效果便大不一样。教育工作者如果没有丰富的科学知识、足够的信息量和感染力就不能抓住人们的思想，就会使自己失去吸引力，教育工作也就无效果可言。

第四节 高校思想政治教育领域实践育人工作方法

一、思想政治教育领域实践育人工作逻辑思维方法

思维就是开展教学工作的基础，但要开展思想政治教育领域实践教学活动，掌握必要的思维方法很重要。在开展思想政治教育领域实践教学活动活动中，保证思维逻辑的严谨十分关键，下面就分析逻辑思维及其在开展思想政治教育领域实践教学活动工作中的表现。

世界上任何事物都有其内容和形式，内容是构成事物的一切内在要素的总和，形式就是把内容诸多要素联系起来的结构和表现内容的形式。思维也是这样，既有内容也有形式。思维内容就是思维所反映的特定对象及其属性，思维形式就是指思维对特定对象及其属性的反映方式，如概念、命题、推理等，这些思维形式又具有一般的形式结构，我们就称其为思维的逻辑形式。

（一）逻辑思维的概念

1."逻辑"思维的含义

"逻辑"一词是由希腊文音译过来的。其原意是指思想、言辞、理性规律性。"逻辑"是一个充满歧义的词，几乎每一个逻辑学家、哲学家以及自然科学家都有着他们各自所理解的"逻辑"，对逻辑的定义众说纷纭，没有共识的。总体上看，逻辑研究的是理性思维，即，是人们通过大脑的抽象作用对客观内在规定性的认识，是认识的发展的高级阶段。对逻辑有广义和狭义上的不同理解。

广义的逻辑泛指与人的思维和论辩有关的形式规律和方法。逻辑思维与形象思维相对，通常是指人们思考问题时，从某些已知条件出发，借助概念、判断、推理这些思维形式，推出合理的结论的规律。广义上的逻辑可包括以下几个层次：

第一层次，指客观事物发展的规律性。

第二层次，指思维的规律性。

第三层次，指某种理论，观点或说法。

第四层次，逻辑就是方法论，就是处理人生中许多事情的方法，就是

基于已知的事实或条件运用科学的思维过程，利用最合理的技巧，做出接近于真实的判断方法。

第五层次，逻辑学是研究思维及其规律的科学。

狭义的逻辑主要研究推理，是关于推理有效性的科学，形式上表现为用特制的人工符号语言和公理化方法构造的形式系统。逻辑思维也叫抽象思维。而且所谓抽象就是在思维过程中撇开事物的具体形象而取其本质，逻辑思维的抽象特征与形象思维整体性特征正好相对。因此可以说，逻辑思维是一种比较简单的直逼事物本质的"线型性"思维。逻辑思维通常也分为形式逻辑思维和辩证逻辑思维。形式逻辑思维又分为归纳思维和演绎思维。

2. 逻辑思维的基本形式。

逻辑思维的基本形式是概念、判断和推理。概念、判断和推理这几个思维形式是互相联系的。概念的形成往往要通过一定的判断和推理过程，判断是肯定或否定概念之间的联系关系，而判断的结论是通过推理而获得的。

（1）概念

概念是人脑对事物的一般特征和本质属性的反映，是在抽象概括的基础上形成的。概念不反映事物的非本质属性，例如，人这一概念只反映人是有思维能力的高等动物，有五官、四肢、直立行走等本质属性，而不反映是黑人还是白人，是男人还是女人等非本质属性。概念和词有不可分割的联系。每一个概念都是由于词的抽象性和概括性的刺激作用而在人脑中产生和存在着，并以词的意义或含义的形态在人脑中形成表象和巩固（记忆）下来，也就是说概括是用词来标志的，每一个词都代表着一个概念。

（2）判断

判断就是指人脑凭借语言的作用，反映事物的情况或事物之间的关系，并通过判断的过程达到某种结果（或结论）。可见判断一词具有两种含义，一种是指人脑产生判断的思维过程；而另一种是人脑经过判断过程产生的思想形式。判断是通过肯定或否定来断定事物的。肯定或否定是判断的特殊本质。事物的存在、价值或事物之间的关系，都是通过肯定或否定作出判断的。人在判断的独立性和机敏性方面会表现出很大的个体差异，差异性取决于判断主体的性格、相关知识和经验等。判断可以分为简单判断和复合判断。

（3）推理

推理就是人脑凭借语言的作用，通过某些判断的分析和综合，以引出新的判断的过程。所引出的新的判断叫作结论。在进行推理的过程中所依据的已有的判断称为"前提"，也就是说，已有的概括性认识和有关材料或事实是人在头脑中进行推理时所必须依据的前提，在对过去的推断或对未来的预测是人经过在头脑中经过推理所得到的结论。很多判断都是推理的结果，所以，推理是思维最基本的形式之一。推理可以分为归纳推理和演绎推理。归纳推理是从特殊事例到一般原理；演绎性推理就是从一般原理到特殊事例。

3. 逻辑思维在创新活动中的作用。

逻辑思维就是人类揭示客观世界的本质和规律的极其重要的思维活动形式。逻辑思维包括形式逻辑思维和辩证逻辑思维。随着科学技术的发展，机械论自然观已被辩证论自然观所取代，辩证逻辑思维，使人们对自然界有了更为深刻的了解。创造、创新活动中，紧张——松弛——紧张的循环，也标示了灵感——顿悟的心理机制。顿悟是紧张思索，"能量"积蓄在松弛期间，潜意识活动中的突发。因此，其简单的模式可以归结为积累——突发。积累的过程，这正是人们面对问题用已有知识和经验苦思冥想的过程。这一过程不仅有过去的记忆，也有大量针对问题和占有资料的分析、运演、判断、归纳，形成新的形象的过程，因此我们断言在创造、创新过程中的中间阶段，同样有逻辑思维的不可取代的作用。联系逻辑思维就在创造、创新过程中，前期和后期的作用我们就可以清楚地认识到，逻辑思维几乎渗透到人类获取所有新理论和新知识的每一个过程。具体来说，逻辑思维在创新活动中的作用如下。

（1）发现问题

发现问题是创新过程的起点，发现问题的方法有很多，通过逻辑思维来发现问题是一条重要途径。在现实生活和社会科学领域中，矛盾就是问题，问题本身也蕴含着矛盾，在某种意义上讲，矛盾与问题是同一的。矛盾在现实中是无处不在无时不有的，如理论与理论的矛盾，理论与检验的矛盾，理论与实践的矛盾，需求与现实的矛盾等。要发现矛盾就要对现实进行考察，考察中又会发现新的矛盾。

（2）直接实现创造创新

并非逻辑思维根本就不能创新，有些问题的创造性解决就是直接用逻辑思维的结果。

（3）筛选设想

不管采用哪些新思维的方法，都可能提出两种以上的新设想或创新途径，这就需要根据可行性、价值和社会效益等进行筛选。筛选的过程，主要用的就是逻辑思维。在对每种设想进行分析、比较，做出判断、决定取舍，这都是逻辑思维的任务。

（4）评价成果或验证结论。

创新成果完成之后要进行鉴定或验证，在给出正确的评价，评价过程一般要进行逻辑比较，判断其水平，验证也要符合逻辑常规的程序。

（二）归纳思维

1. 归纳思维

人们对客观事物的认识，一般多是从认识个别事物开始的，即先认识一个个单独的对象，然后才能进一步把握其一般规律。归纳思维就是一种从若干个同类个别事物或经验知识，概括出一般性认识或结论的思维方法。这种概括常常由部分推论到全体，它能够扩大人们的认识范围，并对已有理论提供一定程度的支持。

归纳思维就是根据个别知识概括出一般性知识的思维。这种思维的方法称为归纳法，这种思维的形式称为归纳推理。其主要特点是：

（1）从个别到一般

从个别到一般就是人类由事物的个别知识概括出一般认识的过程。归纳思维所依据的个别性知识的可分为两种类型。一类是人们通过观察或实验所获得的关于思维对象自身属性的经验知识；而另一类是人们在思维过程中积累起来的关于"方法"的若干次使用情况的经验认识。

归纳思维之所以能被人们大量运用，就是因为人们的认识总是离不开从若干分散的实际情形到一般性概括的过程。而这种从个别到一般的概括遵循了以下原则：如果大量的情况 A（A1、A2……An）在各种情况下被观察到，而且如果所有这些被观察到的 A 都毫无例外地具有性质 B，所以，所有 A 都有性质 B。这一原则在逻辑学上称为"归纳法原则"，它就是人们进行归纳思维所依据的原理。

（2）从部分到整体

在归纳思维中，从个别性知识得出一般性结论，除了极为有限的完全归纳概括外，一般的归纳思维过程都拓展了认识范围；也就是说，结论所断定范围超出了前提所涉及的范围，即由部分扩展到了全体。正是由于归纳思维突破了前提所断定的范围，人们的思维才能够突破当前情境的局限而扩大了认识领域，并获得新的知识。需要指出的是归纳思维从部分推论至全体，虽然扩大了认识范围，但其结论不具有必然性。

而且从上述分析中可以看出归纳思维是容易发生"以偏概全"的错误的，也就是说，把部分对象所特有的属性，推广到了其他对象上，而其他对象又不具有这种属性。因此，在归纳思维中应尽量扩大考察的对象数量及考察范围，注意分析被考察的属性是否为部分对象所特有，以此提高概括的结论可靠性。

（3）扩展认识范围

归纳思维根据对部分对象的认识推论到该类事物的全体对象，所得出的结论不具有逻辑必然性；但它能弥补人的认识能力的有限性，扩大人的认识范围，拓展知识。应用归纳思维来扩大认识范围、升华知识层次，不仅有其必要性、也有其客观可能性。归纳思维就是以同类事物为基础的，是在同类事物范围内的扩大。客观世界中，同类的若干事物，尽管有其特殊性和差异性，但都存在着共性和普遍性，而且共性中还包含本质属性。如果我们在经验中反映出该类事物的共性，那么所做的推广就有了可靠的基础；如果已知的关于部分对象的经验认识中反映了该类事物的本质属性，那么所做的推广就更可靠。

（4）支持理论原理

理论正确与否都是要靠实践活动来检验的。一个理论是怎样得到支持的呢？一般来说，当一个理论（或观点）提出来以后，首先要以该理论为出发点推导出大量可以进行实践检验的事实，这些事实包括该理论所能解释的已知事实以及所能预测的未知事实，然后就根据这些事实来支持该理论，说明该理论成立。

归纳思维因其注重个别性事实，它能够利用事实给理论提出支持；同时，因其结论不必具有必然性，因而给理论支持不是充分的，只能是一定程度的支持，即不足以完全证明一个理论。

2. 演绎思维

演绎思维就是一种从一般性知识推演到个别性知识，得出新结论的思维方法。在演绎思维中一般性知识（如，理论性知识、规律性知识等）起着重要作用，它既为人们的思维推演提供依据，也为人们的行为提供规范。思维推演活动既不同于归纳概括，也不同于横向类推，它借助于一般性的理论知识，以此来推论某类个别性事物所具有的属性。

思维推演中所依据的理论知识，是相对于经验而言的，它是以全称命题形式表述的关于概括经验事实共性的经验定律和反映事物间普遍性的理论原理。理论性知识都概括了一类事物的普遍性特征或普遍性规律，它涵盖了该类所有个体的共同性，因而适用所有个体事物。理论性知识为人们推断它所涉及的具体经验事实提供了依据。

理论性知识具有普遍性特征，因而具有一定的规范和指导作用。在一切政治、经济活动中，政策法则为人们提供了规范和指导性政策，这是创新活动中必须遵守的原则。

（1）演绎思维的特点

①从普遍性到特殊性

演绎一词来自拉丁文"deduct"（引申），后来它泛指从一般到个别的指论，即以某些一般性（普遍性）的知识为前提，推出了个别性（特殊性）知识的结论。

②结论受到前提的严格限制

所谓结论受到前提的严格限制，就是演绎思维从一类事物理论到该类的部分对象，结论所断定的范围决不会超出前提所断定的范围。

③推断的必然性

演绎思维从一般到特殊，结论所断定的范围不超出前所断定的范围，结论也就被前提所蕴含，即前提与结论有必然性联系。真前提必然能推出真结论。前提与结论这种必然联系或称作结论的必然性是就其逻辑形式而言的，而不是指结论的真实性。结论真实性，既是依赖逻辑形式的正确又依靠于前提的真实。

④深化认知领域

演绎思维因从一般到特殊，可以依据客观事物联系的普遍性和层次性，做出层层递进，连锁推导，从而进行不断深化认知领域，也为创造扩展了途径。

（2）演绎思维的方法

从一般推导特殊的演绎思维，有多种具体方法和形式，大致可分为直接推理、三段论选言推理、假言推理等。演绎思维结合科学探索活动的思维实际，还有演绎解释法、演绎预测法、演绎论证法和公理证明法。下面仅就几种常用的基本方法介绍如下。

①三段论法

三段论法就是指从两个含有一个共同性质（概念）的判断推出一个新的性质（结论）判断的演绎推理方法。

应用三段论方法时应遵守以下几项原则：

首先，两项前提中的共同项应是同一个概念，防止同一词语不是表达同一概念，进而引起判断模糊或错误，假如群众是真正的英雄，某人是群众，某人是真正的英雄；这里的两个群众就不是同一概念。因而也就不能判断某人一定是真正的英雄。

其次，两前提中的共同项（中项）至少周延一次。

再次，前提中尚未断定一类事物全部对象的项，在结论中不得扩大。

最后，结论否定，当且仅当两前提有一否定。

②假言推理

假言推理是根据假言判断所断定的前后条件的逻辑关系而进行的推理。这里的假言判断就是断定一事物情况（称为前件或大前提）是另一事物情况（称为后件或小前提）的条件的判断。而前件与后件的条件关系，有充分条件、必要条件和充分必要条件三种。假言推理就是根据不同前后件的逻辑关系（条件关系）来进行的。假言推理也是确实可靠的推理。

③选言推理

选言推理是以断定若干个可能情况的选言判断作为前提，并且依据选言判断的逻辑特征来进行的推理。常见的选言推理是前提中断定了若干事物可能情况并且排除了其中部分情况，结论中断定未被排除的其他情况的存在。在实际运用中假言推理与选言推理也常常结合在一起使用。

运用选言推理应注意以下问题：

第一，前提应该穷尽有关事物的所有可能情况，以确保至少有一种情况存在。否则推出的结论不一定是存在的。如"二人对弈，甲未赢"，就不能推出甲输了的结论。因为可能弈成平局。

第二，运用选言推理，还要注意前提中选言判断所反映的若干可能是否可兼容。如果它们是可兼容的，那么不能肯定一部分而否定另一部分。

（三）分析与综合思维方法

分析思维与综合思维是形式逻辑和辩证逻辑思维共同研究的方法。在形式逻辑思维中只是作为处理一般经验材料的方法进行探讨的，矛盾分析思维法才是辩证逻辑思维中研究的重要问题。

1. 分析思维

分析就是人们在思维活动中，把研究对象由统一整体分解为各个组成部分、各个方面或者独立特征的要素，并对它的各个组成部分或各种要素分别进行研究，揭示出了它们的属性和本质，也即从未知追溯至已知的思维方法和研究方法，简称分析，也称分析思维或分析方法。

任何一个客观事物都是由各个部分或各种要素组成的复杂的有机整体，同时任何事物都构成一个独立系统，它们通过自身的运动、变化和发展过程中所表现出来的各种各样的现象表现出来的。同时，任何一个客观事物或现象又与其他事物或现象处于相互联系之中。对于呈现在人们面前的复杂的、有机整体的自然事物或现象，仅凭直观是无法认识它们的各种特殊的属性和本质的，也更无法认识它们的根本属性和规律。因此，为了从总体上揭示和把握研究对象的性质及其规律性，首先就必须了解复杂事物的各个部分或各种要素的性质和特点，也就是分析各种矛盾及矛盾的各个方面的特殊性。

运用分析的思维方法研究事物，就必须把被考察的事物的各个组成部分或组成要素在思维过程中暂时的从总体中抽取出来，抛开无关紧要的因素和相关影响，以对各部分或要素的单独作用进行深入的研究。

分析的任务就是对事物的各个部分或要素进行研究，了解研究对象的属性和本质、并且使人们对事物有比较清晰的认识，为进一步把握揭示事物总体的性质与规律奠定基础。分析的初期目标是要考察研究对象的各组成部分或要素，在运动变化中的各自的地位，所起的作用以及他们之间的相关联系与制约关系，为进一步寻求判断事物的各种属性的基础"情报资源"提供前提条件。

分析方法的基本特点有以下两点：

第一，暂时的分割，孤立地进行研究，变整体为部分、变复杂为简单、化难为易，加深对事物的理解和掌握。

第二，深入事物或现象的内部了解和掌握各个细节，揭示了内部的各个方面，各个因素的本质。

从不同的角度看分析的种类，有多种形式，其侧重点也各不相同，具体说来有以下几种分类方法。

第一种，从分析要达到目的来看，可分为定性分析与定量分析。定性分析就是择取对象的某种特定性质，确定对象的某种特征，使之与其他事物区别开来；也可以说，定性分析主要解决有没有的问题。定量分析则是为了确定对象各种要素，成分的数量、规模、大小、速度等。也就是说定量分析要解决的就是有多少的问题。

第二种，从分析方向来看，可分为单向分析、双向分析及矛盾分析。单向分析，即分析一事物的影响和作用，研究单向因果联系。双向分析，不仅分析单向因果联系，而且分析作为结果的现象是否反过来对于原因产生作用，是研究双向因果联系。矛盾分析，则是专门研究具有对立统一关系的事物，对其矛盾着的各个方面加以对比，以便把握对立双方的性质，数量和相互关系。

第三种，从分析的客观对象来看，可分为要素分析和结构分析。要素分析即分析构成对象整体的各个要素成分或方面。结构分析主要是分析各要素间的关系，如因果关系、互动关系、反馈关系等，就是把握构成对象的基本手段。

分析方法着眼于研究对象内部的各个细节，因此是有助于分辨真相和"假象"，以及哪些是无关的因素，从而可以摆脱假象和无关因素的影响。使用分析方法可以透过事物的现象去研究其组成部分的结构、特点和属性，掌握它们的相互关系及作用方式，进一步认识研究对象的性质与规律。

应当指出，分析方法主要着眼于局部的研究和分割孤立的考察，容易忽视事物间的有机联系，因此，在工作中必须要对此问题予以充分注意。

2. 综合方法

（1）概述

综合一词有多种解释。如果从创造性思维角度出发，综合可以被理解为是一种以问题为中心的按一定的规律和模式有序地组织材料和整合材料的思维方法。

综合方法就是在分析的基础上，在通过科学的概括或总结，在思维中把研究对象的各个组成部分或各种要素，再组合成有机整体。它是从整体上揭示和把握事物性质和根本规律的科学思维方法和研究方法，从已知引导到未知、再从局部引导到全局。

综合思维就是通过对所得到的与某个问题、任务、计划相关的全部认识加以比较、分析、组合、归纳、类比，从总体上、宏观上透视找出各要素、各部分、各层次之间的内在联系，按一定的方式和要求予以整合，使之形成整体性、系统性的认识。

综合的任务和目的在于它并不是局部创新的叠加，而是对局部创新的扬弃，是从有机整体上揭示和把握研究对象的根本性质和根本规律，变局部的合理性为总体或全局的合理性，以解决生产实践、科学实验或人们日常生活中所提出的急需解决的问题。

对于复杂的事物对象，综合思维还必须注意到综合的多元性、层次性和复杂性，综合是一个相对复杂的历史过程，也是一个不断更新的过程。

（2）综合的作用

第一，综合是研究领域贯穿始终的基本思维方式或方法。

随着研究工作的发展，每个学科领域都形成自身完备的系统，系统的内部的各个组成部分（分支）是彼此联系、相互制约的，具有历史性、现实性和未来发展的内在联系。但随着横断科学的发展，一个学科领域或一个学科又与多个学科领域产生更为广泛的联系，而构成更大的系统。因此，对这些学科的研究必须具有系统综合的观点为指导，用综合的方法解决问题。

第二，综合是对多种思维结果的扬弃。

在创新活动中，广泛得到运用发散思维、类比思维、直觉，想象等思维形式和方法进行思考，思考过程多半是以具体问题为诱导，所产生的思想观念往往是局部的、分立的、"就事论事"的，由于缺少系统的全局的指导因而可能是不完全的、不精确的，是针对特殊矛盾而产生的，有时彼此是相互对立的，这一切都必须以整体观念，用综合方法去粗取精、去伪存真进行合理的有机合成。

第三，运用综合方法有助于克服分析方法的局限性。

分析方法则是对局部认识，而非最终的目的，它是探索自然奥秘过程中所采取的一种手段和环节，是为综合做准备的；综合则是对分析结果进一步的理性认识，是在分析基础上的科学组合和扬弃。

第四，运用综合方法弥补演绎法的不足。

演绎法在从一般推理导出个别事物的属性时，是无法反映具体事物属性的多样性。综合是在分析研究具体实践而积累起来丰富而真实经验材料的基础上进行的，它得出的一般性结论就能够反映出研究对象的多样性本质，因而，所得出的一般性结论比较全面，也更可靠，从而弥补了演绎法的不足之处。

（3）分析与综合的辩证关系

分析综合就是对立统一，既区别又相联系不可分割。

分析与综合的区别是：分析是理论思维把研究对象分解为各个部分并加以研究的方法，它是化整体为部分，化整体为单元，由未知追溯到已知；而综合则是理论思维变部分为有机联系的统一整体，化单元为整体，由已知引导到未知。分析与综合又是统一的，相互联系、相互依存的，两者都有着不可分割的切实联系。主要表现在以下几个方面：

首先，分析是综合的基础。

要使研究的结果能够正确地反映事物多样性的统一，就必须以客观事物多样性的统一为基础。人们研究事物，一般是先分析、后综合，这就是说正确的综合必须是先分析研究对象多样性同内部各个方面的本质及各种因素的特点，而后进行综合。问题是一种表象，而问题的实质是事物内部的矛盾；解决矛盾才是解决问题的根本。矛盾是由事物内部各个方面本质和特点在事物内部各个部分相互联系与作用的内因，因而只有了解事物内部的联系进行周密的分析，才能使问题的"面貌"明晰地呈现出来，才能做综合工作。全面的了解整体的特性与规律，从而去达到解决问题的目的。从以上分析就可看出分析是综合的基础，没有分析也就没有综合的前提。思维既把相互联系的要素联合为一个统一体，同样也把意识的对象分解为它们的要素，没有分析就没有综合。

其次，综合是分析的完善和发展。

分析本身并不是科学研究的最终目的，而只是认识事物的一种手段，分析本身也有一定的局限性度因此，对事物或现象的研究和认识，还必须进一步深入，通过综合，以便揭示研究对象最根本的性质和规律。

最后，分析与综合矛盾双方在一定条件下是可以相互转化。

分析与综合在统一认识过程中，各自行使与这一总的认识过程一定阶段相适应的职能。在认识过程前期，分析是矛盾的主要方面；在认识过程的后期，当对研究对象的分析已经达到一定程度，对研究各个方面的本质有了充分的认识，积累了一定的经验和科学事实之后，分析便转化为综合而成为主要矛盾。当综合得到一般原理、结论，并以此去分析未知的客观事物或现象则分析又转化为主要矛盾

在自然科学中，人们对客观事物的认识，本质上就是一个不断分析和不断综合的辩证发展过程，可以概括为：分析—综合—再分析—再综合的不断深化的发展程式。

综上所述，分析与综合是对立统一关系，是相辅相成的两种思维和研究方法。只有从对立统一关系去认识分析方法，才能深刻理解把两者结合起来的重要意义。

二、思想政治教育领域实践育人的心理调适激励方法

要实现开展思想政治教育领域实践教学活动目标，教育工作者必须洞察受教育者的心理活动和思想情绪，要学会运用心理沟通和思想激励等心理教育工作方法。

（一）心理沟通

在教育工作活动中，人是首要的起主导作用的因素。要充分调动人的积极性和创造性是教育创新实践的一个重要内容。要解决这个问题就需要借助心理学。在教育工作中运用心理学方法，就是从改变人的精神状态入手来调动人的积极性和创造性，以提高整个教育工作系统的工作效率。

心理沟通是在教育工作活动中经常运用的心理教育工作方法。在具体的工作中心理沟通侧重于通过心理疏导解决问题。正确的心理沟通有助于教

育工作者内部以及教育工作者与受教育者交流思想、彼此了解，消除分歧和误解，要做到互相信赖，统一思想，以加强群体意识，发挥整体效应。具体而言，心理沟通在教育工作活动中具有以下几点作用：

第一，心理沟通就是实现教育工作目标的保证。教育工作中很多活动都是以沟通为基础的。在整个教育工作过程，就是沟通过程，都离不开心理沟通；如果沟通发生障碍，教育工作者与受教育者沟通中断，教育工作过程必然是无法继续进行。

第二，心理沟通是加强思想工作的重要手段。为了使教育工作者统一思想，协调一致，为实现共同的目标而奋斗，必须通过各种沟通形式，宣传教育目标，使之在全体教育工作者中产生心理共鸣，达到理解和认识，从而使教育工作决策者的思想和决心，化为每个教育工作者的实际行动。

第三，加强了心理沟通有助于克服官僚主义，提高工作效率。

造成官僚主义的重要原因是教育工作组织内部沟通渠道不畅。因此，加强教育工作决策者与普通教育工作者的心理沟通，建立多形式、高效率的沟通渠道，有助于转变工作作风，克服官僚主义，提高工作效率。

心理沟通十分的重要，教育工作者要成功运用这一方法，必须在长期教育工作实践中逐步提高自身的沟通水平和学会运用沟通的艺术。

提高教育工作者的沟通水平，首先就是提高教育工作者自身的心理水平，它主要包括提高教育工作者的思维水平，以保证心理沟通的效果；提高想象力，设身处地为对方着想，以便引起共鸣，使对方积极接受沟通的内容；提高记忆力，以便传输和接受各种信息及时、准确；养成良好的沟通习惯，集中注意力，稳定情绪，端正态度，以使沟通能顺利进行。

教育工作者需要掌握的具体沟通艺术包括：

首先，要正确运用语言文字的技巧。

语言文字是心理沟通的基本工具和基本手段，不善写作和不善言辞就会使沟通受到限制。所以，提高语言文字技巧，是提高心理沟通效果的一个关键因素。具体来说，有这样几点：文字语言要亲切感人，防止简单的"命令式"，以提高接受率；教学中布置任务要求准确简练，不拖泥带水，不模棱两可；讲话谈心要注意区分不同的对象，要使对方心理接近，创造良好的心理气氛，并以表情和手势加强语言的感染力。

其次，注意聆听技巧。

掌握聆听技巧，是提高沟通效果的另一重要方面。要以平等友好的态度聆听他人讲话；待人要有礼貌，耐心地听他人讲话；听到赞同的话要冷静，不要轻易顶回去，更不要去轻易地批评；要富有同情心，注意少讲多听，并记住不轻易表态和许诺。

再次，注意心理效应。

在与人谈话要注意心理效应，使人产生好感，乐于接受，具体做法是：注意环境因素对人的心理的影响；要注意掌握和选择与人说话的时机；要有准备地与人交谈，不打无准备之仗；要注意必要的反馈，一是要"察言观色"，留神对方的反应；二是要对对方的谈话进行适当的反馈。

最后，提高非语言沟通的能力。

人们的动作、行为、表情，是人们的思维和情绪的反映和表现，具有着较强的沟通作用，如点头表示同意，摇头表示不同意或不满，沉默表示正在考虑或犹豫不决，在关键时刻，教育工作者的一举一动，一个手势、一个眼色，往往都能给接受者以鼓舞和力量，增强克服困难的勇气，以无声胜有声。不过，动作、表情常常缺乏识别的固定标准，往往易使沟通受到干扰，产生障碍。因此，教育工作者要注意举止、表情的常规化，提高非语言沟通的艺术。

（二）精神激励

心理教育工作不仅包括上述的心理沟通和心理调节，还包括现代教育工作经常采用的多种激励手段。随着人性的研究越来越深入，心理教育工作法普遍推广开来，"激励"也因此而成为了教育工作的一大重要职能。

在教育工作中，所谓"激励"，是指教育工作者借用各种手段去激发受教育者的学习热情；具体而言，是指教育工作者运用一切有效的手段，去改变受教育者的心理状态，激活他们潜在的主动性和创造性，引导他们自觉参与到学习活动中来，以完成预定的教育目标。

激励的手段和方法多种多样，不一而足。不过依据激励手段的性质来分类，激励大致可以划分为物质刺激（物质激励）和精神激励两个大类，在现代教育工作领域主要使用精神激励方法来实现教育目标。

实行精神激励的第一种方法是实行参与式教育方式。具体做法就是让受教育者部分参与组织目标和计划的制订。它有助于增强受教育者的自主意识和责任感；能够使受教育者迸发出一种内驱力，想方设法、全力以赴地保证计划和目标的实现。

实行精神激励的第二种方法是增强学习兴趣。兴趣是个人对客体的选择性态度。人在实践过程中常常伴随着一种积极的情感体验。当人对某一事物或行动感兴趣的时候，就会感到喜爱和满意，集中精力于感兴趣的对象。而对学习感兴趣就会热爱学习，在学习中会充分发挥主动性和创造性。概括起来，增强学习兴趣可以从三方面入手：首先，要改善学习条件，在不影响教学目标的前提下，在对教学内容进行必要的重新组合，尽量使学习内容丰富些。其次，增强对工作意义的理解，使受教育者了解"思想政治理论课选修课"的社会意义，培养受教育者的学习兴趣。最后，尽可能根据受教育者特点安排教学，力求教学安排适合其性格、知识、愿望、特点，并调整不适当的教学安排。

实行精神激励的第三种方法是进行经常的思想交流和情感交流。这种方法能够满足受教育者受尊重和归属感等心理要求，从而去激发他们的积极协作精神，最大限度地释放出自己的能量。思想交流对于教育工作者与受教育者都具有非常重要的作用。思想交流不但能够集思广益，为教学方案设计提供有价值的依据，同时也能使受教育者理解教育工作者的意图，有助于齐心协力地完成教学的任务。情感交流是指教育工作者要多同受教育者进行交谈，了解他们在学习中的困难，在力所能及的范围内帮助解决。教育工作者的关心，能使受教育者得到愉快的情感体验，从而去产生感情共鸣。进行思想交流和情感交流还要尊重、相信受教育者，使受教育者增强自尊心、自信心，这样可以提高受教育者对自我价值的认识，增强工作的兴趣、勇气和力量；反之，如果挫伤受教育者的自尊心、自信心就会使受教育者自暴自弃，打不起精神，影响学习效果。

实行精神激励的第四种方法就是精神表彰。此方法可以对积极行为起强化作用，对消极行为起弱化作用。教育工作者在具体工作中要注意以下几点：

第一，要通过调查研究把对象掌握准，要弄清楚哪些人应该表扬，哪些人不应该，保证精神表彰的严肃性。第二，精神表彰要及时。及时表扬才能发挥表扬的最大功效，增强受教育者对表扬的重视。第三，要注意精神表彰的场合，要弄清楚哪些应公开表扬，哪些在一定范围内表扬，哪些在若干人面前表扬或单独夸奖几句。第四，精神表彰要具体，即人要具体、事要具体，越具体越生动，越有感召力。第五，精神表彰要讲究语言艺术，要热情、诚恳，有感染力，同时还要掌握分寸。

（三）理想培养及其激励功能

在心理教育工作活动中，除去上述的心理沟通和精神激励等方法外，还不能忽视对受教育者进行理想的教育培养。如果说，心理沟通和精神激励主要还停留在教育工作者对受教育者外在"激励"的层次上，那么，通过理想教育，外在"激励"就将转化为内在的自我"激励"，受教育者的素质有可能就得到了普遍提高，预定教育的目标也才可能得到实现。

理想作为人类特有的精神现象，是人们对社会发展趋势的一种超前反映和对未来世界的设计、向往和追求。人不同于动物的主要区别之一在于动物没有理性而且更无理想，因而它们永远生活在现存的物质世界之中；而人是理性的动物，他们既生活在现实中。又企图超越现实，既生活在物质世界当中，同时又以理想的精神方式享受生活。自有人类以来，理想逐渐成为人们的一种生活方式，构成人类精神生活的一个重要方面。如果做人无理想，这就意味着人格的变质和人性的退化。

但是必须看到，理想并非古今一体、千人一面，而是形形色色、多种多样的。从理想的指向上分，有所谓的社会理想（理想的社会）、群体理想（理想的组织群体）和个人理想（即理想人格）；从理想同现实的距离分，有所谓长远理想中程理想和近期理想；从理想形成的途径分，有个人或群体在生活中自发形成的理想和通过理性思考及系统学习形成的自觉理想；从个人理想、受教育者理想同社会理想的关系度分，理想又存在境界高下的区别。此外，假想、空想、幻想也是理想的不同表现形式，甚至宗教也充满虔诚的理想色彩，它们与科学的理想构成了两类不同的理想类型。由此可见，人人虽然都有理想，但是理想各有不同。以为理想只有一种或认为理想一定高尚伟大，这是对理想的狭隘理解。其实，只要是生理健康、理智未泯的人，都会有各自不同的理想信念，而且都以不同的方式追求着自己的理想目标。

由于教育工作和理想存在不可分割的内在联系，从而使理想培育成为现代教育工作一种必不可少的手段。在现代化教育工作中，理想培育具有如下两方面的激励功能：

一方面，通过理想培育，可以将人们不自觉不系统的理想上升为自觉、明晰和稳定的信念，收到持续激励人们主动性的心理效应。在教育工作中人们不难发现，未经理想培育的多数是受教育者，虽然各有其理想，但这些理想多因自发产生而显得幼稚、天真、不切实际，甚至缺乏实现的可能性，有的还可能是一时冲动引起的信誓旦旦，有的纯粹是空想、迷信造成的精神故障或心理情绪。在面对这些理想，教育工作者既不能大惊小怪，也不能听之任之、视为自然，而应进行理想教育，以便使自发的变成自觉的，使空谈、幻想变成切合实际的科学理想，使一时的冲动变成稳定的信念，将种种心理故障转化为理智支配的执着追求。虽然，这个工作相当艰巨，但它是一个比一般精神激励更复杂的心理工程，需要的是耐心、持久和科学的方法。但是如果坚持去做，方法又得当，一旦受教育者树立了自觉的理想，其自觉能动性就会被挖掘出来。那时，为自觉理想所支配的人就无须别人来激励，他们自身就能激励自己，而且历久不衰、越挫越奋。显然是别的精神激励无法与之相比的。

另一方面，理想培育的核心和实质就是社会理想教育，离开社会理想及其教育，理想培育就失去教育的价值坐标和理想的社会意义。这里所说的社会理想，包括内容和形式两个方面。从内容上说，社会理想就是超越现实社会的理想社会。在形式上，社会理想就是某一社会大多数人对未来社会设想的共识，表现为各种理想的共同面和彼此之间的沟通点。教育工作者在进行理想教育时，一定要超越团体界限，放眼社会未来，将社会同群体、环境和组织联系起来通盘考虑，向受教育者灌输社会理想。只有当受教育者不仅爱团体也爱国家，既关心自己团体的前途更关注民族命运的时候，个人和团体的理想才能融入社会理想；也只有这样的理想教育，才能够有效克服团体的狭隘和短视，使理想成为激发人们内在心灵活力。凝聚所有受教育者、实现理想目标的精神激励手段。

第六章 高校思想政治教育协同育人驱动及运行机制

第一节 高校思想政治教育协同育人机制的类型化分析

一、思政课与其他课程协同育人机制的构建

（一）各类课程与思想政治课协同育人体现教育的应有内涵

1.价值引领与专业教育的融合实现课程育人功能

在现阶段应该健全育人体系，加大思想政治教育改革力度，将专业课程中所蕴藏的思想政治教育元素充分挖掘出来，在实际授课过程中，这些要素也应该成为教师授课的重要知识点。

教育的根本目的就是"立德树人"，所以教师需要对教育过程中的德育资源来进行挖掘和提炼，并将其和专业课程融合在一起。这样，教师就可以在上课的过程中同步开始对学生的价值理念引导，在课堂上打造一个较为完善的协同育人环境，要帮助学生在提升专业知识和技能的基础上，同步提升价值理念和思想水平，让其成长为全面发展的综合型人才。高校培养人才能力的内容指课程思政就需要做好部署工作，打造健全的工作体系，要求教师对教学内容进行梳理，根据实际情况融入课程思政元素，以潜移默化的方式对学生进行教导。

关于这一点，人们都认为科学是非常伟大的，不过科学告诉人们不外乎就是"世界是什么"，在人们搞懂了这个问题之后，接下来更重要的问题就是"到底该如何去做"。而这就上升到了价值观的层面，如果有理想信念进行指引，那么回答起来就更加容易。让学生掌握各种科学文化知识，其实最终就是要为人类发展和社会进步做出贡献。学生在踏上社会之后，不仅要成为专业领域的佼佼者，而且要成为一个具有和谐性、能够和周边社会、他

人，甚至是自己和睦相处的人；可以将自己的专长发挥出来，为社会主义建设贡献自己的力量。高校在人才培养方面不只有传授知识这一项任务，还要帮助学生做好价值引领工作。具体到课程思政工作上，第一，这项战略举措的根本的目标就是完成立德树人；第二，这也是一项必须要完成的教育任务，要对学生进行全面培养；第三，作为一种教育方法，课程思政可以实现专业课程和思想教育的有机融合，在高校内打造出全范围的育人格局。

2. 课程的二重功能实现教育的二维目标

"课程思政"并非横空出世的新鲜词汇，而是教育内涵的一种体现。其实在高校教育当中，每门功课在传授知识的同时都兼具对学生进行思想政治教育的功能，需要帮助学生端正思想意识，来树立正确的"三观"。教育的本质含义有两个：一是教书；，二是育人。所以，高校的所有课程，其规定性都包含两部分内容：一是课程知识，即为学生传授专业知识；二是课程思政，也就是对学生进行价值观念的引导。这是一种知识与价值的融合，是所有课程都应该具备的两个功能，教书与育人可以实现完美融合正是基于此原则。

课程知识的侧重点放在"教书"上，而课程思政的侧重点则不同，它则是以"育人"为主要目标。两者之间存在着互为补充的关系。第一，两者有着千丝万缕的联系，不管是在时间还是空间上都能够保持密不可分的联系，尤其在教学过程中，两者都是相伴相生；第二，两者之间也存在着相对独立性，它们各自却有着不同的功能，兼具的属性也各有特点。"课程知识"的侧重点主要放在对知识体系进行构建和讲解上，这是对课程自然属性的一种体现，而"课程思政"则不同，其情感色彩更加浓郁，主要是对学生进行价值观念的塑造和引导，更偏重于社会属性。教育是关系到国计民生的重大事宜，正是因为有了教育，才能为国家培养各种各样的专业人才。在新的历史时期尤其如此，只有重视教育，在进行知识传授的同时不忽视对学生的价值引导，才能够帮助学生树立正确的价值理念，让他们健康成长，在进入社会之后才能做出更大的贡献。

（二）"课程思政"与"思政课程"的异同与协同分析

1. "课程思政"与"思政课程"协同育人的异同

思政课程与课程思政的根本目的都是培养学生的"三观"，让他们从大学时代就形成正确的价值理念和精神信仰。在协同育人这个问题上，每门功课所发挥的作用都和思想政治教育课不相上下。因此，要对两者的异同进行明确区分，其相同点主要表现在三方面：第一，两者承担着相同的教育任务，在对人才培养方面也有着一致的方向，都是在为"立德树人"服务；第二，两者都有着相同的教育方向，都是坚定不移地贯彻社会主义办学理念，而且其育人功能也没有差别；第三，虽然两者有着相同的教学目标，但他们都在思想政治教育体系中占有重要地位，虽然当前在推行教育改革，但是其重点并不是对思想政治理论课程进行弱化，也不是将思政内容生硬地添加到专业课当中，而是要实现专业课和思政课的同向而行，最终达到协同育人的效果。

两者之间的差异主要体现在三方面：第一，两者的教学内容有着不同的重点。思政课程主要是对学生进行思想政治教育，这是一项专业性很强的教育任务，侧重于对学生进行价值观念的引领和塑造，课程思政存在于课程知识体系当中，是其中最为重要的组成部分。第二，两者虽然都致力于思想政治教育工作，不过却各有分工，思政课程是具体教育工作的主渠道，发挥的是模范带头作用，专业课程则是思政教育的辅渠道，是对主渠道的有效补充。第三，具体的教学形式各有差异。思政课是一种显性教育形式，而课程思政相比较而言就更加含蓄和隐性，会将有关思想政治教育的知识点巧妙地融入专业课教育当中，对学生进行潜移默化地教育和影响，一点一滴地树立学生的信念，让他们可以形成正确的世界观、人生观和价值观。课程思政将教学的重点放在课堂之上，以正面督导和教育的方式为学生去进行传道授业解惑，让其既学到了知识，也得到了正能量的熏陶，这可以帮助学生健康成长。

2. "课程思政"与"思政课程"的协同

要想协调好思想政治理论课与其他课程之间的关系就需要注意三个要点。第一，消除学生在主观方面的误区。在日常的教学过程中，很多老师和学生并没有认识到思想政治理论课程的重要性，认为其没有现实意义。其实，这主要是因为师生对思想政治课的重要性认识不足。其实我国的思想政治教育涵盖的内容非常广泛，涉及中国的历史与现实，也从上下五千年传统文化中吸取了很多精华，同时能够符合社会主义现代化发展方向，这是被无数实践证明过的真知灼见。这种教育源自意识形态，有着科学的理论做指导，也有明确的教育目标需要达成。对当前的课程设置进行分析可以知道，我国高校思想政治教育课程的设立是为了帮助学生拓宽视野，了解到国内和国外的发展大势，掌握人类发展的普遍规律，同时也提升自身的道德水准和素养水平，可以点亮理想的灯，将未来要走的路一并照亮。我们要通过思政课对学生加强引导，让其从根本上认识问题。

第二，思政课的教学质量需要提升。当前，有些高校的思政课开的较为古板和传统，而且没有很强的针对性，所以无法激发学生学习的主动性，最终效果也是不尽如人意。青年学生普遍年纪较轻，他们不太容易理解各种政治理论，也不会明白这些理论背后隐藏的真实力量。如果课业负担较重，他们自然而然地会去学习自己的专业课。所以，思政课老师的教学积极性也一直比较低。第三，协同育人机制不够完善。高校开展思想政治工作其实具有很强的复杂性，虽然课堂教育必不可少，但是不能仅仅依靠这一个渠道，还要完成和其他渠道的相互配合，多管齐下，才能够达成效果。具体到高校的工作中，思政课的开展其实可以和诸如宣传部、学工部等保持联系，不过因为受到各种因素的影响，真正的协同育人机制还没建立起来。

（三）思政课与其他课程的契合逻辑

有关思想政治理论契合其他课程的基础大致有以下几方面。

第一，符合"一个方向""四个服务"的要求。我们的高校是党领导下的高校，是中国特色社会主义高校，要始终坚持不懈地传播马克思主义科学理论，坚持不懈地培育和以弘扬社会主义核心价值观，坚持不懈地促进高校和谐稳定，坚持不懈地培育优良校风和学风，这就是我们办高等教育的根本方向，我国高等教育要为人民服务，为中国共产党治国理政服务，为巩固和发展中国特色社会主义制度服务，为改革开放和社会主义现代化建设服务。

第二，课程教学必然要以培养人才为根本目标和出发点。其实思政课在培养人才方面和其他课程并无不同，简言之，就是"立德树人"。每个教育工作者都应该要明确两件事：一是要为学生立什么样的德；二是要培养什么样的人才。在培养人才方面主要从两方面进行：一是要能够为社会主义建设贡献自己的力量；二是具有健全而独立的人格，德才兼备，具备较高的综合素质。高校开展教育工作的最终目的是一致的，所以每门功课都要按照这个既定目标来进行。从这个角度来说，思政课应能够和其他课程进行有机融合。

第三，思政课教学工作的开展应该坚持改革与创新。需要提升思政课的亲和力，要做到目标明确、方向清晰，要想实现这些目标，就要在不违背教学大纲的基础上，对当前的教学内容进行合理化调整，符合当前经济社会的现实情况，同时也能够触动学生的心灵。学生进入大学之后就是为了获得专业层面的发展，他们想要提高自己的知识水平和专业技能，要让自己成为合格的优秀人才，为今后踏入工作岗位打下良好的基础。所以，思政课的开设要符合学生的发展愿景，同时要将各种德育资源贯穿到课程当中，让学生在不知不觉间受到教育，做到了润物细无声。

（四）实现"课程思政"与"思政课程"协同育人的维度

应该充分发挥课堂教学的作用，在专业课程中适当增加思想政治教育的内容，帮助学生强化信念，端正态度，树立正确的世界观、人生观和价值观。课程思政在整体教育过程中发挥的是隐性作用，强调的是"润物细无声"，希望可以潜移默化地对学生产生影响，具体涉及的维度有以下几个。

1. 思政育人元素的课程呈现方式应注意"明暗适度"

这里提到的明暗适度主要指的就是在进行思想政治教育时，要注意各种要素所具有的显性或是隐性影响，所以，在进行教学设计时应该多加留意。思想政治教育是一个具有很强主动性和内化性的教育过程，而不是传统教育所使用的"填鸭式"教育方法。因此，教师在教学过程中，不能将收集到的思政教育元素生搬硬套到专业课程当中，或是对学生进行直接的灌输，如果按照这种方法开展教学工作，那么思想政治教育和课程知识却依然无法融合到一起，还是"两张皮"。本质上讲，好的思想政治教育是在课程知识的基础上对其进行提炼与升华。比如，物理老师在上课时，既为学生讲解了各种物理原理，又宣导了物理学家们在探索知识的领域孜孜不倦的奋斗精神，这样学生既能够更加全面的了解客观世界，夯实物理基础，还能提升自己的精神境界。教师的这种融合不着痕迹，但是取得的效果却是非常好。

2. 思政育人元素融入课程知识应注意"多少适量"

对高校专业课中的思政元素进行深度挖掘，不过需要注意的是，也不是在专业课中盲目增加思政元素，而是要实现专业课知识点和思政元素的优化配置，不能顾此失彼。保证思政课元素可以巧妙地融入基础课程之中，对学生产生潜移默化的影响，让其思想水平和道德修养得到提升。而在这个过程中，并不是要将全部的知识点都机械地囊括在思政教育过程当中，而是要根据课程的特点进行整体把握。将适量原则切实落到实处，把握好其中的"度"。就好比把盐撒进汤里一样，太多就会影响菜肴本来的味道，只有做到了适量，才能够锦上添花，来保证好的教学效果。

3.思政育人元素完善课程教学环节应注意"疏密有致"

课程思政要坚持一切从实际出发，遵循各种教学规律，按照既定的原则将各种课程知识点融入教学环节当中。其实，在高校课程的教学环节主要涉及四个方面：第一，课堂讲授，也就是比较正规的上课方式；第二，课堂训练，也就是老师为学生布置作业；第三，针对课堂教学进行的延伸；第四，课堂教学管理。所以，将课程思政融入教学环节当中，不是只融入课堂讲授那么简单，而是要在课堂的每个环节都融入课程思政的内容，让其贯穿课程教学的始终。但需要注意的是，思政元素和课程教学的融合要保持均衡的原则，做到疏密得当，需要对课程体系进行全面把握，不能某个环节任务很重，而另一个环节则任务很轻。课堂教学在思政教育中的地位固然重要，但是也不能因此就忽视了课外联动，还需要充分发挥校外资源的力量，实现家庭、学校和社会的多方联动，这样每个环节都能衔接起来，才能更好地将教学环节的作用都发挥出来。

4.思政育人元素的选取要契合课程知识点注意"高低适中"

思想政治内容包罗万象，还可以将具体的内容进行进一步细化。如果想要将每门课程的育人功能都充分发挥出来，那么教师就要结合实际情况对思政内容进行合理删减，可以留存的知识点就留存，需要删除的就删除。在将思政元素融入知识点时，需要结合学生的实际情况，要知道，学生的理念需要有一个慢慢成熟的过程。学生所处的年龄段不同，思政教育也要因材施教，小学有小学的教学重点，大学有大学的教育内容，所以开展思政教育要从学生的实际情况和接受能力出发，结合学生的具体情况使他们的精神需求得到合理满足。可以对现有的思想政治教育内容进行分级，在教学过程中根据学生的接受情况进行教育，去帮助他们树立正确的"三观"，努力提升自身的道德修养和认知水平，为其成长为全面综合型人才打下坚实的基础。

在具体的分级设计时，不能主观臆断，不能全凭想象，要坚持从实际出发，和课程知识保持一致，课程知识进行到哪个阶段，课程思政也要及时跟进到哪个阶段。只有这样，才能保证两者的有机统一。课程思政要围绕课程知识展开，不管是方向性还是目标性都要保持一致。进行课程设计时要考虑到学生的实际情况和教学需求，认真细致地挑选教学素材，再以先进科技手段将这些素材呈现给学生，让学生在潜移默化中受到影响和教育，体现出课程育人的教学意义。

5.思政育人元素的挖掘考虑学科分类注意"内容聚焦"

思想政治教育工作和立德树人教育一样，不可能在短期之内一蹴而就，这是一个需要长期坚持的工作，要在一点一滴的积累中取得成效，要让学生在润物细无声的滋养中感受到信念的力量，不断提升自身的道德修养，升华自己的品德情操。而从这个意义上说，思想政治教育工作在引领学生价值理念方面起着举足轻重的作用，并且能够和其他专业课同向同行，取得良好的教育成果。

总体而言，思想政治教育工作的发展呈现的是一种螺旋式上升趋势。融合专业课程当中的思想政治教育内容并不是凭空生成的，也不是理论中生硬地推导而来，这些理论源自生活、源自实践，是在知识和实践相结合的过程中被挖掘出来，是在实践的前提下逐步形成的逻辑理论。高校教育所涉及的思想教育元素是传承至今的历史积累，同时又能符合时代发展的现实需求，是理论联系实际的产物，能够将情和理巧妙地融合在一起，可以做到因势利导，也能够做到与时俱进。学校具体到教育内容方面要审时度势，根据实际情况进行灵活调整。每个学科的特点和属性各不相同，所以，在融入思想政治教育内容时也不能千篇一律。

教师为学生进行思想政治教育，不是对爱国情怀的一种简单的重复，而是要在科学精神的指引下，围绕具体的素材展开教学，让学生要对自己所要承受的责任有深切的体会。所以，在教学素材的选择上就要格外谨慎，比如英雄事迹、历史典故等都可以列入教学范围之内。通过这样的教育，可以激发学生的爱国热情，也能够达到教书育人的效果。

6.思政育人效果实现知行合一应注意"动静适配"

高校开展思想政治教育要求学生可以做到"入耳""入脑""入心"；除此之外，还要做到"入行"，来让学生能够以积极的态度接受各种思政知识，并落实到行动当中。课程思政教育的开展要考虑到学生的接受情况，让其在学习知识的同时还能提升自己的价值理念和道德水准，真正意义上做到知行合一。

通过"行"，学生对"三观"就会更加认同。他们会主动参与到学习当中，并以理论来指导实践。这里提到的动静适配涉及两方面内容。

第一，将共性和个性有机结合起来。不管什么事物的发展，所体现的都是共性和个性的统一。具体到思想政治教育工作上，价值取向要坚决保持一致，同时也允许个体存在一定的差异性。高校开展课程思政教学，就是要坚持共性与个性的有机统一，在保证价值取向一致的前提下，对个体的差异性表示尊重。

第二，将课堂上的"静"和课外的"动"有机结合起来。实现了课堂和课外的联动发展，打造"互联网+"平台，调动起老师和学生的主观能动性，坚持理论和实践相结合，让思想政治教育工作既出现在课堂之上，还能用以指导课外实践。所以，专科课程在与思政内容相融合时，要坚持将上述原则一一落实，唯有如此，课堂教育"主渠道"的作用才能发挥得更加充分，最终的教学效果才会更加明显。

总之，思政课与其他课程共同构建协同育人机制，主要是通过以下四个方面来进行。

第一，构建行之有效的引导机制，需要自上而下来完成。关于这一点上文已经论述过，要想实现协同育人，目标一定要保持一致。不过从实际教学中可以发现，很多教师对育人责任没有清楚地认识，在他们看来，他们的工作就是把自己的专业课讲好，大家做好自己的工作就可以了，如果增加了"思政"的内容，那就是自己需要额外完成的工作。关于这种认知，校党委一定要引起足够的重视，相关部门要通力合作对教师进行引导，可以通过开设"课程思政"的专题讲座来提高教师的认知水平，让其从思想上达成共识，进而在自己的课堂中完成相应的"思政"任务。

第二，要保证工作合作机制的常态化运行。其一，积极推行教学设计合作，可以邀请思政课教师参与到其他专业课程当中，为课程增加更多的思政元素。而思政课老师也可以选择更为适合的思政内容增加到课程讲解过程里，和专业课教师携起手来，打造一个多元素融合的教学资源库。其二，在教学过程中开展密切合作。去密切思政课教师和其他专业课教师之间的关系，老师们可以互相旁听，互相给出意见和建议，这样能够共同进步，稳步提升教学质量。其三，积极完成教学研究与合作。如果学科之间可以逐步融合，那么相关的研究项目就可以互相参照，在沟通与交流增多的前提下，想要合作就更加容易。此外，教学实践的合作也不能放松。当常态化的工作合作机制建立起来之后，要密切结合老师之间的关系，在日常专业课的开展中增加更多的"思政"元素，为思政育人工作的展开做好铺垫工作。

第三，要打造明确的奖惩机制。积极的推动思政课堂转化为课程思政，其中最为关键决定性因素就是任课教师。教师愿意在这个方面投入多少将会对教学质量产生了极大的影响。所以，学校要推动思政课与其他课程的有机融合，打造奖惩机制，充分发挥制度的约束作用。如果教师在思政教学过程中投入很多，具有创新意识，那么可以在升职加薪、评优评先等方面多多进行照顾，通过榜样的作用引导更多老师在这个方面贡献力量。

第四，打造科学的监督管理机制。如何对课程思政进行推动，怎么保证实际效果，监督机制如何落实，这都是需要直面并解决的现实问题。所以高校就应该积极采取措施，打造各种体制机制，为课程思政的发展保驾护航，各级领导应该予以足够重视，组成专门的指导小组；重视投入，加强改革力度；按照国家要求建立重点项目小组，让其起到榜样作用。总体而言，开展思想政治工作需要做到四点：一是政策支持；二是整体谋划；三是重点培育；四是逐步推进。

二、高校辅导员与专业教师协同育人机制构建

（一）高校辅导员与专业教师协同育人的特征

1. 工作对象和目标的同向性

在高校当中，不管是辅导员还是教师，都需要为大学生传道授业解惑，要帮助大学生很好地成长。高校开展思想政治教育工作需要充分发挥辅导员的积极作用，他们是专职学生工作队伍中的生力军，是开展教育的重要支撑力量，其工作职能包括以下几点：一是对学生进行心理辅导；二是去提升学生的思想认知与道德水平；三是处理各种日常事务。专业教师则是更多地在专业方面对学生进行辅导，帮助他们架构专业的知识体系，提升他们的专业素养和能力。两者都在立德树人方面目标一致，价值相当。

2. 工作场域和分工的互补性

辅导员和专业教师虽然同样在进行人才培养，不过其侧重点各不相同。辅导员更加关注的是学生的身心健康和道德水平，其工作的主要场所是班团活动或是各种社会实践场地，属于第二课堂。专业教师则不同，他们的主要的工作是为学生传授理论知识，去提升他们的实践能力，其主要的教育场所就是课堂。虽然两种方式功效不同，不过在育人体系中的地位同等重要。课程思政可将第一和第二课堂有效衔接起来，实现了辅导员和专业教师的优势互补。

3. 工作方式与方法的互鉴性

随着时代的发展和工作对象的变化，辅导员的工作也会发生很大变化，因此需要具有创新意识。辅导员需要把握时代发展趋势，将新媒体引入到教学过程当中，选择学生可以接受的方式对学生进行思想引导和教育，帮助其更加健康地成长。而这种教育方式比较显性，属于感性层面。相比较而言，专业教师就更加理性，他们严谨的工作方法和孜孜不倦的教学态度可以对学生产生影响，这种影响更加隐性，不过作用却很明显。课程思政的存在使辅导员和专业教师之间的关系更加的密切，引导其不断耦合、同向同行。

随着课程思政的逐步落实，原先教书与育人之间的鸿沟逐渐被填平，各种教育理念也被融合到知识教育当中，非常符合当前高校思想政治教育的本质要求。所谓协同育人指的就是随着教学环境的改变，会出现很多新的序参量，而各项育人要素之间应该密切配合，实现教育资源的有效配置，这是一个健康运行的有序结构。有了课程思政的推动，专业教师和辅导员可以开展工作协同。

4. 辅导员应该尽职尽责

正是因为有着自己的工作职责，所以辅导员应该积极推动实现工作协同。辅导员所面临的工作内容非常庞杂，要想保质保量完成各项工作其实有着很大的难度，而且也不能对工作质量进行保证。要确认辅导员的工作价值，初级辅导员主要负责处理各项日常事务，而高级辅导员则要指导学生制定自己的职业规划，准确把握思想工作发展规律，这是能体现辅导员工作能力的一种标准划分。而辅导员就是要不断提升自身能力，推动管理教育和教书育人的有机融合，才能够达到更好的教学效果。

专业教师需要逐步提升自身的课程思政能力。因为教师在这方面的水平会直接影响教育效果。如果能够和辅导员协同起来，可以对思政教育的内涵进行升华，帮助学生更加深入地理解思政的内涵，教师在这个方面的积极性和主动性也就更强。就可以协助专业教师更好地对思政教育的时代背景、发展脉络以及现实意义进行把握，了解不同时期的相应情况，真正意义上做到"守渠种田"。

需要对思政教育的实施效果进行有效提升。在辅导员和专业教师的教育过程中，需要重视加强思政课的目的性，提升亲和力，他们的工作其实是互融的，都是属于"三全育人"中不可或缺的部分。思政理念是带有实效性的时代课题，需要长期的探索和研究才能把握，其中需要合理的设计、多方资源的参与，而且辅导员的主要作用就是完成"显性思政"教育工作，这也需要很多资源参与进来并进行统筹与配置。

（二）高校辅导员与专业教师协同育人的现实困境

首先，认知水平较低使得相关意识提升不起来。专业老师通常会将更多的精力放在自己的专业上，不过却没有意识到思政课的重要性，理解不了其内涵与价值。在很多教师看来，思想政治教育就是任课教师和辅导员的工作。其实，课程思政理念是贯穿在整个教育过程当中的一种理念，专业老师不能受到传统思想的影响，而是要自觉主动地担负起这个责任，积极顺应时代发展潮流。对于辅导员来说，他们需要处理的事务性工作非常繁杂，比如，管理班级、为学生进行心理辅导、帮助学生完成职业规划等。这些工作较为细致，久而久之，辅导员的思维也会变得程式化，不能以理性的思维来通盘考虑全局。他们可能认为，课程思政就是属于专业教师的工作内容，而在这样理念的指引下，他们工作格局就不会太宏观，会出现这样或是那样的疏漏。总之，辅导员不能够深入理解课程思政的理念，也无法与专业教师携起手来共同进行协同育人。

其次，工作能力不足，教学效果不理想。课程思政在很大程度上考验了专业教师的实际能力、道德水平和把握现代信息技术的水平。在新的历史条件下，专业教师需要具备多重素质，能够完成课程建设、可以实现人才培养，这是教师专业能力的一种体现。再者，辅导员要胜任本职工作也需要有专业的能力做支撑。

最后，机制存在不合理之处，就会使得合力发挥不出来。要想高效推进课程思政，不能只以教师的自觉主动为主，还要在高校内部建立完善而健全的工作体系，对当前的制度进行合理优化。理论上讲，不管是专业教师还是辅导员，都是属于思政工作开展中必不可少的教育资源，不过，因为他们分属不同的管理体系，各自的考核标准也各不相同。所以，他们都在按照自己的工作路线开展教育工作，长此以往，教育资源得不到合理优化配置，很多信息沟通不畅，就无法实现优势互补，学生工作和教学工作做不到协同一致，教育合力就无法实现。现阶段，高校开展思想政治教育已经有了明确的目标和方向，所以就应该积极推动内部改革，来保证体系内部的顺畅运行。

（三）高校辅导员与专业教师协同育人的路径选择

1. 引导辅导员与专业教师树立育人理念

学校要在整个教学过程中融入思政教育理念，在全校范围内进行最广泛的宣传，让广大师生对此达成共识，不过要真的在实践中实现这一目标，其实还是任重而道远。很多老师长期以来已经习惯了自身的岗位角色，他们理解不了课程思政和自己有什么关系，在立德育人方面也是知之甚少，所以就需要对教师的认知水平进行有效提升。高校要做好宏观统筹，坚持从实际出发，将协同育人的观念普及给广大教师。充分利用各种情景开展思政教育，让教师真正意义上认识到"守渠种田"的重要性，明确自身责任，改变以往"条块分割"的思想意识，坚持做到协同配合。对于广大教职员工来说，立德树人是他们应该共同直面的现实任务，也是他们的历史使命，所以开展多部门的协同联动就显得非常有必要。高校思政教育的开展需要辅导员和专业老师的通力合作，这是新时代教书育人的必然选择，也是高校育人体系中不可或缺的一个部分。

2. 健全当前协同育人的制度设计

只有高校打造健全的制度体系，才能很好地将辅导员和专业教师联系起来，打造优质的协同育人格局。第一，需要在学校内部制定宏观战略和发展策略，在高校内部管理体系中增加课程思政的内容和目标，特别是学工部和教学管理两个部分，需要设定共同的发展目标，齐头并进，协同发展。第二，在考核方面要突出育人实效这个重点，来保证评估机制的合理性，建立明确的奖惩机制。要将学生工作和教学工作两个部分有机联系起来，打造完善的制度体系，解决不同序列考核指标不一致的情况，会将各级教师的工作积极性充分调动起来。第三，要对教学管理制度进行细化与明确，对教师的课程思政职责进行明确，打造系统的研讨机制，在工作过程中多多沟通与交流，年终做好总结与展望工作，尽可能地保证资源优化配置，消除信息不对称的情况，将合理育人的理念在真正意义上落到实处。

3. 融合协同育人的理论和实践

在整个课程思政是个动态运行与发展的理念，需要各种教育资源进行系统整合，在这个过程中，教师的教学能力也能得到显著提升。这也需要教师以积极的态度投入到这项工作当中，要认真学习马克思主义理论，实现思政理论和专业知识的有机融合。辅导员的主要工作就是指导学生开展思政实践，不过有些辅导员也会兼职有关思政的授课工作。在这样的情况下，实现两个队伍的协同合作其实非常容易。要设立专门的科研项目，从理论合作入手，逐步提升辅导员和专业教师的思想政治理论水平；充分把握建构思政案例库的发展良机，使得辅导员和专业教师在教学实践方面的关系密切，健全当前的教育体系，实现资源优化配置，保证思政实践能力的稳步提升。而课程思政也要对各种可利用的资源都予以重视，创造条件吸纳更多的时代发展元素，按照学生的喜好对当前的教学内容进行优化，让课程设置更具吸引力，将课堂教学和日常管理巧妙地融合起来，而在这样的设置下，辅导员对思政课也会产生浓厚的兴趣，那么再进行教育指导也就更有针对性。

4. 建立协同育人的工作平台

课程思政系统具有很强的开放性，如果配置的平台适宜，那么就能够发挥出更大的效应，可以有效提升教师的教学水平。从学校的角度来说，要结合课程体系打造更为完备的教学体系，对各种教学资源进行合理配置，从学校的具体情况和特点出发，推出更具代表性的示范项目，也选拔出一批素质较高、能力超群的思政教师，有效地将知识体系和思政教育结合起来。如果是二级学院，那么就要对当前的人才培养方案来进行合理优化，坚持创新与改革，稳步提升教学质量，围绕学生的实际情况开展教育工作。学校要重点进行课程学分改革，重视课程评估，引导和鼓励学生参与到整个教学过程当中，可以通过开展实践活动的方式实现第一和第二课堂的协同，保证教学和学生工作可以有机融合。从教师的层面上看，要重点提升自身的综合素质和教学能力，就可以在网络平台上和其他教师进行交流，多多学习经验。再有，可以在网络课程平台上对思政课程进行设计，掌握了整个课程内容的进度，了解学生的需求，在此基础上进行授课可以达到事半功倍的效果。

总之，高校要想真正意义上进行立德树人，前提和基础就是开展课程思政，这项工作既复杂又艰难，系统性非常强。教师需要树立起思政理念，学校需要制定相应的教学制度，同时要引导辅导员和专业教师协同合作，以行之有效的方式推动思想政治教育工作的发展。

三、高校学生党建与思想政治教育协同育人机制

（一）高校学生党建与思想政治教育协同育人的运行基础

高校想要培养出优秀的人才，行之有效的办法就是实现党建工作和思想政治教育的有机结合，以此充分发挥党建工作的引领作用，重视对广大大学生开展思想政治教育，两者可谓是相互配合，缺一不可，唯有如此，育人工作才能开展得比较顺利。落实到具体工作当中，高校应该积极把握党建工作和思想政治教育的共通之处，两者之间的关系非常密切，让其协同共进，步调一致。

党建工作和思想政治教育之间的统一性主要体现在以下三方面：第一，发展目标能够保持一致。不管是党建工作还是思想政治教育工作其实都要坚持马克思主义思想，其发展目标就是实现立德树人，为社会主义现代化建设培养合格的接班人。第二，工作方法基本类似。党建工作和思想政治教育都是围绕"人"展开的，都重视对学生的教育，目的性强、方向一致，充分发挥教育的力量，帮助学生在大学时代树立正确的世界观、人生观和价值观。第三，教育内容大相径庭。两者的主要教育内容都包括理论学习、道德修养提升，也会对学生进行爱国主义教育，可能根据学习的对象，相关教学内容会有一些差异，不过总体上是可以保持一致的。

党建工作和思想政治教育工作可以相互配合、互相促进。学生党建工作的核心和要点就是坚持党的基本路线不动摇，在高校落实党的各项方针政策，这也可以为后续开展思想政治教育工作打下牢固的基础。然而，好的思想政治教育工作可以提升学生的认知能力，会让他们更加主动和积极地靠拢党组织，为党组织培养更多的优秀人才。从这个角度来说，思想政治教育为党建工作的开展提供了坚实的保障，而党建工作则是对思想政治教育再度拓

展和全面升华。正是因为有了思想政治教育这个坚实的基础，学生党员才能更好地去掌握各种理论知识，提升思想认知，要充分发挥出党员带头作用。党建工作的开展也能为思想政治教育指明发展方向，可以提升学生的思想高度。从这个角度来讲，内部打造协同育人体系，将党建工作和思想政治教育囊括进来，可以保持高校的社会主义发展方向，有助于高校积极创新，也能落实全面从严治党的相关要求，为高校的未来发展铺就一条康庄大道。

（二）高校学生党建与思想政治教育协同育人的有效路径

高校在开展思想政治教育协同育人方面需要突出重点和难点，紧跟时代发展的步伐，坚定不移地落实"立德树人"的原则，在工作方法的选择上不必墨守成规，可以机动灵活，旨在更加高效与高质量地完成协同育人工作，要打造多元化、多维度、全方位、同向同行的育人新格局。

高校开展思想政治教育工作的根本宗旨和原则就是教书育人，在校内打造完善的协同育人机制，积极探索发展新态势。在这个前提和基础之上，高校要打造完善的思想政治教育协同育人机制，来帮助学生提高认知水平，将"三全育人"的理念真正意义上落到实处。教师结合学校的实际情况，推动高校党建工作更快更好地发展，同时也要重视落实思想政治教育工作的监督职能。高校需要对当前的组织结构进行优化与完善，积极配置各种教育资源，加强人才培养力度，落实统一领导，将各方面的统筹协调工作都一一安排好，这样才能为协同育人工作的开展提供坚强的支撑。

高校要合理把握学生的思想动态，有目的性地开展协同育人工作。高校要对学生的思想发展动态情况进行及时把握，可以多多关注学生的微博、QQ动态等，对其中的各种思想问题进行收集、梳理和分析，及时掌握学生的情感波动和思想变化情况。在这项工作完成之后，就需要对比学生党员的各项数据，对学生思想波动的深层次原因进行研究，最终制定出有针对性的教育方案，为心理波动较大的学生开展思想教育与辅导，争取防患于未然，提前将问题消灭在初始阶段。

高校要积极发挥朋辈引领作用，以具有亲和力的方式去开展协同育人工作。大学生处于一个群体当中，所以在平时的工作和学习中会很大程度上受到朋辈的影响，因为他们属于同龄人，也有着类似的兴趣。所以，来自朋辈的影响力可能更大，远超过父母和老师。因此，在思想政治教育工作的开展中，就可以为大学生树立榜样，让他们发挥出积极的影响和作用，以具有亲和力的方式推动党建工作开展，更好地提升思想政治教育水平。

高校要对当前的育人形式进行调整，以先进理念指引协同育人工作发展。在网络时代，大学生的学习和生活都和网络有着密切的关系，他们的思想和行为也会或多或少受到网络影响。高校思想政治工作也应该认识到这个情况，充分发挥网络的作用，对当前的传统教育模式进行合理调整，打造出新的教育阵地，以大数据为载体对学生的思想、诉求情况进行了解与分析，多措并举地保证协同育人工作的先进性和科学性。

高校要坚持理论联系实际，在保证协同育人教育工作具有充分的实效性。高校之所以要开展党建工作就是为了从思想政治的高度对学生进行教育，提升他们的认知水平，每当真的遇到问题时才能以正确思想指导实践。高校之所以要开展思想政治教育工作，就是为了可以更好地理论指导实践，这也为党建工作的开展打下了坚实的基础。任何人才工作的开展都不能忽视实践的作用，大学生的思想政治教育工作更是如此。高校要在协同育人的过程中增加爱国爱家的内容，对大学生的世界观和价值观进行正确引导。教师将思想政治教育工作和实践结合起来，可以对当前的教育工作进行丰富与完善，让协同育人更有针对性、目的性和实效性。教师引导和鼓励大学生将来更好地为人民服务，为国家发展增砖添瓦。

四、家风建设与思想政治教育的协同育人机制优化

家风，经常被称为门风，大到一个家族，小到一个家庭，都有自己要遵守的道德规范和行为准则，这也包含了多年来沿袭的生活方式与生活习惯，还有诸如言行规范、生活禁忌等都包括在家风之内。这是一种世代相传的稳定性极强的文化风尚。在我国源远流长的历史文化中，家风传统也是其中非常重要的一个组成部分，是当今社会核心价值观的一种体现，也是高校开展思想政治教育工作的重要依托和载体。

（一）家风建设与思想政治教育协同育人的必要性

在育人的问题上，家庭和学校的作用可谓是同等重要，如果能够将两者有机结合起来，那么就能够发挥出更大的作用。在当今社会，高校要开展思想政治教育工作，就要充分发挥家庭的作用，积极推动家风建设，这样才能更好地完成育人使命，积极提升育人质量。我国是一个有着五千年悠久历

史的国家，历来对家风建设都会非常重视，而且在漫长时代的发展中，也沉淀下了很多具有宝贵价值的家风文化，这些都可以很大范围内推动育人工作发展，为高校思想政治教育工作开展打下坚实的基础。促使学校逐步和大学生的家庭建立密切的联系，这样才能更好地推动思想政治教育工作的开展，在学校和家庭之间形成强大的力量，将家风建设真正意义上和高校思想政治教育衔接起来。

（二）家风建设与思想政治教育协同育人的可能性

众所周知，家是最小国，而国家则是由千千万万个家庭组成的。如果能够实现家庭和睦和幸福，那么社会的安定与祥和就有了保证，而且，社会文明的实现也是由家庭文明缔造而成的。要想把家庭和国家衔接在一起，最好的途径就是进行家风建设。所谓家风，就是父母长辈教导子女该如何成长，如何去做一名合格的社会主义接班人，让他们在人生的第一个阶段就自尊自爱自信自强，这是一项非常有意义的教育工作。在宣传马克思主义思想这项工作中，学校所起到的作用是非常重要的，高校承担着培养时代赋予的艰巨责任。尤其在当前这个历史时期，应该积极的推动家风建设和高效思想政治育人的相互融合，实现两者的并行共进，这具有很强的现实指导意义。

1.同根性

本质上讲，家风建设和高校思想政治教育植根于中华传统文化。我国历史悠久的民族文化是中华民族不断发展的营养与基础。在这些优秀的历史文化中，家风就是一个家庭的精神内核，也是一个社会的价值缩影。一个家庭的家风体现着各自的价值追求和精神风貌：无数个家庭的家风汇聚起来，就构成了一个社会的价值取向和精神状态。现阶段，我们的家庭结构和古代相比已经出现了极大不同，不管家庭结构如何发生变化，良好的家风在创造优秀文化、规范价值理念方面的作用不会改变。高校在开展思政教育过程中需要与家风建设建立起密切的关系，要以创新的方式继承这一优秀历史文化。正是因为有了这种传统文化作为底蕴，家风建设才能和高效思政育人有效地衔接起来，以形成合力的方式去更好地培育社会主义新人。

2.同向性

其实不管是家风建设还是高校思政教育工作，其根本目的和宗旨都是一样的，就是为了国家培养高素质、有情怀、爱国爱家的社会主义新人。从层次上讲，家风建设所处的层面要比高校思想政治教育低一个等级，两者的育人方式也不会是完全相同，不过其根本宗旨和目标是不变的，就是为了实现中华民族的伟大复兴而培养更加合格的人才。而在教育方面，家庭教育起到的是基础和奠基的作用，家庭教育可以为孩子启蒙，让他们从小就形成好的思想品德，具备良好的道德修养。而高校作为专业性较强的育人基地，可以在家庭教育的基础上有针对性地对学生开展道德教育。在当今的高校思想政治教育中，马克思主义理论和社会主义核心价值观是开展育人教育的主要内容，可以对大学生的价值理念形成起到积极影响，其实这也和开展家风建设的目的不谋而合。两者在育人教育过程中有着同样的作用和意义，都是为了培养社会新人付出努力，要合理解决培养人才的关键性问题，并将相关理论和思想具体落实到实践当中，为民族振兴培养出更多的优秀人才。

3. 共通性

所谓教育主体指的是可以在教育过程中有针对性开展教育工作，主导整个教育过程的组织或个人。我国主要的育人场域有家庭和学校，两者之间的共通之处也非常的明显。在家风建设中，父母和子女居于主导地位，两者会在教育过程中产生互动，围绕家庭核心价值观展开基础的家庭教育。而在社会主义新时代的中国，在中国梦的引领下，家风建设开始和主流社会价值观逐步接近和吻合，融入国家"大思政"的理念和发展当中。而在这个过程中，思想政治教育工作的主体则是由党和国家来承担。不过从作用上看，其和家庭的作用并无很大的不同。高校思想政治教育不是一个思想政治教育工作者与大学生之间的单向灌输，也不是单纯大学校园教育能完成的任务，而是在一个教育者与教育对象交互影响、呈体系化的整体发展的教育。总体而言，在家庭教育和学校教育的不断互动中，传统基因逐步和现代价值取向有机融合起来，而这也促成了家风建设和高校思想政治教育的完美融合。传统的家风价值理念开始渗透到社会主义核心价值观当中，去帮助受教育者在学校阶段形成良好的道德品质，将教育合力的作用充分发挥出来。

（三）家风建设与思想政治教育协同育人的实践路径

1. 系统整合现有家庭资源

对现有的家庭资源进行系统整合，为开展协同育人打下良好的基础。第一，要积极汲取我国五千年优秀文化的精华，这也是开展家风建设和推动高校思想政治教育的基础与核心。而在当代社会，要通过各种新媒体的方式对中华文化进行制作，可以以影音的方式穿插在家庭教育以及高校思想政治教育当中，潜移默化地对学生产生积极影响，"所谓治国必先齐其家者，其家不可教而能教人者，无之"。对当前的社会力量进行系统整合，在开展家风教育和思想政治教育的过程中积极引入优秀传统文化，打造更为强大的教育合力，稳步提升育人质量。

第二，对高校的优势去进行深度挖掘。在我国思想政治教育工作中，高校所起到的作用举足轻重，是培养社会主义接班人的主要场域，聚集在高校中的教育资源非常丰富，可以通过系统的方式对学生进行全方位、专业化的培训，以此提升学生的认知水平。在高校的日常教学过程中，教师应该有所侧重，将家风文化巧妙地和课程教育融合起来，通过授课、讲座、讨论或活动的方式将这部分知识传授给学生，这样潜移默化的方式可以对学生产生影响，让其潜能得到激发，这样既可以传承优秀传统文化，还能树立起当代大学生的文化自信，让他们更有底气。

2. 倾力打造学校联动机制

在学校和家庭之间打造良好的联动机制，为协同育人的发展打下良好的基础。

在信息时代，不管是家庭结构、学校教育类型还是学生的心理情况都比之前有很大的不同，所以体现在家风文化和高校思想政治教育上，也会有很多与众不同的特点体现出来。在这样的情况下，就需要实现线上和线下的有机联合，优化资源配置，来打造更为完善合理的协同育人机制，将家风建设和高校思政教育巧妙地融合起来。

第一，要有针对性地搭建一个线上平台。在这个方面可以发挥网络优势，打造一个网络互动平台将家风建设和高校思政育人联系在一起。比如，微信、QQ群等，可以将相关的资料和信息发送到这类平台之上，开展主题讨论活动，从而扩大教育的影响力。在搭建了相应的网络平台之后，家风文化就能够更好地融入核心价值观当中，让两者相互影响相互渗透，这对培养大学生的道德素养和爱国情愫具有着十分积极的作用。

第二，线下活动也要同步进行。学校可以定期召开联络会，邀请家长、学生一起参与其中，针对具体的问题展开讨论，并将自己的经验所得分享给大家。在这样的互动过程中，家风建设就会和高校思政育人工作联系得更加紧密，学生可以在潜移默化的过程中得到更好的教育。

3. 建立家庭定期交流联络制度

在家庭和学校之间建立密切的交流制度，以常态化的方式推进协同育人工作。这样可以为协同育人工作的开展提供坚实的制度基础。

第一，在家庭和学校育人机制联动的过程中要坚持原则，所有的工作要围绕学生展开，要符合大学生的实际学习与生活情况，从他们日常生活的点滴出发，认真研究他们感兴趣的事物，在这样的基础上开展的育人教育更容易取得实效。

第二，具体的操作要严格按照制度来落实，不能形式大过内容。首先，教师家访制度一定要切实落到实处，这样学生在家庭的表现，老师可以第一时间掌握；其次，落实家长访校制度，让家长走进校园，对学生的日常表现进行了解。当"家校互访"以制度化的方式得以确认，学校和家庭之间的关系就会更加紧密，最终释放出来的育人合力也就更加强大。

第二节　高校思想政治教育协同育人的驱动机制

一、高校思想政治教育协同育人的跨部门任务驱动机制

从总体角度来看，高等学校拥有教书育人、科学研究、服务社会这三大职能。教书育人就是其立足之本。从培养渠道来看，一方面需要通过课堂授课实现理论知识的传递；另一方面就需要利用课下时间促进青年学生创新能力提升。高校的存在价值能够通过科研项目的开启、科研成果转化、领域内竞争实力增强得以呈现。在利益吸引下，双方能够进行合作，极易获取更多收益。高等学校聚集着大量人才，不过受我国国情所限，又有着教育资源总量不多，人均教育资源不足的短板。高校不仅拥有先进的科研平台，又有着丰富的仪器设备，不过人力资源存在缺口，两者之间存在互补的内在逻辑关系。当彼此合作，一定会实现扬长补短，互惠共赢。

首先，对于高校而言，伴随着高等学校内人才的涌入，人手紧张的问题能够顺势化解，助力科研项目发展，在这种情况下不仅能够承接规模更大的科研项目，而且能够得到更多的支持（科研经费）。其次，对于高校来说，

在其他高校的帮助下，学校的科研经费、师资力量、学科建设水平等具有水涨船高之势。关键是对于青年学生、研究生或博士生而言，高校提供的科研平台与科研仪器、科研项目是其不可多得的资源，他们能够借此契机实现对前沿科技的了解，通过科学研究攻克难题，将科学研究技术内化于心，自己的眼界、创新能力等均能够得到改观。如此一来，基于科学研究促进人才培养能够成为可能。在利益驱动下的高校间一旦达成合作，就能够对现有资源加以整合，分享彼此研究数据及成果。在以此为背景，思想政治教育协同育人活动定会步入良性循环，实现持续发展。发展才是硬道理。在科教兴国的大环境下，高校作为事业单位，应具有与时俱进的发展意识，在不以营利为主要目的的前提下来展开合作，顺应社会发展规律，历经社会考验，通过自我努力实现稳健发展。

高等学校在发展进程中应始终都以培养人才为己任，兼顾其他职能实现，比如科学研究活动启动、助力社会健康发展。通常来说，通过分析高等学校的人才培养质量、科学研究成果、学科建设水平等能够一窥其综合办学能力。同时，与高等学校的名誉、知名度和影响力有着密切关联。伴随着高等学校美誉度的提升，社会影响力的扩大，在教育领域内既能被视为标杆，也能够获取由国家提供的诸多支持，其办学资源和生源会持续攀升，一方面能够为高等学校可持续发展目标达成做良好铺垫；另一方面其办学水平将会越来越高，成为一流甚至超一流大学的概率不断增加。高校的主要任务有三：一是完成重大科研任务；二是实现科研项目获取；三是争取必要科研费用。对于高校而言，科研能力、创新能力、学术成果均属于其核心竞争力。因此，高校应通过科研任务攻克一道道难题，并注重自我成果转化力的提升，以便在激烈的竞争中脱颖而出，从而实现突破性发展。

高校间进行有机结合。首先，高校的参与，能够促进高校科研实力、人才培养能力的提高，为其学科建设创造更多利好条件。其次，高校的参与，也能够为高校攻克科研项目、成功科研成果转化奠定基础，当青年学生毕业后能够作为后备军促使高校队伍不断扩大。从长远角度来看，两者结合并非凭空想象，而是经过考量后做出的重要决定，是一种顺应社会发展的明智之举。

思想政治教育协同育人驱动机制模型中包括外部驱动机制与内部驱动机制。其中，外部驱动机制中有政府提供的牵引力，源自科技的推动力，国内外环境所产生的影响力等。内部驱动机制包括利益之间的吸引、自身发展客观所需等。唯物辩证法认为，事物的变化是内力与外力共同作用的必然结果。

首先，内因为事物变化提供了重要参考，是事物不可或缺的根本动力。其次，外因也是事物改变的前提条件，且外因需要通过内因起作用。内因和外因同等重要，且有着相互影响的关系。去进一步分析，内部驱动因素有利益吸引、自身发展所需，是思想政治教育协同育人得以产生的主因；外部驱动因素有政府牵引力、源自科技的推动力、国内外环境的影响力等，是思想政治教育协同育人稳健发展和壮大的关键。

作为思想政治教育主观能动性具体体现的内部驱动机制发挥着基础性作用，甚至能够决定外部驱动机制价值体现，关乎思想政治教育协同育人活动的成功与否。因此，只有当思想政治教育双方同时满足两点时才有可能获取政府提供的支持、源自科技的推动等外部力量提供的支撑：一是潜在利益的吸引；二就是对自身发展无止境的追求。如此一来，当科学研究与人才培养实现融合，彼此能够通力合作，就会实现互惠共赢目标。原则是一种行为准则，是促进工作有序推进的利器。创建和完善大学生思想政治教育协同育人机制同样需要原则的保驾护航。

从总体角度来看，整体性原则、协同性原则、动态性原则、创新性原则均是构筑大学生思想政治教育协同育人机制应时刻践行的原则。

首先，整体性原则。思想政治教育是由要素构成的有机整体。因此，在启动具体工作时，就需要将整体性原则落实到位。否则，一旦缺少整体性原则，大局观极易被打破，难以从宏观角度出发，实现对整个思想政治教育活动的了解和把握，各构成要素间的内在逻辑关系会被无视，继而导致顾此失彼等情况出现。为避免以上情形出现，我们要着眼于整体，兼顾校内育人要素及其作用发挥，要有意识地将校内外育人要素融入至思想政治教育系统内。

其次，协同性原则。基于该原则，伴随着要素间的相互渗透、彼此协作，极易收到"一加一大于二"的效果，有机体内的资源能够顺势得到整合，实现优势互补。在创建和完善高校思想政治教育协同育人机制时，参与主体应注重自我协调意识的强化，良性互动模式形成和应用，共同去推动高校思想政治教育事业，使其步入稳健发展阶段。

再次，动态性原则。存在于思想政治教育机制系统内的不同因素兼具不稳定性特点与动态化发展特点。因此，思想政治教育过程定会伴随着内外部环境的改变而出现浮动，并非僵化不动。我们需要用发展的眼光去观察、去审视、去了解、去分析持续涌现的新情况和接踵而至的新问题。

最后，创新性原则。创新就是一个民族不断前行的动力，又是推动一国稳健发展的重要力量，能够为思想政治教育学科注入新的内在驱动，促使其更新发展理念。创新性原则需要结合客观情况予以落实。一方面，我们在完善高校思想政治教育机制时需要加强对传统教育方式的创新性使用；在另一方面，应注重全新教育方式的探索与归纳，从中选择最优。此外，对其他学科机制建设实践成果进行学习和借鉴，以便为思想政治教育机制建设方式的多元化发展预留更多试错空间。

二、高校思想政治教育协同育人的资源整合驱动机制

开展大学生思想政治教育活动是高校本职工作之一。高校教育兼具科学性、系统性与长期性，在整合高校现有教育资源时，应该做到"全员育人、全过程育人、全方位育人"，并实现思想政治教育协同育人机制的落实。高校的工作内容主要有教育、管理与服务。当前，教书育人理念早已与学校实践活动实现融合，不过管理育人与服务育人尚未得到淋漓尽致的体现。

第一，实现思想政治理论课教师与非思想政治理论课教师协同育人机制，着重去培育专业课教师的思想政治理论素养。

首先，高校增设思想政治理论课程，定期举办培训活动，并要求专业课教师积极参与其中。通过学习，使专业课教师知悉思想政治教育育人理念及目标，使其了解思想政治教育内容及所用方式方法，鼓励专业课教师在实践教学中对所学知识进行活学活用。当思想政治教育与专业课教学实现有效衔接，"双赢"目标很容易实现。

其次，思想政治理论教师与非思想政治理论教师彼此应"结成对子"，他们通过"面对面""一对一"的交流，着重进行教学大纲的拟定，一方面需要契合各自专业教学需要；另一方面也能够促进学生思想政治理论素养的提升。而且在实践教育活动中，高校需要密切关注思想政治理论课教师表现，对其现存疑难问题进行指点，提供解决思路。

最后，高校举办教育活动，实现非思想政治理论课教师职业道德提升。高校的主题宣传活动应向着多样化方向发展，征文比赛、道德主题演讲等均可。同时，高校在媒介宣传中树立标杆，发挥其模范带头作用；聘请专家为教师举办专题讲座，为教师答疑解惑，优化其教学理念，避免只教书不育人、表率作用不强等问题出现。对于专业课教师而言，其应该始终具有与时俱进的发展意识，注重自我思想政治理论素养与职业道德的大幅提升，用严谨的学术态度、高尚的职业品德、得体的言行举止等赢得学生肯定，并对其产生潜移默化的影响。

第二，促进教育与管理融合，将思想政治教育纳入了学校管理。首先，管理者应时刻铭记"管理也要育人"的理念，优化自我管理意识，提升当前管理水平和自我素养意识，在通过学习知悉当前的不足之处并加以优化，以学校规章制度为准，做到严于律己。其次，管理者应注重自我思想与具体行为的结合，通过思想政治教育活动和自我言行举止使大学生意识到思想政治素养的重要性，以管理者为样本进行学习。最后，在日常管理工作中，管理者应基于科学理论完成现代管理制度的创建和完善。同时，管理者应践行"以生为本"的理念，分析学生特点和客观所需，聚焦其心理需要和思想状态，创设平等、自由、民主的管理环境，优化当前的管理模式，实现对各类管理载体的综合应用，伴随着管理活动的持续深入，会使大学生拥有更多的思想政治理论素养。

第三，促进育人与服务融合，让育人理念融入到高校服务过程中。服务育人拥有其自身优势及特点。在高校内，负责宿舍管理的工作人员需要尊重学生的主体地位，关心学生，有条不紊地开展学校宿舍工作；负责高校食堂工作的服务人员应具有吃苦耐劳、积极奉献的精神，塑造艰苦朴素、热情洋溢的服务形象；负责高校绿化事宜的工作人员应做到尽职尽责，结合校园绿植特点，培养出了形态各异的植物，将美化校园环境视为己任。在以上服务人员的努力下，学生能够被他们兢兢业业的工作精神和高水平职业素养打动。服务育人具有潜移默化和润物细无声的特点，这种优势是教书育人、管理育人不具有的。每当我们有意识地促进育人与服务融合，就能够更加发人深省，诱发学生思考。因此，高校应注重座谈会举办、各类培训活动开展，在不影响服务人员工作的前提下，多鼓励服务人员积极参与其中，将育人思想内化于心，强化其育人意识。此外，高校有必要为学生提供在校服务岗位，为学生参与校园服务提供契机，此举能够培育学生的奉献精神与为人民服务意识，又能够借学生角度审视学校服务系统，进行查漏补缺。

总之，高校应该注重校内全员育人机制形成，一方面，基于教书育人、管理育人、服务育人构筑协同育人机制，将"育人理念"落实到实践活动中；另一方面，从微观角度出发，促进以上领域内各要素协同合作。如此一来，思想政治理论课与非思想政治理论学科间的相互渗透力度定会有大幅改变。

三、高校思想政治教育协同育人的过程驱动机制

任何工作的开展与落实都不是一朝一夕的，这是一个循序渐进的持续性发展过程。因此，高校就需要从宏观角度和长远角度出发，基于学生特点和现有教育资源，打造一个各阶段相连、各环节紧扣的育人机制，使其为高校思想政治教育服务活动提供助力。

（一）建立健全入学教育机制

在大一新生步入校园之时，高校就应着手举办思想政治教育活动。首先，举办党团宣传活动，在各种新兴媒介的帮助下，对共产党人的先进事迹进行宣扬，用共产党员高尚的品德素养去唤醒大学生为人民服务的意识。其次，通过举办专题讲座，为大一新生知悉学校发展历史提供可行路径，为其介绍历届优秀毕业生及其事迹，来确定学习样板，有效激发大一新生奋发向上、越挫越勇的品质。再次，在了解学校机构设置、规章制度等方面为大一新生进行指点，答疑解惑，规范其言行举止。最后，进行理想信念教育，赋予大一新生更多责任感与荣誉感，鼓励其树立自我发展目标，为个人成为国家栋梁而努力向前。

（二）完善心理健康教育机制

心理健康教育难以一蹴而就，而这一活动应贯穿大学各个阶段。首先，对于心理健康教育机构而言，应立足于现实，完成心理健康教育年度计划拟定，持续强化学生心理保健意识，优化其心理素质。其次，心理健康教育机构应加强高资质心理咨询师的引进，要保护咨询者隐私，结合问题出具多种援助方式和指导方案。促进学生个体咨询案例形成，对于那些心理问题较为严重的学生及时进行转介。最后，心理健康教育机构应该具有防患于未然的意识，定期举办心理危机预防及干预活动，将心理危机排查制度落实到位，建设心理危机干预机制，抑制心理危机问题出现。

（三）强化提升就业创业指导机制

大三和大四的学生面临着就业选择，在就业抑或创业环节中，大学生想要取得与预期相符的发展成果，不仅需要拥有丰富的专业知识与高水平专业技能，还需要树立正确的就业观与发展理念。因此，高校就需要将思想政治教育融入就业指导中，从思想意识角度出发，促进其就业竞争力的提高。理想是学生奋发向上达成最终目标的动力支撑。崇高的职业理念能够让学生不忘初心，坚定信念，在职业选择与实践工作中实现成长，在集体要求与个体追求之间去找寻新的平衡点，来促进自我价值的体现。高校应主动与企业建立合作关系，举办就业形势分析会议、企业家创业分析会议，为毕业生了解行业发展特点、岗位要求、实际就业形势等创造诸多条件，在就业创业道路上做出正确选择。

伴随着时代变迁，教育主客体所处内外部发展环境有着较大改变。对于广大思想政治教育工作者而言，他们应加强对现有各类载体的了解和分析，并且基于其优势，完成多角度、全方位的思想政治协同育人机制。

一般来说，谈话、开会、理论教育均属于传统载体。在思想政治教育活动中，就需要从多个角度出发加强对传统和现代载体的了解和应用，促进两者固有优势体现，并且加以整合，促使教育辐射面积扩大，增强其渗透性，强化大学生思想政治素养，促进正确社会主义价值观的形成。面对教育实践活动，教育主体需要加强对被教育者具体情况的了解，尊重学生特点及诉求，在思想政治教育活动中筛选具有可行性的载体，避免一种载体的反复应用。譬如，文字和各种条例难以得到理工科学生青睐，如果选用传统理论教育载体难以取得与预期相符的教学成果。要以此为背景，教育者应根据学生特点将那些大家喜闻乐见的载体作为首选，比如，传媒载体、活动载体，并促进两者融合，提升思想政治教育实效性。客观而言，世界上并不存在十全十美的载体，无论是传统载体抑或是现代载体均是利弊并存。在思想政治教育实践活动中，使用者需要基于其优点和短板进行组合，促进其优势互补，获取扬长补短的效果，助力思想政治教育实践活动及其目标达成。

区域性高校能够吸引各校思想政治教育专家集聚，就培养目标、课程体系、培养模式等展开讨论。来自不同高校的思想政治教育专家往往是该学科领头羊，无论是成功教育实践经验，还是思想觉悟与思想政治理论水平均高于一般学科老师，由这些专家共同商讨所拟定的培养方案、课程体系及培养模式等具有着一定可行性，值得信赖。据悉，在高校间的互访活动中，教师与学生是主要参与主体，每年高校都会举办校际互访活动。首先，通过课堂听课、设计教学方案、参加教学研讨会议等，高校思想政治教育教师能够实现教学经验累积。其次，体验其他学校思想政治教育活动，去观察和感受其他学校同学们品行兼优的学习态度，能够使其意识到自己与他人之间的差距。此外，此类活动的举办需要得到政府抑或是各校提供的经济支持，设置专项经费，促进此类活动的有序推进。

一般来说，文科类院校开设的文史类专业其水平要优于理工类院校，尤其在思想政治教育研究领域内，无论是从广度、深度，还是教育资源丰富程度均有着明显优势。在教授思想政治理论课与哲学社会科学课程时实现了成功实践经验的累积。而在这种情况下，那些教育优势明显的院校应具有互帮互助的意识，向那些思想政治教育教学基础过于薄弱的院校伸出援手，共享优秀教学案例，在设计教案等方面给予指导。高校间分享特色思想政治教育资源，为区域内高校提供更多便利条件。对于高校而言，应增设优秀思想政治教育公开课，并且提前将课程信息传递至各院校内，对参与人数进行统计，并通过讨论，协调具体上课时间。不同于传统教育方式，网络教育能够摆脱时空等客观因素束缚。大学生能够通过网络课堂直播、观看教学视频资料等实现对学习内容的获取。

同时，高校还可以面向广大学生推出"官方公众号"，提供思想政治教育精品课程回放，以此鼓励学生利用碎片化时间投入到学习中。其次，安排专人负责优质课堂资源的梳理、分析、统计和更新。最后，鼓励教师在各高校间任职，鼓励高校学分互认、课程互换等。

高校应基于现有资源和实际所需定期聘请行业权威人员前来举办讲座：一是分享自我科研成果；二是为广大师生答疑解惑。在与行业内权威人士进行一对一交流时，学生能够顺势领略大师风采。一方面，学生视野能够得到拓展，现有知识储备量能够得到增加；而另一方面，能够唤起学生对这门学科的热爱。学生对祖国方针政策有正确了解，其共产主义信念能够得到进一步强化，主动做到严于律己。思想政治教育是从思想意识领域出发武装头脑，唤醒个体为人民服务的意识。培养高素质社会主义建设者与接班人是高校不容推卸的职责。据了解，科学文化与思想道德素质是其中的重点。从具体来看，科学教育是人类在认识和改造世界时逐渐累积的各种理论、概念、原理公式等等。

第三节 高校思想政治教育协同育人的运作机理

人文教育的重点有三：一是促进了人文知识传递；二是促进价值体系确立；三是实现对精神世界的打造。在适用范围、作用影响方面，科学教育与人文教育各有特点，如果能够将两者融为一体，大学教育内容定会愈加丰富。同理，如果能够分别将存在于科学教育和人文教育中的思想政治教育资源提取出来，并且通过协同育人互补机制的形成促进两者融合，势必能够取得与预期趋于一致的实施效果，促进学生科学知识量增加，进一步强化其科学精神、助力个体健康成长和全面发展。

一、高校思想政治教育协同育人的跨界融合机制

高校应该具有创新教育理念的意识，加强理工科院校与文史类院校的合作，促进科学精神与人文精神结合，一改过去高校"重科学、轻人文；重知识传播、轻道德精神培育"的教学偏见。高校想实现高素质人才数量和质量增加，则需要具有大局观，丰富专业内涵，打破文理分家的局面。首先，在文史类专业中增设科学教育基本课程，实现对科学知识及科学精神的传播；其次，在理工专业中加强人文学科建设，鼓励科学精神与人文精神持续渗透。

高校应该注重渗透机制的建立和完善。首先，通过人文教育向科学教育渗透机制确立，选用课堂阐述和潜移默化的形式，将那些人文知识、人本思想、人生价值和理想等告知理工科学生，优化其思想道德素质，提升其道德修养和责任意识。同时，高校应基于所需积极邀请文史类院校教师与理工类院校专业课教师进行交流，彼此分享教育经验，授课心得，实现"互通有无"，使理工类院校专业教师加深对思想政治教育的了解，拥有更多人文知识、责任意识，以便给学生带来耳濡目染的影响。此外，理工类院校应该在文史类院校的帮助下增设人文素质课程，为理工科学生提供更加优越的人文知识、责任意识，以便给学生带来耳濡目染的影响。此外，理工类院校应在

文史类院校的帮助下增设人文素质课程，为理工科学生提供更加优越的人文知识学习环境，以此让他们切身感受人文气息的特点及作用。其次，完成科学教育向人文教育渗透的机制。就比如，将科学教育课程纳入文史类院校，丰富学生科学知识储备量，邀请理工类院校的专业教师对科学概念、原理、注意事项等进行分析，并做全面解读。

对于学生而言，伴随着科学知识量的增加，其认知能力、问题解决能力、改造世界的能力就会持续攀升。文史类院校在不影响日常教学节奏的前提下，就可以联合理工类院校为学生参与到科学实验中提供机会，让他们切实感受科学实验的严谨性与一丝不苟的科学精神。文史类院校在与理工类院校达成一致的情况下，邀请科学家或在科学研究道路中有一定建树的学者前来举办各类专题讲座，以此让学生从中领略科学文化具有的独特魅力，努力培养学生对科学的兴趣。在学生成长阶段，科学教育与人文教育同等重要，不应有所偏颇。高校应注重科学教育与人文教育融合，要求学生兼顾科学文化知识学习，巩固其人文精神，此举能够让学生从多个角度去审视自己，突破狭隘的自我，在探索自我存在价值的同时，实现健康发展。

在高等教育活动中，思想政治教育处于核心地位。思想政治教育活动的启动与持续进行并非易事，需要在党的引领下，取得社会各界的支持，当学校、家庭和社会做到同心协力，各育人要素得到整合，思想政治教育所具有的主动性、针对性及时效性才有可能实现改变。因此，高校应该加强对以下两项工作的关注：一是各种有益教育因素的获取、分析和应用；二是完成大学生思想政治教育协同育人校外联动机制的创建与完善。不同于家庭教育和社会教育，高校是专业的教书育人机构，无论是教育经验、教育资源还是教育成果均优于两者。首先，高校应该本着抓主放次的原则将思想政治教育理论课程改革视为重点来抓，梳理和分析传统思想政治教育理论课程的存在价值和实践意义，促进现有课程体系适用范围拓展，优化当前教育教学方法，避免教学方式与现实生活相脱节。其次，拓宽教育渠道，积极探索新的育人方式，注重育人经验累积，使得大学生拥有更高的思想道德素质，实现自我科学文化水平提升。最后，持续优化思想政治教育队伍，以事实为依据，深挖队伍成员内在潜力，"既要发挥思想政治理论课教师、哲学社会科学课程教师、辅导员以及班主任的主体力量"，又需要时间对校外教育资源进行合理应用。

从理论角度来看，大学生所具有的品格、思想政治理论素养与其接受的家庭教育有着密切关联。因此，有必要将家庭教育顺势融入思想政治教育协同育人机制内。经过分析能够发现，在家庭教育中，家风教育给学生带来的影响最为明显。家风就是某一家庭历经几代人逐渐形成与思想行为有关的文化沉淀，是先辈留给后人的文化遗产。家风教育有着润物细无声的作用，能够在潜移默化中去纠正学生行为，促进其甄别能力和正确价值观的形成。对于家长而言，应注重和谐家风的构筑，主动投入到大学生思想政治教育活动中，赋予学生独立自主、勤俭节约、团结互助、奋发向上的精神。首先，家长应做到言行一致，成为学生的榜样。家长的优秀品质与作风就是学生不可或缺的主体力量。其次，家长应注重民主、和谐、自由这一良好家庭氛围的营造。轻松愉悦的家庭氛围能够让学生养成敢于表达自我观点，主动与父母沟通的好习惯，且有助于其健全人格的形成。最后，在学校和家庭之间注重沟通机制的确立。

社会就是一所无言的学校，又是一个大染缸。社会应始终坚持正能量的弘扬，注重正面舆论引导。社会中客观存在诸多正能量，他们具有强烈的奉献意识，能够做到舍己救人；他们坚守在平凡岗位书写不平凡的一生；他们坚持信念，为打造小康社会增砖添瓦，贡献一己之力。如果将这些先进人物、感人事迹融入高校思想政治教育，一方面能够丰富其教育素材，激发学生的学习积极性；另一方面有助于现有教育成果的巩固。

在开启思想政治教育时，就需要从整体角度出发，加强对现有资源的合理应用，并促进产学研联动育人机制完善。高校应具有与时俱进的发展意识，破旧立新的勇气，摆脱传统思想束缚，具有"大学术"观。该观点认为，教学、科研均是学术的具体表现，科研理应服务于教学，高校需要促进最新科研成果与教学的融合，为教学实践活动的进行奠定基础并提供理论性指导。毕业后的大学生将会正式步入社会，走向具体工作岗位。此时，高校思想政治教育有必要从企业角度出发，促使学生拥有良好的职业精神、道德和素养。譬如，质量观念、创新意识、竞争意识、敬业精神等。高校需要将以上精神理念慢慢融入思想政治教育等核心理念。同时，注重高校学生思想政治教育途径的进一步拓展。高校为大学生安排校内企业导师为其指点迷津，以此举办优秀员工交流会鼓励大学生参与其中，对其进行职业意识教育。

一般来说，传统思想政治教育习惯性选用面对面的交流方式进行教育内容的宣导和传递。这种教育方式为教育者及时了解被教育者思想动态，优化教育内容，调整教育模式等提供了可行路径，其教育效果与预期的趋于一致。只是，面对面交流会受到时空等客观因素所限，关键我国教育资源数量有限，如果选用一对一的教育方式，难以兼顾所有被教育者，个体隐私还存在着被泄漏的风险。伴随着互联网技术的应用，网络教育强势崛起，在高校思想政治教育活动中得到广泛应用。网络资源总量多、类型杂，需要进行筛选，将那些虚假、负面的信息资源摒弃在外，避免产生负面影响。因此，高校应该注重线上与线下教育活动的结合，并且以此为基础，开展思想政治教育工作，以便获取一加一大于二的教育实施效果。

二、高校思想政治教育协同育人的纵向贯通机制

在开展思想政治理论课时，高校将教师与学生面对面的授课方式视为首选，实现教学内容的精准传递。同时，促进了授课方式的多元化发展，加强对社会实践活动等体验式教学活动的合理应用，促进其作用的发挥。对于线下思想政治教育辐射不到的领域抑或是优势不明显的领域内，充分发挥线上教育优势。高校应坚持初心，安排专人负责思想政治教育主题网站的创建，丰富网站内容，定期去发布优秀人物事迹、具有积极引导作用的图片及视频等，弘扬文明与正义精神。此外，依托电子平台为教育和其他教育者有效沟通，大学生即时交流，大学生释放个性等创造网络空间，允许其自由畅谈，针对时政热点各抒己见。线上思想政治教育活动的开启有助于高校及学科教师第一时间了解学生思想动态及意识观点，此举为后续教育工作的优化提供了必要参考。激励有助于思想政治教育效果的提升，在它的作用下，被激励者能够处于一个良好的状态中，甚至可以改善高校当前的教育水平。高校应该注重激励机制的创建和完善，激发教育者和被教育者的积极性，在促进协同育人目标实现的过程中，获取事半功倍之效。

从总体角度来看，人的需求有物质需求和精神需求之分。激励也是以物质、精神为核心予以展开的。高校在构筑物质激励与精神激励相结合的机制时应该注重以下三点。首先，物质激励与精神激励协调发展。货币及实物奖励是物质激励的常见形式，表彰及荣誉称号授予是精神激励的主要表现形式。平心而论，物质激励与精神激励兼具优势与短板，只有两者结合才能取得理想的效果。其次，立足于现实，持续完善激励方式。激励方式应契合实际情况与客观所需，如果无视具体情况任意选择激励方式，较易收到适得其反之效。此外，应注重激励方式的多元化、创新性发展，避免一成不变。最后，把握激励的强度，减少激励过度或激励不足等情况出现，否则极易挫伤教育者或被教育者的参与热情和积极性。激励机制的适用对象除去教育客体以外，还包括教育主体，做到两者兼顾。究其原因在于，教育就是教育主体与教育客体的结合，两者缺一不可。

进一步分析，如果单单只是激励教育主体，虽然教育主体的教育热情会大增，但是未必能够取得理想教育效果。如果只是激励教育客体，主体的积极性被忽略，教育效果同样无法实现质的提升。因此，在激励领域内，需要将教育主体和教育客体提升至同一高度，并且注重两者融合。只有同时激励教育主体和教育客体，两者的积极性才有可能被激发。因此，高校应注重教育主体激励与教育客体激励彼此相结合机制的形成。

高校应基于"协同育人"的原则创建激励机制，去明确激励措施，在思想政治教育协同育人目标的引领下，激励教育主体优化自我育人水平，注重交流与育人经验共享。另外，尊重教育主体提出的不同诉求，借用调查方式，对教育主体真正所需做全面了解。除去物质需求以外，需要为教育者自我能力强化提供更多利好条件。譬如，高校推出了具有针对性与可行性的激励措施，做到奖人所需，激发育人主体工作积极性，力求做到奖赏分明，提升奖惩制度透明度及适用性。伴随着激励措施的全面实施，高校加强对反馈信息的采集、统计和梳理，为优化激励机制提供更多有益参考。从实践角度出发，促进大学生自我激励内容体系完善，完成评价指标的创建与健全。比如，教师有意识地将学生的思想政治素质、行为方式等纳入综合评价体系内，在将其视为评优标准，为激励措施拟定提供参考数据。教育主体应尊重学生主体地位，在部分领域内适当"放权"，"要以学生的自我教育、自我服务、自我管理、自我决策为主"，教师应注重自我引领作用发挥，在学生解决问题时伸出援手进行激励。鼓励学生在目标激励、格言激励等多种方式的综合应用下，拥有奋发向上的意识，塑造一个更好的自己。

大学生的思想政治教育较复杂，这一个包括诸多要素的系统，高校想要如愿促进思想政治教育系统育人目标达成，应结合每一环节促进保障机制的形成。通常来说，物质保障机制的构成要素有资金、网络平台等，现通过以下章节对其做深入分析。对于思想政治教育活动而言，充足的活动经费不可或缺。高校应基于政治教育发展要求准备活动资金。活动资金的来源有地方拨款、社会捐赠等方式。只有资金到位，高校政治教育活动才能顺利启动，满足管理、服务、建设等各环节存在的资金缺口，助力思想政治教育理论研究活动，为实践活动奠定了坚实的物质基础。高校应创建和完善思想政治教育网络平台，基于这一学科特点及授课规律等增设专门的教育网站，推出红色文化宣传网页，设计智能小程序使其应用至多媒体客户端。当思想政治教育方式契合大学生学习习惯，一定会受到欢迎。同时，高校需要实现对计算机网页设计费用及维护费用的核算。在开展思想政治教育前，高校需要为其提供必要的场地。比如，特意打造心理疏导教室、预留谈心空间，通过物品陈设打造轻松惬意的氛围。高校可以增设专门的思想政治教育书籍浏览室，来加强对书刊资源的优化配置，定期组织大学生前来接受"熏陶"，丰富其理论知识储备量，进一步强化其学习意识。

高校教育工作的组织与执行依赖大学生思想政治教育工作队伍作业，这也是思想政治教育是必不可少的推动力量。因此，高校健全大学生思想政治教育队伍保障机制，促进专业化人才队伍形成是其中的工作重点。在筛选队员时，高校应该严把用人关，面向社会网罗人才，通过公开招聘的形式吸引优秀人才加入其中。此外，高校应注重队伍结构的适度调整，组建一支"老、中、青"相结合的思想政治教育队伍。

具体来看，在招聘或引进思想政治教育工作者时，高校应兼顾以下影响因素：一是应聘者是否拥有研究生及以上学历；二是应聘者是否拥有教育管理类、思想政治教育专业等学习背景；三是应聘者是否拥有坚定的政治立场；四是应聘者的沟通表达能力是否满足需求；五是应聘者是否具备管理实践经验；六是应聘者是否担任过学生干部等职位。高校需要通过教育培训活动的举办，促使思想政治教育工作者拥有更加丰富的理论知识，并注重以下工作的落实。借助岗前培训活动持续深化教育者的思想理论水平、专业能力，赋予其更多责任感与荣誉感，并且将刚入职教师作为主要培训对象，着重强调思想政治教育经验及管理技巧的重要性。有些教师一心扑在学生身上，忽略了对前沿研究理论的了解；有些教师在正式入职后，其思想难免松懈。因此，伴随着学习及培训活动的开展，教师能够顺势加强对前沿学科理论的全面了解，分享他人教学技能及经验，拥有着更加先进的教学理念，其思想政治教育责任意识及育人水平定会得到不同程度的改善。在年度考核、职称评定和职务晋级等工作中，高校需要秉承公平公正的原则，并且将教师的思想政治教育工作成果视为重要参考，以此促进教师主动性的提高，去主动投入到思想政治教育实践活动中。

此外，通过专门办事机构的增设，各育人主体之间的联系能够得到进一步加强，为协同育人机制的健康运行提供新的驱动力。专门的办事机构肩负着以下重任：一是实现对高校思想政治教育协同育人的统一领导；二是从多个角度出发，对高校思想政治教育协同育人工作进行全面负责，并注重顶层设计科学性的保持。该机构成员包括各高校的校党委书记、副校长，其职责是从全局角度出发，兼顾高校所处内外部环境以及高校间的内在逻辑关系，制定协同育人发展目标、育人内容、育人方法和协同育人机制运行效果所对应的评估条件，要将机制调控方式、机制监督和完善等落实到位。以上工作的制定和执行，会为协同育人工作指明正确发展方向，对于那些偏离协同育人理念的行为进行纠正。高校应注重校际思想政治教育工作组的形成，该组的负责人多由各高校党委副书记担任，小组成员要以各高校内的党委书记为主。对于思想政治教育校际协同育人工作组而言，需要兼顾以下工作：一是促进各高校间的联系；二是为各高校举办学术交流活动提供帮助；三是鼓励各高校负责人将协同育人理念及协作意识内化于心，为协同育人机制的创建和完善奠定基础。

高校内部应注重联动工作机制的形成，集结多方力量，如，学校党委办公室、党委宣传部、团委、后勤等。在实践工作中，高校应做到定期举办专题会议，将各部门之间的协作视为讨论重点，继而促进当前思想政治教育协同育人效果的提升。高校为促进高校外思想政治教育协同育人工作的有序推进，应基于现有资源增设与之相对应的组织机构，由其出面负责高校与家庭、高校与科研机构、高校与企业、高校与网络媒体等不同校外育人主体之间的沟通与合作事宜，通过对多种方式的综合应用，促进校内外教育工作的持续深入，将当前的思想政治教育理论及科研成果传递给校外育人主体，促进现有资源的共享，互通有无，实现优势互补。

简言之，国内学者及教育从业者加大了对大学生思想政治教育机制的关注，与之有关的研究活动也持续增多。机制是一个兼具隐形与复杂化特点的特殊系统，在分析和梳理思想政治教育教学规律，探究思想政治教育实践意义时发挥着重要作用。从辩证的角度来看，机制建设活动并非十全十美。在高等教育改革中，"协同育人"是改革的亮点。协同育人中蕴含的合作、互动、分享等观念为高校解决与研究思想政治教育教学问题提供了新的思路。如果高校能够促进协同育人理念与思想政治教育机制的融合，一方面是有助于大学生思想政治教育协同育人机制的形成；另一方面可以促进该机制适用范围的扩展与实践意义增强。

三、高校思想政治教育协同育人的横向拓展机制

在当前的社会背景下，高校想要促进思想政治教育协同育人目标实现并非易事，需要做到以下几点：一是以正确的价值观为导向；二是立足于现实，完成顶层设计方案的制定；三是促进制度保障体系的确立。随后，聚焦协同育人现存问题，主动探索切实可行的育人路径，以便获得事半功倍之效。在思想政治教育活动中，人员就是必不可少的组成要素。在思想政治教学协同育人中，人员始终处于主体地位。以人的存在形态理论为参考，吸引多元主体参与其中，想要真正实现全员育人，应通过整合个体要素、强化群体关系要素、建设社会整体系统完成协同育人全新格局的构筑。

以多元主体对应的职能为参考，可以将多元主体细分为四种：一是管理主体；二是实施主体；三是接受主体；四是支持主体。管理主体包括党政与共青团干部。党政干部在当下党委的引领和支持下负责制定思想政治教育协同育人工作组织的构筑与具体工作的落实等；共青团干部是后备军，其主要职责是配合党政干部及相关工作的实施。党政和共青团干部在协同育人的过程中应注重主体职能彰显，理解并尊重合作成员的选择权、知情权与参与权。面对协同育人推进过程中的问题，然后在通过班主任、教师和辅导员等实施主体，采用民主协商的主要手段，调动所有参与成员的工作积极性。在思想政治教育环节中，教师发挥主导作用，应始终遵循育人规律，左右协同育人的活动方向，对其他成员的"违规"之处进行纠正。

教师与辅导员应践行重本弃末的原则，探究学生成长规律，知悉其内

心思想，改善其不良行为和错误观点，促进思想政治教育协同育人目的达成。接受主体非学生莫属，在思想政治教育协同育人活动中，学生就是被服务对象。随着该项活动的有序推进，一方面学生潜藏于心的主观能动性能够得到有效激发；另一方面其思想政治素质能够顺势得到改善。支持主体包括财务及后勤人员等。在育人环节中，支持主体应通过自我专业技能彰显、敬业精神体现，会给学生带来潜移默化的影响，力求为高校协同育人整体工作保驾护航。

在群体中，人与人之间的整体性和联合性能够得到淋漓尽致地呈现。在现实生活中，人从来都不是孤立存在的，而是与他人之间存在密切关联，属于是群体中的一分子，基于人与人之间的关联，慢慢地形成了具有相对稳定性特点的社会关系。根据历史分析，可以将高校思想政治教育协同育人活动看作是一项群体性活动，且获得了多元主体给予的助力。在和谐群体关系中，多元主体应该兼顾以下三点：①统一追求目标。据悉，高校思想政治教育协同育人主体均有属于自己的"子目标"，并为之努力。多元主体在主流社会价值的引领下，应通过双向沟通，激发情感认同，促进价值认同，明确互惠共赢目标，助力高校人才培养活动的有序推进。②统一活动规范。由高校创办的思想政治教育协同育人活动并非是凭空想象和任意发展，这是一项"有原则"的活动，需要去集结多元主体之力，为避免出现混乱，有必要将法律条例和行业规范奉为圭臬。③强化多元主体统一行动能力。在互动环节，尊重多元主体提出的诉求，促进其主体性与能动性发挥，持续优化思想政治教育协同育人理念所具有的公信力、影响力和知名度。

高校思想政治教育协同育人是一项大工程，为增强多元主体存在价值与积极性，有必要促进多元主体协同合作综合机制的构筑。一是领导机制。在高校思想政治教育工作中，高校党委处于核心地位，关系到教育工作成果的增减。因此，就需要在党委的统一引领下，对顶层设计作必要优化，对总体战略布局进行统筹规划。党委鼓励各主体进行有效联动。二是协调机制。深挖各主体的主观能动性，明确其定位，对各主体间的内在逻辑关联做适度调整，促进个体与群体能动性的融合。三是保障机制。对于高校创办的思想政治教育协同育人工作而言，所需保障要素有人力、物力和财力。高校及多元主体应本着未雨绸缪的原则主动争取地方专项资金、社会各界力量提供的捐赠等，尽可能实现资源共享。同时，通过物质与精神激励，来强化育人主体参与意识，促进其功能及积极影响作用发挥。四是评估机制。来创建一个专门的评估中心，借助观察法、一对一访谈法与问卷调查等方式方法从多个角度出发加强对协同育人现状的了解，并且做出客观评价。五是监督机制。立足于现实，组建监督小组，知悉各主体思想观点，梳理现存问题并加以解决，促进主体协同关系的有序推进。在高校内部，多元主体应具有全面发展的思想认知，将协同育人观念融入相关工作。

部门协同应该着眼于大局，从宏观角度出发去促进思想政治教育协同育人工作目标达成。而作为参与主体的高校应将校长责任制落实到位，做到党委与行政携手并行，促进层级式部门管理体系形成。

部门协同要求各部门通过部门职能体现，培养友好合作的育人关系，为部门协作育人体系的创建做良好铺垫，将助力学生健康成长视为所有工作的目的，做到部门协同。在思想政治教育工作中，高校内的党务群团部门、各学院、教辅及直属部门等均发挥着重要作用，具有一定职能。党务群团部门作为其中的核心，拥有管理职能，其存在价值能够通过高校思想政治教育协同育人工作的提出与组织得以体现；行政职能部门习惯性在党务群团部门的引领下将思想政治教育协同育人工作落实到位；在思想政治教育协同育人工作中，各学院扮演着执行者的角色，负责具体工作实施，搜集信息并加以分析，最后反馈至管理部门。教辅和直属单位同时扮演着支持者与执行者的角色，一方面为思想教育工作的有序推进提供海量资源；另一方面对协同理念及活动进行宣传。部门不同，所面对的职责不尽相同。各部门都需要兼顾自我职能履行和思想政治教育工作，与其他部门建立合作关系。

对于组织部与人事部而言，需要将部门协作的考核事宜落实到位；对于高校党委与团委而言，需要将领导和建设部门协作作为重点来抓；对于后勤和心理指导中心而言，应促进协作行为向着规范化方向发展；对于学生处、科研处而言，需要不遗余力地做好协作的学业建设工作。基于思想政治教育协同育人工作的要求，对"立德树人"做深入解读，并且将其作为根本任务，激发各部门协作意识，促进凝聚力与向心力形成。注重激励和奖惩制度的制定与执行，深挖部门工作者的内在潜能，提升作业效率。同时，持续优化部门整合度，进一步强化部门工作人员的合作意识，为部门协同育人活动的顺利开展奠定基础。要充分发挥部门具有的育人职能，整合现有资源，加强组织设计，切实满足高校发展战略所提出的诉求。

由协同理论中的伺服原理可知，部门协同其实是各种变量发挥影响作用，以促使协作由无序顺势向有序转换。这里的变量有部门结构、部门间的交流机制、部门利益等。因此，根据客观所需，在构筑部门协同育人综合机制时，需要对现有变量做全面了解，力求通过量的累积实现质的改变。首先，对部门结构加以分析，持续强化领导机制。依托部门领导机制促进协同育人目的达成，并秉承与时俱进的原则对具有滞后性特点的高校教育体制及管理体制进行改善，创建出交互型"整体性网络"，以此完成部门协同工作委员会的增设。通常来说，校党委办公室负责部门协同工作的提出，然后接受高校教职工与学生代表大会的审核，通过后明确部门日常工作内容。其次，完成部门协同育人工作小组组建，优化协同机制。从结构来看，部门协同育人工作小组成员由各部门负责人担任，负责协调部门工作，来促进思想政治教育协同育人理念与实践活动融合，改善部门协作效率，减少工作时间损耗。同时，育人小组应定期举办主题会议，聚焦现有问题展开激烈讨论，并制定具有针对性的改进建议。再次，形成部门协同育人监督小组，持续优化监督机制。各部门拥有的地位和发挥的作用并不相同。客观存在的不平衡性会影响工作目的达成。之所以增设监督小组，旨在对存在于协同育人工作中的问题进行排查，知悉部门人员工作状态，对部门衔接中的各种突发状况有着全面而及时地了解，并予以解决。最后，组建部门协同育人评估小组将持续优化评估机制。对于监督小组和协同育人工作小组而言，除去本职工作以外，还需要评估前期设计、中期落实和后期反馈，定期对工作人员的思想状态做出评价。对于协同育人工作而言，切实可行的评估是能提升工作效率、优化作业成果的重要利器。部门协同工作委员会、协同育人工作小组、监督小组及评估小组陆续形成，有助于各部门统一发展方向，能够实现和谐民主和自由育人环境，为了部门协作提供保障。伴随着部门间合作意识增强，合作深度增加，部门人员职业素质改善，部门协作育人的整体性网络势必能够得到优化。

第四节 高校思想政治教育协同育人的实践机制

一、高校思想政治教育以跨学科协同育人为导向

无论是专业课程、党课，还是思想政治理论课程均发挥着育人育德的作用，这一点是三者共性特征。三门课程具有"同向性"，它们的办学方向、政治追求都是趋于一致，对于马克思主义立场、观点及方式方法等均表示认同。三门课程具有"同行性"，其课程中均包含德育资源，兼具思想政治教育作用，只是各自的具体作用存在一定差距。首先，对思想政治教育协同育人而言，作为公共必修课的思想政治理论是主要育人渠道，在探究和宣扬马克思主义理论价值方面优势凸显。其次，就是通过各类专业课程的开展，学生的专业理论知识储备量和业务技能等均会得到加强。比如，通过学习经济学课程，面对常见经济现象，学生能够进行正确的解析。通过学习哲学社会科学课程，学生具有的人文素养能够得到大幅提升。最后，党课为我国执行党储备人才提供了可行路径。通过学习党的发展历史、路线、方针政策等，能够知悉党的先进性与实用性，学生的思想道德也能够提升至新的高度。对各类课程进行分析，探究其特点，深挖潜藏于学科间的思想政治教育资源，能助力协同目标实现。

从理论角度来看，"专业思政""课程思政"均属于是全新教育理念，它不是将几门不同思政课程任意堆砌，而是从整体角度出发梳理其主要内容，深挖其中包括的德育内容，促进显性与隐形教育结合，有意识将价值观教育融入专业知识，继而达到"润物细无声"的教育效果。课程思政，专业思政的发展，有助于课程协同育人的同心同德体现。首先，一切课程均需要将助力大学生全面成长为己任。加大对课程内德育资源的协同整合力度，着重强调道德规范，在教师引领和鼓励下，以此促使学生拥有正确的社会主义核心价值观。其次，融合课程内容时应遵循规范性原则。这里的核心原则是始终接受马克思主义理论的指导，基于马克思主义理论对现有问题加以解析。同时，注重科学性与开放性原则并行。一方面，尊重教育规律和学生身心特点，提倡灵活融合，促进内容科学适用性增强；而另一方面，注重开放环境打造，

将与时俱进的原则融入其中，做到因时而新，优化课程融合方式。最后，注重融合行为的全面实施。一是促进主动性体现，以事实为据，持续更新融合内容，并促进知识体系形成。借助新内容打破大学生固有认知，实现新思想、新观念的有效传递；二是促进针对性显现。深入解读学生个性和不同群体的追求及发展原则，为其提供个性化抑或定制式内容服务，以便契合其内在所需。三是促进时效性彰显。在融合课程内容时，面对客观存在的公共性问题，通过相关举措的落实进行规避，并且为学生解决提供正确思路。

在当前阶段，"课程思政"的教学理念尚未在国内得到推广，仅在一线城市中的部分高校存在"课程思政"改革。基于成功实践经验促进高校课程思政体现形成需要兼顾以下内容实现。首先，促进高校党委政治核心作用显现。组建"课程思政"指导小组，在课程改革中对顶层设计进行着重强调，以便为课程融合及融合效果改善做良好铺垫。其次，促进课程系统机制形成。一方面坚守思想政治理论课的核心地位，积极探索多样化教学方式，将思政理论课显性价值呈现到师生面前。同时，也依托协同学中的"支配原理"，持续优化党课与专业课的育人作用，促进了党课辐射面和教育面拓展，加强对党课内容的考核力度。

此外，丰富专科课程所学内容，举办特色育人活动。结合课程融合特点，促进监督与评价机制形成。组建课程监督评价小组，在"头脑风暴法"的帮助下，评价课程协同方案的实用性，对课程协同不妥之处进行梳理，并进行适度调整。形成课程思政体系，避免课程向着"孤岛化"方向发展，改善课程融合度，减少课程趋同等现象发生；持续深化各类课程学术研究活动的纵深度与广度，持续丰富各科授课内容，拓展当前的教学方式；以此促进各类课程德育价值体现，彰显课程特色。

思想政治教育平台协同育人有助于立德树人这一目标实现。对高校而言，应加强对各类小平台的关注，比如，第一课堂、第二课堂（社会实践等）、第三课堂（互联网）等。要将高校作为大平台，鼓励小平台助力大平台，集结力量，为学生提供一个和谐民主的育人环境，促进其全面成长。第一课堂的存在价值能够通过知识传授与知识转化得以体现，为教育活动举办提供必要空间；第二课堂是第一课堂的补充，为受教育者验证所学知识提供了必要条件；第三课堂是第一课堂与第二课堂的补充，有助于信息采集、分析和传递，可促进现有信息资源的最大化应用。伴随着以上课堂的合作与联动，课堂有助于校园文化建设成果提升，从而去实现平台协同。

第一课堂、第二课堂和第三课堂均具有"育人"功能，随着彼此融合，能够为校园育人提供更多支撑。首先，第一课堂是兼具社会化与个性化特点的教育活动，教师与学生分别扮演着教育者与受教育者的角色。教师就会根据学生提出的思想道德所需，满足社会思想道德要求，以课堂互动为载体，促进互教性与自教性相统一。伴随着教师引导与学生自查自省，学生思想道德素养定会得到大幅度提升。其次，第二课堂能够借助社会实践活动对学生知识应用能力进行验证。通过支教助教、社会组织等活动的举办，顺势激发学生参与热情，继而更新自我认知，并对学生实践活动进行正确指导，如此循环往复，学生的社会实践经验定会呈现出逐年递增之势。最后，第三课堂有助于学生互联网思维的形成。互联网兼具绝对开放性、共享性等特点，一方面能够为知识传递和共享提供可行路径；另一方面能够增强育人功能。对于高校而言，创建校园文化时需要得到以上平台的助力。因此，高校需要加强对三个课堂育人功能的关注，在建设校园文化时，去积极打造平台协同育人路径。

由"木桶原理"可知，无论是第一课堂、第二课堂，抑或是第三课堂均存在不足之处。只有将三个课堂协同联动起来，才有可能弱化短板因素带来的负面影响，同时需要使网上网下实现协同联动。在促进和发挥平台育人功能时，需要将以下工作落实到位。线上与线下融合，课上与课下融合，统一协同育人目标。以立德树人为目的，以推动学生全面成长为己任，明确"两联动"的影响关系，优化思想政治教育资源，将正能量充满校园。

"两联动"需要以当前的制度规范为参考，加强对高校思想政治教育发展趋势的了解，要积极打造"两联动"共存模式，契合高校发展。同时，通过制度规范实施，促进联动作业行为的有序开展，要找出主要矛盾，实现对渗透与反渗透、破坏与反破坏等问题的妥善解决。最后，增强"两联动"的行动能力。各类联动活动的举办，激发师生参与性，促进思想政治教育知识的相互融通，在互动中促进协同目标达成。此外，以目标为导向，优化制度规范，提取"两联动"中的积极因素，来增强行动能力，构筑和谐融合具有包容性特点的平台育人环境。

二、高校思想政治教育搭建协同育人平台

近些年来，在互联网中涌现出诸多教育协同平台，不过并未成为社会舆论予以关注的焦点。平台协同育人是一项借助系统手段将各要素融入协同活动，通过信息资源分享，抑制信息孤岛与潜在风险出现。此时，平台协同育人综合机制应该注重自我存在价值显现。首先，注重领导机制形成，始终坚持高校党委领导，加强顶层设计，实现对线上线下、课上课下联动活动的管理。在计算机支持的协同工作技术帮助下，完成学术研究交流平台的打造，建设教学策略交流平台等。交流窗口的增多，促进传统与新型教育方式的相互协作，尽可能地丰富高校校园生活。该技术的应用，使优化校园文化建设成果成为可能，图书馆、高校文化广场等公共场所能够得到充分应用。同时做到以文育人，集结力量，着手进行校园主题网站的建设，并赋予其思想性、服务性与知识性特点。

通过资源分享、软硬件设施完善、资金投入力度提升，为平台联动的持续性推进创造各种利好条件。在联动环节，应本着未雨绸缪的原则为参与主体提供保护，避免其合法权益遭受侵害，为联动过程有序开展奠定基础。此外，构筑评价机制。对效果不佳的平台找寻成因提出整改方案；对那些效果理想的平台做进一步改进。最后，完成监督机制的构建。在联动环节中，错误思想认知和不良行为客观存在。因此，为了减少其出现概率，有必要对其进行严格监管。一旦发现不协调不合理的情况，就要及时进行反馈，明确指导意见，并以现行法律条例为参考，摒弃糟粕文化，打击不健康精神意志，实现对育人环境的持续优化。实现平台协同，还需要坚守初心，努力抓住课堂这一渠道，结合社会实践活动，依托互联网，优化校园文化建设效果，赞颂真善美，贬斥假丑恶。

一言蔽之，高校思想政治教育协同育人需要从总体角度出发，对校内现有教育资源进行整合，协同一切教育力量，持续丰富教育渠道与教育方式，为思想政治教育协同育人创建可行路径，并且注重综合机制形成，助力思想政治教育成果提升。

在思想政治教育协同育人机制中，要如何促进保障机制作用发挥，加强对机制监管是当前阶段的重中之重。在这一环节中，一方面需要对机制进行适度调整，交换信息资源；另一方面应赋予机制更多稳定性与独立性特点。

从理论角度来看，育人机制的总体设计环节是从最高层面出发对其进行统筹规划。从本质角度来看，总体设计的目的是实现机制优化。通常来说，总体设计工作需要通过以下程序才得以实现。

首先，明确高校协同育人机制，并对其做总体规划。在整个机制运营阶段，总体设计规划环节是其中的首要任务，又是思想政治教育协同育人机制不可或缺的内在驱动。总体规划着眼于全局，为促进协同育人目标实现对现有因素和资源进行部署。总体规划应该具有引导作用，为机制发展找寻正确方向进行指导，契合各参与主体客观所需。同时，这一规划应具有典型的针对性，促进各参与主体融合，实现了对各类教育资源的了解和优化配置。

其次，严控高校协同育人机制执行过程。据了解，在机制运营阶段，过程实施环节处于核心地位，事关机制发展概况与机制实用性体现。需要注意的是，判断机制是否存在问题的参考依旧并非是机制是否能够顺利运行。同理，当机制在运行中遇到阻碍，通过调整后顺利恢复正常运营状态，并不意味机制中存在问题。对于高校而言，在过程实施环节，需要将各参与主体的衔接与融合作为重点来抓。一般来说，衔接具有双重含义：一是各参与机制的彼此间的接触；二是各参与主体的新旧育人转变。融合有着内外之分：一是指各参与主体与外界环境之间的融合；二是指各参与主体内部融合。

再次，注重信息反馈和数据采集。对于高校协同育人机制而言，在检验和判定其运行状态时，反馈及收集环节功不可没。结合机制来看，反馈及收集既可以是整体宏观感受，也可以是细节的数据化体现。数据为教学目标实现、教学效果改善、评价教学成效等提供了非常重要的参考，又是教学评估指标体系不可或缺的资料。作用于协同育人机制的评价指标需要兼顾以下三点：一是教育主体的契合度；二是教育对象的任何度；三是教学实践效果优化程度。

最后，立足于现实，对高校协同育人机制做必要调试。在机制运行阶段，适时调整环节是最后一步，多出现在反馈收集后，这有助于思想政治教育协同育人机制持久性与适用性增强。

教书育人是延续了几千年的传统教育理念。伴随着时代变迁和现代社会发展，历经岁月磨砺的传统教育理念呈现出滞后性特点，急需改变。比如，迎合社会经济所需创造新的供给关系。供给是人才和知识理论的供给，旨在促进社会经济发展。思想政治教育的协同育人理念属于是创新性育人实践活动。而这种协同理念因契合教育事业发展而步入蓬勃发展阶段，其实践意义能够通过跨区域性、跨制度性、跨学科性等得以体现。

今天，高校需要持续促进马克思主义与中国国情融合，创新协同育人实践经验及理论。我们就可以将其看作文化渗透抑或培训创新，从本质来看，实现了对协同育人理念的合理应用。基于实践经验能够发现，理论的演变和发展需要得到制度给予的支撑。高校思想政治教育协同育人机制应兼具系统性和发展性特点。高校要以此为据进行推理，教书育人的协同理念等同于传统理念向协同育人理念的有效转变，这是一种创新。科研育人所具有的存在价值和实践意义能够通过科研成果向育人理念、育人资源及能力转化，并得以呈现，继而促进育人思维的突破性发展，增强育人革新动力。

从创新角度来看，协同育人需要着眼于未来，积极探索绿色、可循环发展模式，增设专业学科发展研究机构，促进各学科相互渗透。同时，借助网络平台和新媒体力量，提升科研传播速度、拓展科研辐射范围，优化了传播成本。实践育人的协同发展是指协同机制面对资源配置要求所作出的实践性操作。这种实践是依托机制平台予以进行的，其主要目的是培育契合时代发展，且拥有马克思主义实践观的人才。在实践育人活动中，首要任务就是完成协同机制的创建，构筑主题类协同平台，伴随着主题实践活动的持续深化促进育人目的实现。主题实践活动并非凭空想象，需要以学生实践操作能力为重，并加强对学生参与积极性的调动，整合当前组织资源，并且将其视为协同育人机制必不可少的补充。

自 21 世纪以来，大学生创业热潮风靡一时，高校、企业和国家分别为大学生创业提供了支持，以上即为实践育人的具体体现，且有助于学生、学校、企业、社会的协同发展。存在于协同育人机制中的各要素有着彼此独立和相互影响的内在逻辑。高校思想政治教育服务育人的协同共享能够通过资源配置和成果分享得以实现。资源配置是指资源在横向层面的共享，成果分享是指成果在校内外的分享。对于现代高校而言，肩负着培养双重人才的重任，而这里的双重是指人才能够实现理论知识的学习，拥有着强烈的实践意识和实践能力。此外，高校应注重思想政治工作服务育人协同中心的设置与安排，为服务育人提供一站式育人体系，集结高校、政府与社会之力，创新当前的协同育人模式。

在当前阶段，高校的学生管理工作是通过学生工作部展开的，由其出面对全校学生管理工作进行规划，随后通过校级、院级系统管理模式明确学科教师与辅导员的具体职责。这种管理模式具有典型的协同育人机制的中介性、融合性、开放性特点。从内外部角度来看，一是集结了教师队伍及党团队伍等；二是集结了社会和校际等相关主体。在相互沟通与协作中，需要明确协同育人契合点，并且结合协同实践经验对其做适度调整，深化认同。

三、高校思想政治教育协同育人的探索

通常来说，高校思想政治教育协同育人机制的过程控制是聚焦机制，根据其运行状态然后做合理管控或调整，深入分析思想政治教育者和教育对象间的沟通。经过分析和梳理能够发现，存在于高校思想政治教育协同育人环节中的主动性因素，是与各参与主体有着一定关联的引发因素。具体来看，有参与主体自身的影响因素、联动参与主体的育人方法、目标及内容等因素等。该因素是指参与高校思想政治教育的主体基于自身表现给协同育人机制带来的实际影响。

伴随着时代变迁，思想政治教育辐射面与教育内容愈加丰富，能够实现全方位、全过程育人。在思想政治教育协同育人环节，各参与主体呈现出的素质、道德水平、奉献意识等会给其带来直接影响，同时这些因素又会影响参与主体主观性发挥。这里的主观性是指教育态度及认知水准等，是参与主体联动影响因素。主观性因素基于主体协同关系，对参与主体的内在动机（即自发性与序列性）进行考量，继而给其他联动因素带来影响。在分析参与主体原始动机时，首要的任务就是需要知悉其育人目的。显然，这是一种目标性驱动要素，只有明确育人目标才能着手进行机制构建。虽然各参与主体育人目标各有特点，不过从宏观角度出发能够呈现出趋同特点即可。同理，在原始动机的作用下，各参与主体所选育人方法及内容各有千秋，并不一致。究其原因，就是在于各参与主体的自我发展是可持续追求，不仅能够给自身带来影响，又能够引发联动效应。

出现在高校思想政治教育协同育人环节中的被动性因素即为外部因素。外部因素的作用机制与其所处社会发展背景、方针政策、科学技术等息息相关。从协同机制发展现状能够发现，对该机制的需求多少是能够给协同育人

带来直接影响的主要被动性因素。从本质角度来看，协同机制的创建和完善是典型的社会实践类活动，这种事物具有一定存在价值，能够通过需求度得以呈现。进一步分析，假设需求量大，那么思想政治教育协同育人受到的积极影响就大，反之亦然。思想政治教育协同机制会受到社会发展水平的影响。从总体角度来看，在教育水平与社会发展之间存在正相关关联。

要通过分析人才储备量、社会价值观、教育具有的社会地位及城市化发展水平等能够反映社会发展水平所具有的具体影响。伴随着社会发展水平的持续攀升，协同育人机制受到的正面影响越大，反之亦然。思想政治教育并非是一种新兴学科，是传统教学内容。不过在科技水平实现突飞猛进的今天，思想政治教育并不过时，它的发展和演变与科学水平有着一定关联。就目前来看，以往的教学模式不再适用，有必要将科学技术引入其中。其实，思想政治教育协同育人机制同样会受到科技水平的影响。政策发布是指行政性政策、社会性政策的颁发与落实，此举能够引导思想政治教育协同育人机制明确发展方向，给宏观环境、经济性政策机制等提供参考抑或是保障。对于机制而言，其构筑、运行和完善等均需要以政策为导向，只有全面落实政策举措，机制才会有可能实现稳健发展步入良性循环。

高校思想政治教育协同育人机制的运行是离不开组织保障。高校党委可以拉近各育人主体间的距离，并且加强彼此间的联系，促使思想政治教育协同育人机制运行。党委的统一领导能够实现对大方向的合理掌控。因此，需要坚定这一方针策略，对党委的存在价值予以肯定。从理论角度来说，对于高校党委而言，一方面需要牢牢把握领导权；另一方面需要明确高校办学方向，集结力量，让高校成为建设社会主义的重要推动力量。对于基层党组织而言，则需要积极发挥其带头作用，持续优化高校党组织建设，践行为人民服务的宗旨，以此增强自我能力，力求做到高效率、不浪费。对党员而言，应面对师生队伍，积极发动群众，加强管理，将党委的统一领导工作落实到位。从实践角度出发，高校党委采用专事专办的原则，结合思想政治教育协同育人机制所需完成专门机构设置，全面实施一体化、一贯式统筹管理，着眼于全局，对机制做科学管理。同时，高校党委分别从校内、校外、校际层面出发明确协同育人参与主体、育人目标、育人内容及所用方式方法等。通过对观察法、问卷调查等各种方式的综合应用，要对机制运行效果进行及时把控，并做出客观评估，拟定机制优化方案，健全督查机制。假设服务于协同育人的专门机构能够为其提供专业指导，并且给出切实可行的改进方案，那么育人机制极易获取事半功倍之效。

在高校中，属于思想政治教育职能部门的有校团委、宣传部、教务处、学工处、组织部等。以上部门的职责是管理学生和处理学生事务，肩负着组织实践活动，拓展学生学习途径的重任。在思想政治教育协同育人机制中，以上部门应加强联系，要做到齐心协力，主动参与到机制创建和完善工作中，最终促进齐抓共管协同效益形成。从教学实践角度来看，思想政治教育理论课隶属于第一课堂，团委等部门为学生组织的实践活动则属于是第二课堂。同时，应注重多样化校园文化活动举办，开展实践互促。此外，在高校学工处与就业部的日常教育管理工作还包括资助贫困生、要为应届毕业生提供就业指导等，兼具指导性与保障性。

此类组织的形成能够丰富育人信息交流平台。搭建好的平台，不仅是为各教育主体互联互通提供重要途径，且有助于彼此平等对话，促使高校、家庭、社会步入自由交流状态中。关键之处，又能够激发校外育人主体参与热情，为其了解育人机制运作现状提供方便，加强校内外育人主体联系，实现双向沟通，做到优势互补。

此外，需要完成校际思想政治教育协同育人平台的打造，以此加强各高校之间的沟通，通过主题会议举办、学术交流活动开展等充分发挥校际协同育人功能。在构筑协同育人机制时，充足的经费支撑必不可少。各参与主体应基于育人机制发展现状对资金缺口进行梳理。只有资金到位，满足客观所需，才能为育人机制管理工作的进行和未来建设奠定基础。经费来源主要有三种：一是高校设置的专门资金；二是地方政府给予的拨款；三是社会捐赠。在电子信息技术的推动下，信息化时代悄然而至。在新时代，高校在筛选思想政治教育协同育人方式时会有更多选择空间，无须受制于传统课堂教育，完全可创建思想政治教育网站和多媒体客户端，根据学生所需进行思想传播。

为心理咨询室提供场地支持，并且参考专业心理咨询室要求增添专业设备、调整物品陈设，加强对心理咨询功能宣传，并保护学生隐私避免泄漏。同时，定期举办与思想政治教育有关的专题讲座抑或是各类实践活动，注重教学场地的保证和"供应"。在思想政治教育中，教师不仅是其中的组织者，又是具体执行者。因此，高校应注重人才队伍建设。对于高校思想政治教育协同育人机制而言，组建高质量、高素质教师队伍很有必要。选用公开竞聘的方式优选队员，一方面加强对学历、专业、个体工作实践经验等硬性条件的严格审核；另一方面着重考量应聘者的软实力，比如，政治立场、语言表达能力、组织沟通能力等，旨在为高校思想政治教育队伍输送优秀人才，且有助于队伍结构持续优化。

首先，要针对思想政治教育工作者做好示范教育。通常情况，示范教育是职前教育的一种，是每一名教育从业者的专业起点，事关其基础奠定。良好的示范教育能够促进教育从业者理论知识储备量的增加。其次，针对新教师做好入职辅导，由行业内资深人员为其提供短期培训，毫无保留地将自我教学经验、管理心得等告知新教师，鼓励新入职教师尽快的进入角色。再次，针对在职教师做好思想政治教育教学管理及培训。在不影响日常工作节奏的前提下，定期举办专题讲座抑或是培训活动，开阔其视野，优化教育理念，鼓励教师通过自查自省，拥有着更高的思想政治教育水平。最后，在年度考核或教师职称评定中，有意识地将思想政治教育成果融入其中，充分去调动教师积极性。对于高校而言，如果想要打造一支高质量高素质教师队伍，则需要加强对教师的要求。

作为传道授业解惑者，教师应该做到明道、信道，力求做一名理论知识储备量丰富的传播者。首先，始终拥护党的执政地位；其次，面对学生肩负起指路人的职责，做好言传身教的表率。这种思想教育难以一蹴而就，需要从大学生抓起，明确思想政治教育点，将培养学生党员、党团干部作为重要的事来对待；对于思想政治教育工作者的地位给予肯定，竭尽所能为其提供优越的就职环境。基于时代环境，作为新时期的思想政治教育工作者，应做到四个统一：坚持言传和身教相统一；坚持潜心问道和关注社会相统一；坚持学术自由和学术规范相统一；坚持教书和育人相统一。真正做到以德立学、以德施教、以德立身。

总之，由现存高校思想政治教育协同育人路径研究结果可知，高校思想政治协同育人是各要素全方位的协同。高校思想政治教育协同育人的实现并非易事，需要满足以下前提条件：思想统一、顶层设计、制度体系确立、育人环境构筑。基于以上条件，结合高校思想政治教育协同育人目标探索实施路径。一是主体角色赋能，梳理全体关系；二是促进部门特殊职能体现，促进通力关系形成；三是深挖课程共性特性，努力实现课程思政；四是凸显平台个性，做到裁长补短；五是要基于各要素协同关系，去助力综合机制创建，发挥人员、部门、课程、平台的作用。高校思想政治教育协同育人目标的实现并非一朝一夕，无法做到一蹴而就，这是一个循序渐进的持续性发展过程，需要在具体的教学实践中结合具体的实践过程，做到了持续实践、探索，最终实现发展。在探索环节，高校有必要将思想政治教育协同育人视为人才培养理念及手段，对于学生的思想行为进行全方位指导，塑造其健康人格，促使学生实现全面成长。

第七章 高校思想政治教育育人的管理策略

第一节 加强校园文化建设与各方力量的监督

一、加强校园文化建设

（一）实现传统媒体与新媒体的融合

我们即使处于新媒体时代，也不能忽视传统媒体。在高校校园文化建设中，我们不仅要积极加强新媒体的运用能力，而且也要充分发挥传统媒体弘扬主旋律的优势。二者优势互补，相互配合，形成新旧媒体良性竞争关系。在内容融合方面，用传统媒体的专业性和权威性去弥补新媒体的海量性和繁杂性，在社会主流文化的宣传中考虑校园自身特点，既贴近社会又贴近学生。在途径融合方面，将校园广播、宣传栏与手机、电脑结合，通过网站、微信公众号等实现实时宣传，同时也要加强管理者、教育者和学生的在线互动。在管理方面，加强了对传统媒体专业队伍的新媒体素养培养，加强培训，提高教师的新媒体素养。

（二）加强校园新媒体队伍建设

新媒体队伍建设是贯彻高校校园文化精神的重要依托，教师要善于利用新媒体开展工作。高素质的新媒体团队不仅有着较高的思想政治素质和较强的社会责任感，而且有较好的使用新媒体的能力，能够深入大学生的学习与生活之中，可写出符合大学生思想文化的新媒体内容。一方面要组建一支高水平的网络监管队伍，由校党委领导，宣传部、网络中心，学工部、学生代表等一起组成，监管新媒体动态；另一方面要组建"网络环保"志愿队伍，发动在校大学生一起努力。要让优秀的专家学者组建成一支网络思想政治教育引导队伍，针对时事热点撰写评论，去引导大学生。

（三）打造主导性校园新媒体平台

要推进校园网络建设，夯实校园文化建设的媒体基础。网络世界已经成为广大师生现实生活的有效延伸，师生在虚拟的网络空间里可以进行现实生活中进行的一切事项，并且可进行现实生活中无法进行的活动，这种虚拟与现实的双层叠加对促进入的发展，发现社会问题、转变教育教学方法具有深刻影响。所以，高校要积极利用网络优势，来加强信息技术在拓展虚拟空间中的具体作用。另外，随着软件开发的不断深入，网络媒体下的微博、微信等互动软件在改善高校师生生活、学习上具有传统媒体无可比拟的作用。但我们也应该可以看到，处于发展中的大学生难免会受到纷繁庞杂的不良信息的影响，从而做出不当之举，误入歧途。因此，高校要对进入校园的网络进行有效筛选，构建积极健康的校园网络平台，使师生可尽情享受信息共享的便捷，并形成判断是非的能力。高校作为社会科技创新的主要力量，在新媒体开发和应用方面应当走在社会的前列，因此要加大校园网络基础设施的投入，为高校师生运用新媒体提供有利条件。这里提出了四个具体的做法：一是创建校园微信公众平台，该平台设校园资讯、学生咨询、教学管理三大板块，囊括校园的学习与生活，每天都会推送符合主流文化意识的信息。二是开设主题官方微博，学生遇到问题可在微博平台向校方提出，校方也可在该平台进行反馈，这样有助于加强师生间的互动，树立良好校园风气，培养文明讨论氛围。三是创办手机电子报，针对大学生关注的校园动态、时事热点，通过电子报快速传递给他们，主动占领校园文化宣传的阵地。四是创建数字移动图书馆。图书馆是校园精神文化资源的主要来源，创建数字图书馆能使大学生更加随时随地快速阅读查询资料。

二、加强各方力量的监督与管理

近几年来，我国网络化进程正在以惊人的速度前行。伴随网络时代的到来，引起了人们生活方式、思想方式、社会行为的显著变化，特别是对高校思想政治教育和当代大学生的健康成长产生了很大的影响。网络的扩展和延伸以及它作为校园综合信息中心地位的形成，就会使得网络效应的正负面影响都非常突出。一方面，网络是大学生获取知识和信息的重要渠道，是他们表达感情、交流思想的一种途径，在大学生生活中发挥着越来越重要的作用；另外一方面，网络上充斥着各种垃圾信息，对当代大学生的健康、全面发展提出了挑战。网络是一把双刃剑，有专家指出，网络的发展极大促进了人类文明成果的交流和世界文化的创新。这些新兴的文化成果丰富了高校思想政治教育的内容，开拓了高校思想政治教育的文化事业，形成了新的教育环境。但是，网络也带来了新的文化冲突和社会矛盾。因此，高校必须创新网络思想教育的管理机制。

（一）规范上网场所管理

大学生是国家的希望、民族的未来。在信息技术迅猛发展、社会信息化程度不断提高、世界范围内不同思想文化相互激荡的条件下，去引导大学生积极学习和吸收人类文明的优秀成果，鉴别、抵御各种落后思想的侵袭，促使他们成为社会主义先进文化的继承者、发扬者，这不仅仅是教育问题，也应该得到国家关注。

1.加强法规建设

尽管目前我国已经对此高度重视，也加快了制定相关法律的步伐，比如，已经先后制定了相关法律法规，但总的来说，目前制定的相关法律、法规、办法还不够全面。针对网络权利如何去确认，如何判定链接侵权，侵权证据如何搜集等问题还没有一个比较妥善的处理办法，在这些方面都应该尽快立法。

2.加强网络线上管理

智能手机的兴起进一步削弱了时空对网民的限制。只需一部智能手机，人们就可以很简单地进入互联网，浏览网络上传播的信息。虽然国务院曾发布过相关法律严禁互联网上网服务营业场所经营者和上网用户利用互联网上网服务营业场所制作、复制、查阅、发布、传播散布谣言，扰乱社会秩序，破坏社会稳定，散布教唆犯罪的有害信息。但是，具体的防护工作，却仍需要长期坚持。

3.建立规范的校内上网场所

各高校应当结合本校具体情况，利用自身硬件条件优势，积极建立校内上网场所，制定相关规章制度，如《大学生上网规定》《校园网络文明公约》等，对大学生上网时间、场所、活动内容等加强管理。宣传网络法制，增强管理实效，通过技术手段，对有害信息进行查堵；要建立一套完整的网络监管体系，引导大学生自觉遵守网络行为规范，控制自身的网络行为，在高校形成一种健康的、是非明确的网络环境。

（二）加强网络资源管理，采取技术手段筛选和管理

1. 加强校园网络的 IP 路由信息和访问范围的控制管理

因为校园网络主要采用 TCP/IP 网络协议，高校既可以通过在路由器上加入指令，控制用户访问着某些外部网络，也可以建立防火墙对信息进行过滤与筛选。防火墙就是指在一个可信网络（校园内部网）与一个不可信网络（外部网）间建立的，起保护作用的一整套软、硬件装置，高校应在可信网络和不可信网络之间的界面上构造一个保护层，并强制所有的访问或连接都必须经过这一保护层，在此去进行检查和连接。利用防火墙可以保证非法的、不健康的 IP 地址不被任意连接，还能建立跟踪工具，帮助总结并记录有关试图或正在进行的连接，只有被授权的通信才能通过防火墙进入校园网，这样既保护了校园内部网资源免遭非法入侵，也防止了外部不良信息进入校园网络。防火墙能强化安全策略并且能有效记录互联网上的活动，就可以作为一个有效的选择外部信息的检查站。

2. 要对校园网络的内容严格把关

要从网络类型方面可以把校园网划分为教学子网、办公子网、宿舍子网等，网络管理人员应对校园网络布线结构、网络系统结构和参数配置熟悉了解，对每个网管交换机的每个端口都要详细对应配置，如，端口对应的是哪一个教室、哪一间办公室、哪一个用户或是级联到哪一级交换机等，并且严格做好系统参数备份，一旦出现问题，就能够及时做出反应，一查到底，落实到具体的责任人。

3. 严格网络难点管理

高校要针对网络思想政治教育工作的难点，加强对骨干网、局域网、校园网的管理，这是做好高校网络思想政治教育工作的重要内容。高校应充分利用现有的网络监控管理技术，建立信息进出校园网的海关，筑起信息防火墙，净化网络空间。要加强对免费主页及链接的审查、落实实名制注册登记，并通过必要的技术、行政、法律手段，阻止各类不良信息进入校园网。要将管理与教育结合起来，自律与他律结合起来，在通过各种形式，来增强大学生上网的法律意识、责任意识、政治意识、自律意识和安全意识，培养健全人格和高尚情操，树立良好的网络道德，自觉构筑抵制不良冲击防火墙。

（三）立法与制度并举，构建网络系统管理制度体系

1.加强网络与信息安全立法工作

规范互联网秩序，加强网络立法刻不容缓。我国的网络立法工作已取得初步成绩。《计算机信息网络国际联网安全保护管理办法》就是为了安全保护计算机信息网络国际联网而制定的管理办法。《中华人民共和国计算机信息系统安全保护条例》是为保护计算机信息系统的安全，促进计算机的应用和发展，保障社会主义现代化建设的顺利进行而制定的行政法规。在《中华人民共和国刑法》和其他有关法律文本中也有关于打击计算机犯罪、保护信息安全的条款。计算机与网络安全法规的出台与实施，在规范网络行为、保护网络用户利益，特别是在使青少年免受非法和有害信息的侵害等方面起到了积极的作用。只有不断加强网络立法，建立健全商业网站和网吧管理制度，才能有效地规范商业网站和网吧经营者的商业行为，打击不法行为，才能为大学生的健康成长创造一个良好的社会环境。

2.建立健全校园网络与信息安全管理制度

高校应当依据国家有关法规，去结合自身实际，制定切实可行的校园网络及信息安全管理制度。其内容应包括：校园网络系统规划及布局、校园网络系统硬件管理制度、校园网络各级管理员职责、校园网络管理队伍建设与培训制度、校园网络信息发布与监控制度、师生网络行为监控与管理制度、师生自主建立门户网站管理与监控制度、网络系统管理与信息安全监控激励机制等。只有建立健全科学、完备的网络系统管理与信息安全监控制度，才能够确保校园网络的正常运行，才能更好地为学校各方面工作和广大师生服务。

3.健全其他特殊管理制度

校园网是不同于一般的商业网站，它服务的是在校学生，为了保证正常的校园生活和教学秩序，就要建立和健全一套完善的管理制度，如网络管理制度、检查制度等。适当地约束学生的上网时间，控制学生的上网行为，加强对网络的管理力度。

（四）打防并举，构建网络信息安全监控体系

1.建立健全网络信息安全管理责任机制

信息安全保障工作就是一项关系信息化建设和发展全局的长期任务，

高校应高度重视信息安全保障工作，切实加强对信息安全保障工作的领导。在推进教育信息化的过程中，高校要始终坚持一手抓教育信息化发展，一手抓教育信息安全保障工作，来建立健全信息安全管理体制，明确主管领导，落实责任部门，确定具体人员及职责，做到各司其职，各负其责，常抓不懈。建立健全网络信息安全管理监控机制。高校各有关部门应加强配合，健全完善协调机制，及时沟通情况，并且有针对性地打击网上违法犯罪活动，清除有害信息，形成齐抓共管的整体合力。高校应建立健全有关部门协调配合的工作机制、网上监控和举报受理工作机制、各负其责的监管机制和群众广泛参与的监督机制，从源头去消除有害网络信息传播的基础，清理有害网站的生存空间。

2. 建立网络信息安全的物质保障机制

高校应保证网络设施安全运行和维护的基本投入，特别是要重点支持信息安全的基础性工作所需基本设备的配备，以此增加对信息安全保障体系关键技术、设备的资金投入，在年度经费预算中将其列入网络信息安全专项经费。

3. 建立起相应的网络监控机制

高校应对网络信息进行筛选分析，及时了解学生的思想动态，及时过滤错误的、非法的信息及病毒的传播，避免消极影响的产生。

4. 坚持技术监控和人员监控并重机制

在这一机制建设中，要从两方面入手。一是制定监控标准，明确监控的对象或范围，这是实施监控的前提条件。二是实行技术监控与人员监控相结合。高校网络思想政治教育应加大对监控技术的应用力度，大力开发适应高校网络思想政治教育需要的监控软件。在搞好技术监控的同时，加强人员监控。只有这样，二者才能够互为补充、相得益彰。搞好人员监控，首先要有网络思想政治教育的专职监控员，定岗定责，实行责任制和责任追究制；其次要在思想政治教育网站或主页上设置监督窗口，要接受广大网民的监督。

5. 加大对网络违法犯罪活动的打击力度

在净化网络环境方面，高校应该积极配合公安机关等执法部门开展工作，加强对学生的思想政治教育和行为管理。对参与网络违法活动的学生应给予严肃批评教育，对构成犯罪者，应移交公安机关依法处理。

第二节 提高大学生自我教育能力

一、提高大学生自我教育能力的主要途径

（一）增强大学生自我教育意识

自我教育是受教育者充分发挥其主动性进行思想内化和行为调控而达到提高自身素质的一种活动过程，最终还是要通过学生的内因起作用，所以，自我教育的前提就是受教育者具有主动性。如果在思想政治教育过程中大学生不具备自我教育意识，或者自我教育意识不充分，就会在实际工作中陷入被动。因此，在日常的教育工作中，我们要注重大学生自我教育意识的培养，通过各种途径让大学生了解社会进步、时代发展、人生态度，激发大学生自我教育的内在动力。

1.引导大学生正确认识自我，来激发自我教育的意识

由于自我既是认识的主体，又是认识的客体，所以，自我认识的难点在于正确认识自我、改造自我。只有从内心接纳自己、鼓励自己，并且乐于或善于自己战胜自己，全面而确切地了解自己，才能给自己一个准确的定位。

第一，培养自我认识能力，形成自我教育的信念。大学生的一个明显特点是自我意识随着社会地位的变化而迅速增强，他们更多地去把眼光投向自身，探索、认识、评价自己。这为我们引导大学生培养自我认识能力提供了有利的条件和基础。但是要真正使他们能够清楚地意识和把握自己，掌握评价的标准，形成比较系统的社会道德的自我评价能力，首先要健全班级集体。这是提高其自我认识能力，形成自我信念的重要条件。大学生认识和评价自己品质的能力，是在集体中从他认识别人的品质开始的，就是在认识别人的过程中学会以别人为"镜子"与别人进行比较后逐步认识自己的。

第二，要树立远大理想，激发自我教育的内在因素。自我认识能力是自我修养的起点。大学生要具有坚持不懈地进行自我教育的能力，仅仅有自我认识能力和自我教育的信念是不够的，还必须培养他们自我激励的能力，使自我教育获得巨大的内在动力。自我激励能力的大小强弱，这取决于个人理想是否远大，以及对这一理想是否有深厚的感情基础，是否有信心去实现

它。绝大多数大学生都有自己的理想，有强烈的社会责任感，有愿意为祖国、为人民、为人类而奋斗的崇高精神。他们渴望成才，渴望在事业上有所建树，这也就是，说大学生具有一定的自我激励能力，能够鼓舞自己在人生道路上向前迈进。这就要求大学生坚持自我学习，坚持政治理论的学习，树立正确的世界观、人生观、价值观、道德观，把个人的前途发展与祖国的发展联系起来，培养高度的社会责任感和历史使命感，用唯物、辩证的观点去思考社会、人生和自我，要学会自我观察、分析、控制、训练和自我评价，从而不断提高自我教育能力。

第三，提倡大学参与性教学活动。大学参与性教学是一种旨在通过学生的主体参与，以达到发展学生主体性的一种教学观。它就是21世纪以来我国兴起的一种教学理念。是现代社会对大学学习提出的新要求，也是大学生适应现代教育应具备的学习要求。现代社会强调个体的自主自立精神，现代教育应适应于现代社会的要求高扬人的主体性，强调学生主动参与教学过程。它有助于个体主体性、自立精神等自我教育能力的形成。与中小学教育不同，大学教学已不大关注一般知识的积累与记忆能力之训练，它更多关注的是学生的创新精神和实践能力、科学底蕴及人文精神。大学教学充满了对未知世界的探索与发现。教学过程中若没有教学主体的积极参与、发挥能动性，是不能适应现代社会的要求的。参与性教学提倡个体及群体的互动状态，强调大学生自主自立精神和实践能力的形成。它不仅有助于大学生发展积极的思维能力，而且有助于大学生形成创新精神与实践能力。非常有助于增强大学生自我效能感，树立自信心。

2.要树立"以生为本"的教育理念

第一，要尊重学生的主体性。自我教育作为教育活动的重要形式之一，是以个体主体性的充分发展为前提的。个体主体性是自我教育能力的重要体现。只有当主体性充分得到发挥时，学习活动才能够顺利进行。只有当学生的主体性得到充分发展时，其自我教育能力才能作为教育目的之一得到实现。只有尊重、肯定学生的主体性，其自我教育能力才能得到相应的发展。

第二，发展学生的反思能力。自我教育不仅表现为自主性和自我反馈等，也需要通过反思活动，更好地去了解自我和外部环境，更好地把握自我和所处环境。自我反思能力的形成需要大学生在已有知识经验的基础上，对自己和自己的学习、交往等活动进行不断总结、反思，以了解自己在学习过程中有何变化，看到自己取得的成绩，不断的教育自己和提高自信心。大学生的反思能力一方面可以通过课堂教学培养，培养其对社会环境、所学知识的能力评价能力；另一方面大学生可以通过制订学生的自我发展计划，来进行自我评估，在思考中内化教师的教育与教导。

第三，重视学生自我调节能力的培养。当今社会不断发展，日新月异，人类的科学知识正以前所未有的速度剧增。教育的重心已经从学生掌握知识发展到培养学生能力、发展学生自主性上来。自我调节的学习能力是学生自我教育的能力之一。知识的急剧增长使学生在学校学习的知识量已远远不能适应变化的社会要求。他们必须具有不断学习、自我调节的能力，能根据面临的环境及时地调整、学习新知识，才能够适应社会要求。发展学生的自我调节能力，一方面教师要在教育过程中积极地进行学习策略的指导，指导学生根据不同情境调整学习过程，并在此基础上不断地产生新的学习目标。学生的自我计划、自我管理和自我鼓励等对他们自我调节能力的形成具有重要的作用。现代社会需要独立思考、学会适应新情况，适应环境学会变化的人。学生只有具备自我调节能力，才能够成为具有现代社会品质的人。

（二）搭建大学生自我教育的实践平台

1. 高校学生会

高校学生会是高校党委领导下的学生群众团体，这个组织建立在学生中，在提高大学生自我教育能力方面有着自己的组织优势。学生会机构设置齐全，几乎包括大学生学习、生活的各个方面，可以为大学生提供多方面的服务和帮助。学生会根植学生当中，对学生的各个方面情况深知"底细"，了如指掌，这样就能做到自我教育有的放矢，自我服务准确到位，自我管理及时有效。学生会安排活动多，能满足不同年级层次学生的要求，激发大学生的参与集体活动的意识，使他们在活动中不断发展自己的兴趣和爱好，来提高个人的综合素质。

学生会是党联系广大学生的桥梁和纽带，可以准确地把党对广大学生的希望和要求，把党的方针、政策传播到学生当中，使其得到学生的理解并变成自觉的行动，占领思想政治教育的制高点。能够引导学生认真按照党的教育方针组织和开展多种适应学生特点的有益活动，寓教于活动中，来促进学生德智体全面发展；能够及时向党组织反映学生的思想动态，协助学校党团组织更好地开展学生工作。

高校可以利用学生会所属的宣传站、广播站、板报及各种刊物，来宣传国家大政方针，用正确的舆论引导大学生，使大学生树立远大的理想和政治观念，增强责任感和使命感，为大学生自我教育提供强大的精神动力。利用报告会、座谈会，请党政领导、专家、学者、企业家和英雄人物来学校做报告或者座谈，既能使大学生感受到积极教育，又能使大学生听到自己关心的话题。通过这些报告和座谈能够促使大学生加深对国情、社情、民情的了解，增强对祖国的热爱之情，促使大学生树立正确人生观，认清历史责任，激发主动成才的动力。

2.学生社团

学生社团就是学生"自我管理、自我教育、自我服务"的群体性团体，是广大学生增长知识、培养能力、去展现个人才华的重要园地。其目的是把同学们组织起来，有领导、有计划、有成效地开展第二课堂活动，以扩大学生的知识面，丰富课外生活，培养广泛的爱好与兴趣，锻炼组织管理能力，为同学们全面素质的培养和成才创造良好条件。同时，学生社团是丰富和活跃校园文化的主力军。从数量、参与人数看，学生社团处在蓬勃发展的时期。在一些高校学生社团已经发展成为学校开展文化科技、思想政治教育等活动的主要载体。

学生社团以其独有的方式在拓展学生综合素质、来培养创新精神与实践能力等方面发挥着重要作用。主要表现在：

第一，社团建设提升了学生思想道德水平。学生社团虽然是学生自发组织起来的组织，但是学生社团活动仍然是在高校的主导与控制下进行的，这就使得思想政治教育工作者能够将社团活动作为思想政治教育工作的载体加以应用，使社团活动为加强与改进大学生思想政治教育服务。高校思想政治教育工作者将思想政治教育融入社团建设、在社团活动中，潜移默化地对其成员开展主流价值观教育，影响其成员的思想。社团成员在活动中不仅发展了兴趣，更重要的是通过社团活动，要从不同的角度了解社会、认识社会，从而激发了对祖国的热爱之情，树立了为国家富强、民族昌盛而奋斗的责任感和使命感，达到了自我教育的目的。

第二，社团活动有利于学生知识结构的不断完善。社团活动涉及政治、经济、文化、体育等多个领域，充分的体现了高校大学生广泛的兴趣爱好和充分的想象力。学生加入某一个社团，可以在平时的第一课堂学习之外，接触到许多非本专业之外的知识，从而对自身知识结构的完善起到重要作用。

第三，社团活动为学生实践能力的提高了提供了良好的环境。当前学生社团组织的重要特点是除具有一定的理论、专业知识背景外，更重要的是，突出实践特色、强化动手实践能力的培养。学生加入某一类专业技能型社团，在发展自身爱好、获得专业知识的同时，也不断使自己某一方面的动手实践能力得到锻炼，在不断向社会和他人展示的同时，获得较强的自我认同感，增强自信心，从而为培养健康的人格打下了基础。总之，学生可以通过丰富的社团活动拓宽知识面，完善知识结构，提高实践能力，提升综合素质，这些都在很大限度上推动了学生自我教育能力的提高。

3. 社会实践活动

大学生的成长过程，是一个不断认识社会，适应社会、并通过自我创造为社会做贡献而被社会认同、接受的过程，要引导大学生积极地参加社会实践和社交活动，要让他们在实践中去检验"现实中我"与"理想中我"的差距，并激发主体意识，自觉地进行自我反省、自我调节、自我控制、自我完善，不断地修正"现实中我"。社会实践活动在提高大学生自我教育能力方面有着重要的作用。

第一，社会实践有利于大学生在接触社会中更好地认清我国改革开放的大好形势及其发展方向。大学生积极的投身社会实践，去接触社会，体验生活，与各阶层的人进行对话、交流、沟通，关注时局形势的发展动态，能够把握推动社会发展的内在动力，明确自己的奋斗目标和努力方向，将自己融入人民群众中，体察民情，关心民生，感受社会变迁沧桑，用自己的知识和智慧来为人民服务，充分展现自己的才华。组织大学生进行社会实践，把他们置身于改革第一线，要让他们亲身经受改革大潮的洗礼，能够使大学生提高对改革的认识，调整自己在改革开放中的位置。

第二，社会实践有利于大学生探讨人生价值，树立正确的人生观。社会实践有利于大学生在实践中针对自己的思想实际，根据社会需要，从共产主义理想或者集体主义角度，在各种平凡岗位中，从无数的默默无闻地为现代化建设做出重大贡献的无名英雄身上探讨人生的价值，以此找到自己人生价值的真谛，从而树立起正确的人生观。

第三，社会实践有利于学生增强自我意识，树立正确的人才观。无论是树立正确的人才观，还是培养四化建设的人才，都离不开社会主义现代化建设的社会实践。只有通过社会实践才能够使大学生正确了解社会主义现代化建设对各行各业以及各部门各单位骨干人才的具体要求，了解培养具有中国特色的社会主义现代化建设人才的具体要求，并在实践中得到检验。

4. 发挥榜样示范作用，提高大学生自我教育的主动性

榜样示范教育是通过提供大量有价值的先进事迹号召学生学习，仿效其思想、行为和精神，以此来感召学生、教育学生，学生以受教育者的身份接受的教育。榜样教育还可以让学生以教育者的身份来进行，这样效果也许将会更加理想。自我教育作为实现自我发展目标而进行的自我培养活动，既是自我意识发展到一定水平的产物，又是推进自我意识发展的力量。

通过评选表彰，树立道德模范，用他们的先进的事迹感召大学生，有利于把社会主义道德观念传播到大学生中间，有利于大学生树立正确的价值导向。榜样的力量是无穷的，高校可以利用正反两方面的事例，教育广大学生正确地区分真善美和假恶丑，在道德评价中逐步提高自我的道德水准，完善自己的人格。如，让高年级的学生担任低年级学生的班主任，一方面，低年级学生以高年级学生为榜样，高年级学生能够示范和激励低年级学生，促进低年级学生的自我教育；而另一方面，从高年级学生的角度来看，他必须以教育者的身份去对待别人，所以会更加注重自身素养，从而增强了自我教育的能动性。榜样教育具有感染力，警示教育则有震慑力。警示教育是运用已经处理过的反面典型为教材对学生进行教育的一种方式，开展警示教育能够让学生吸取教训，引以为戒。正面学习有榜样，反面教育有镜子，坚持榜样教育与警示教育相结合，要充分发挥正反两方面典型的激励和警示作用，将很好地提高大学生自我教育的主动性。

二、提高大学生自我教育能力的外部支持

（一）外在教育的支持

1. 家庭教育

家庭是构成社会的最基本的单位，也是人的第一个自然教育的场所。

家庭对孩子的教育是"生命的教育"。家庭教育的优势，在于它是一种以情感为基础的教育，而这种教育经常处于关爱、和谐的气氛中；它是一种与家庭生活紧密联系的教育，随时都可进行，随时可以变化，经常表现出生动活泼的局面；它是一种长幼之间的教育，尊敬长老，爱护幼小是它的经常表现，示范、模仿是它的特点。家庭教育是一种与生俱来的示范教育，它是有目的，但目的是不清晰的。在教育过程中，家长应当加强自身修养，不断提高自身的思想道德和文化素质，强化目的意识，处处以身示范，并多去了解孩子，与他们进行必要的情感交流与心理沟通，为孩子的健康成长构建民主和谐、热爱期待、求知进取的交流沟通的良好家庭氛围，来促使孩子健康成长。同时，要增强孩子的自我意识，培养孩子自立、自主、自强的精神，使他们在家庭环境中做有心人，抓住机会，自觉规范自己的行为，提高认识，增长知识和才干。

2. 学校教育

学校教育是一种有计划、有组织、有系统地培养人的社会活动，通过对个体传递社会生产和生活经验，以促进个体身心发展和掌握从事社会实践活动的技能，使个体社会化。学校教育是个人一生中所受教育的最重要部分，个人在学校里接受计划性的指导，系统地学习文化知识、社会规范、道德准则和价值观念。学校教育从某种意义上讲，决定着个人社会化的水平和性质，是个体社会化的重要基地。当然，学校教育在提高大学生自我教育能力上具有举足轻重的作用。在教育过程中，首先，就要转变传统教育观念。过去的教育一般只重视教育者对受教育者的影响。国家对教育计划大纲的制定、教材编写，以及对学校教育、教学和管理的具体实施，都侧重于研究教师的主动传授，对学生的主动接受重视不够，缺乏让学生自我教育的意识，教育质量难以提高。学校必须要把教育的对象变成自己教育自己的主体，受教育者必须成为教育他自己的人，别人的教育必须转化为这个人自己的教育。其次，学校要创设良好的物质环境与文化环境。物质环境其中包括学习条件、设施、设备和生活条件；文化环境即要求学校拥有特别的自我教育文化氛围，包括教育理念、价值观念、科研能力和学术水平等。学校教育是在创设适合学生发展的条件、环境和氛围，而不是在选择适合教育的学生。学校要实现教书育人、管理育人、服务育人，要追求浓厚的教育氛围，善于开展丰富多彩的校园文化，在良好的教育环境、教育氛围中陶冶学生的道德情操并使之得到美的享受。学校还可以通过一些具体活动部分地教给学生实施方法，使学生在参与中展开自我教育，使其自我教育能力得到提高。

3. 社会教育

社会教育其中包括社会政治因素、社会思潮和社会风尚、大众传媒等对人的影响。根据马克思主义的观点，思想政治教育作为一种意识形态，它是由经济基础决定的，是社会关系的产物。道德教育和人们的道德观念都根植于一定的社会关系，归根到底根植于一定的经济关系，并随着社会关系、社会经济制度的变化而变化。我国正处在改革攻坚阶段和发展的关键时期，计划经济向市场经济转轨，社会经济结构、产业结构和社会运行机制正在发生根本变化。与此相联系，国家的政治制度的现状及其变革调整的幅度、力度以及由此体现出来的一系列的政策和措施，不仅改变着人们的物质生活方式，而且在一定程度上也影响着青少年的思想品德。打开国门，走向世界，加速了物质消费观念和精神文化的交流，加之大众传媒在社会生活的各个角落渗透，不管是积极的还是消极的都会对青少年产生深刻的影响。由此可见，在社会教育中，我们都应树立以青少年为本、师生相互信赖、民主平等的教育观念，创造健康、向上的自我教育氛围，尊重每一个青少年，用爱的情感和爱的行动、爱的艺术，培养和去调动起每一个青少年参与自我教育的意识，使青少年真正投入自我教育活动中，从而成为自己的主人。现代社会由于科学技术的迅猛发展，社会知识总量的激增，劳动就业结构的突出变化，使知识更新的速度不断加快，社会要求青少年去扩大社会交往，充分发展其兴趣、爱好和个性，广泛培养其特殊才能，因此，社会教育对提高大学生自我教育能力来说，具有极其重要的意义。在大众传媒中建设高质量的教育专栏，把思想政治教育渗透到各种节目中，满足大学生自我教育的内在需求；举办各种形式的适应社会发展需要的培训机构，开放各类图书馆、博物馆、文化宫（馆）、爱国主义教育基地，大力加强社区文化和教育中心以及其他各类非营利性教育机构设施。面向青少年的社会教育机构包括青年宫、少年宫、青少年活动中心、青少年素质教育基地、少年科技站、科技馆等，这些机构担负着培养着下一代科技素养和文化素养的职责，不仅应当免费，而且应该尽可能多地向中小学、少年儿童包括父母开放，使之真正成为实施素质教育的社会基地。

（二）管理工作的支持

一些教育者利用自身权力对学生个体进行想教育工作具有随意性，受教育者变成了完全被动与理应服从的承受者。而这样的教育方式往往会引起大学生的逆反心理和不信任感，是很难达到大学生教育管理的有效性。因此，必须创新大学生管理方法。

1. 要积极为大学生提供适当的自我教育的空间

大学生生活丰富多彩，而且有着积极向上的心情和参与活动的热情。作为教育者，要对大学生的主动参与性给予积极正确的引导，并创设一定的活动空间和活动途径。教育者可以充分利用大学生中的正式群体和非正式群体，让大学生自主地管理班级，自主地开展活动。并且尽可能地发挥党团组织、学生会、社团、社会实践小分队等组织的作用，给大学生以展示才华、锻炼自我的机会。同时，大学校园里的丰富多彩的校园文化活动、各种竞赛活动，也会积极推动大学生自我教育能力的培养与提高。

2. 要营造民主、宽松、积极向上的氛围

学校民主建设的本质是把广大教师、学生真正看作学校的主人和学习的主体。高校要提倡民主，营造民主气氛，让学生感到自己是学校主人，从而激发其稳定持久的自觉性和主动性，要树立良好的学风、班风。这样一来，学生在学习中、在日常管理中就会以主人翁的姿态自觉投入其中。自我教育的对象不仅仅是学生个体，其中也包括集体的自我教育，这两者是密切相关的。一方面，一个健康向上的集体可以激发广大学生自我教育、自我管理的自觉性，树立"校荣我荣，班荣我荣"的思想，自觉地把自己的利益与集体的利益联系在一起；另一方面，个体自我教育能力的提高，又在潜移默化地影响着群体中的其他个体，促使整个群体自我教育水平的提高。因此，在大学生群体中营造民主、宽松、积极向上的氛围，必将会更大地发挥群体的自我教育作用，有利于大学生自我教育能力的培养。

3. 完善大学生自我教育的保障制度

任何实践活动都需要一定的制度作为保障，制度保障与一般的个人承诺相比，更具有稳定性、权威性。大学生自我教育特别需要一系列的制度作为保障，以改变当前自我教育的随意性。为了保障大学生自我教育稳定而持续地进行，学校应当根据大学生思想意识发展已达到相当高的程度的特点，在以往制度的基础上，从而进一步完善。

第一，建立大学生参与学校管理工作的制度。自我教育的主体是大学生，高校要充分调动他们的积极性引导他们进行自我教育，促使他们参与到学校的管理中。如，现在很多高校将本科生安排到学生处、图书馆、资料室实习、锻炼，使他们更好地了解学校对他们自身发展所提供的有利条件，并且能够充分利用有利的条件实现自我发展。

第二，建立学生在学习中的自主选择、自主学习制度。高校要给大学生一定的自我教育空间和时间，确保他们除了接受教育者的理论灌输之外，还能够自觉地根据自己的实际情况进行自我完善和提高，如，规定大学生每周都必须有共同学习、讨论的时间，规定大学生每学期要对自己进行一个全面的评价，并写成书面材料，以利于以后更好地改正不足。

第三，要完善大学生自我实践的制度。高校应鼓励大学生参加各种实践活动，如支教活动，寒暑假的实习锻炼、无偿献血，植树等活动，要对他们这种自觉的自我发展给予一定的奖励，并与评奖学金、入党相结合，提高他们主动进行自我教育的积极性，更好地促进自我教育目标的实现。

4.建立大学生自我教育评价的科学体系

大学生自我教育的科学评价体系主要指高校对本校各院系大学生自我教育的实际情况，在根据一定的评价标准，通过科学的方法和正确的途径，多方面搜集适当的事实性材料，定期进行督促、检查和评价的过程。自我教育效果到底如何，需要对自我教育过程的各个环节及时地做出信息反馈，这样才能为自我教育的科学化提供依据。在思想政治工作中，建立大学生自我教育评价体系是加强和改进高校自我教育工作的重要保证，是高校加强自我教育和学校管理的重要手段，其目的是通过自我教育评价体系不断提高大学生自我教育的水平和效果。通过科学的评价体系，高校可以全面了解和衡量大学生自我教育的效率、发展水平，通过及时的信息反馈，分析存在的不足，去进行调整，激发和改进大学生自我教育工作的主动性、积极性，在进一步完善自我教育。

建立大学生科学的评价体系的具体措施包括以下几点：第一，遵循客观性原则，大学生自我教育效果的量化有一定的难度，在评价过程中会带有一定的主观因素，所以高校要坚持调查研究、实事求是地对大学生进行考查，切忌从个人的好恶出发，做出武断的评估。遵循客观性原则就要根据大学生的实际情况以及所受环境的影响，做具体的分析，同时也要将专家评价、家庭评价、教育者的评价、学生自身以及其他群众的评价结合起来，为大学发展的实际效果评价提供更多的事实依据。第二，遵循全面性原则，把自我教育作为一个有机体来看待，从多个层面进行检验，不能单单从一个层面进行评判。既要看大学生外在的实践动手能力，也要看其自身的思想品质，要将思想、情感、学习、品德等多方面结合起来。第三，把教育者素质以及高校领导部门工作效率纳入评价体系中。要将教育者开展自我教育的态度和工作实效纳入整个工作评价体系，与评比先进、晋级、升职等挂钩。第四，将学生自我教育的能力和水平纳入学生素质评价体系，与评优、推优入党、就业推荐等挂钩，以确保自我教育工作的评价由软变硬、由无形变有形，从而形成领导重视、责任到人、专兼结合、奖惩有据的自我教育运行机制。

（三）校园文化的支持

校园文化指的是学校所具有特定的精神环境和文化气氛，它包括校园建筑设计、校园景观、绿化美化这种物化形态的内容，也包括学校的传统、校风、学风、人际关系、集体舆论、精神氛围，以及学校的各种规章制度和学校成员在共同活动中形成的非明文规范的行为准则。校园文化是提高学生自我教育能力、提高综合素质的有效载体。大学生在一定的校园文化中会自觉不自觉地接受、内化并整合其主导的价值观念和思维方式，思想就会发生潜移默化的变化。这种变化具有非强制、非逻辑的特点。大学生通过自觉有效的自我教育，养成良好道德品质、文明行为和学习风尚，离不开丰富多彩的高品位、多层次的校园文化活动，离不开良好的校园自然环境和人文环境。要创设有利的"道德场"，关键要加强校风和校园文化建设。高校要从人才培养的高度加强校园文化建设，重视高校内部潜在的、非课程形式的教育活动，精心设计、着力构建一种适合大学生成长发展的、充满新意的校园文化环境和学术氛围，要形成大学生自我教育的良好环境和氛围，通过对大学生的心理感染促使大学生自我教育行为的发生。

1.加强"硬"文化建设

校园物质文化是校园文化的硬件，是一种外在的、最直观的表现形式，如，校园建筑布局，校舍内部的陈设布置，校园的绿化、美化等。大学生是校园环境建设的主体，他们既是校园环境的创造者，又是校园环境的享受者。美好的校园环境对大学生具有潜移默化的教育影响，能够引起大学生思想、审美观念的变化。因此，高校首先要从创建健康优美的校园环境出发，发挥校园文化的熏陶功能，加强了大学生的自我教育。美的环境是一部立体的、多彩的、富有吸引力的教科书。在进行校园外表形象具体设计和布局的时候，高校要遵循高品位原则，设计新颖、制作精细、布局合理、格调高雅、寓意深刻，使得校园成为充满意义的生活世界。校园建筑和校园景观是校园物质文化的主要组成部分。在设计时要多从实用角度出发，以满足学生生活需要为宗旨。教学楼的设计则是要在实用的基础之上，更加讲究舒适并体现出一定的艺术特色。教师实验室、图书馆、阅览室的建筑还要从卫生角度设计，在朝向、采光、照明等方面按照要求规范设计。总体上看，现代校园建筑越来越重视审美，越来越强调艺术特色。在校园的物质环境建设中，校园景观建设也不容忽视，高校要做好绿化美化工作，使校园的山、水、园、林、路等达到使用功能、审美功能和教育功能的和谐统一，用优美的校园景观激发大学生的爱校热情，陶冶大学生关爱自然、关爱社会、关爱他人的美好情操。学校要在公共场所布置具有丰富内涵的雕塑、书画等文化作品，营造高尚健康的人文景观氛围。学校要组织大学生广泛参与校园楼宇、道路、景点的规划、建设、命名以及管理工作，来增强大学生对校园文化环境的认同感。

2. 加强"软"文化建设

校园精神文化是校园文化的软件，具体包括教风、学风、校风、制度、文化氛围、文化活动等。首先，加强舆论文化的渲染，发挥校园文化的导向功能。学生的从众心理使他们的思想行为容易受到集体舆论的制约和同化。

因此，高校要重视舆论文化的建设，真正做到"以正确的舆论引导人"。首先，要加强思想政治学习，注重养成教育。其次，应该充分发挥黑板报、广播站、校报和宣传橱窗的主阵地作用。再次，要加强"爱校"教育，培养母校意识，激发强烈的荣誉感、自豪感，从而产生凝聚力，形成学校精神。此外，还要确定共同的奋斗目标。最后，要利用多媒体、网络、电视，宣传优秀教师和优秀学生，树立榜样。要营造奋发向上的校风，发挥校园文化的教育功能，抓好领导作风建设，要求高校领导以身作则，树立"团结协作、勤廉高效"的工作作风，坚持实事求是、讲求实效、科学管理，以人格育人，为促进良好校风的建设奠定基础。

高校应该从教职员工入手，开展师德教育活动。规范教师风纪，使他们在工作中做到严于律己，为人师表。教师以自己良好的师德表率给学生树立榜样，以深厚的思想情感、庄重大方的仪表、和蔼可亲的仪容和彬彬有礼的语言给学生做示范，让学生在学校学习和生活中不断地受到教育。高校要优化和谐的人际关系，发挥校园文化的凝聚功能。

校园人际关系包括师生关系、学生关系、教师关系三部分。高校应塑造"三种角色"："领导＋长者＋朋友"型的领导角色；"师长＋父母＋朋友"型的教师角色；互助互爱、情同手足的同学角色。高校应该开展丰富的文化活动，发挥校园文化的激励功能。"在实践中锻炼，在体验中发展"是学生发展的根本理念。

高校应积极开辟阵地，创设舞台。比如，各种体育比赛、文艺会演、美术书法作品展、影视欣赏、社会服务、勤工俭学、军训、文娱晚会等，兼顾教育与情趣、知识与娱乐、活动与安闲，使全校师生在参与中充分发挥主观能动性，寓教于乐，陶冶情操，锤炼品格。高校应建立规范有序的管理机制，发挥校园文化的控制功能。"不以规矩，不能成方圆。"制度就是校园文化建设初级阶段的产物，也是为了达到无意境界保障学校教育的有章、有序和有效而采取的一种有意识手段。

自我教育作为一种教育现象是随着人类的进步、社会的发展以及人的主体意识增强而发挥其独特作用的。我国教育界对自我教育重要性问题的认识也比较早，现在我们已经充分认识到，如果单纯去把教育局限于课堂教学范围内，忽视学生的自我教育能力的培养，单纯注重对大学生的统一要求，忽略大学生自我教育的水平差别，已经不能满足他们的需要，难以收到预期的教育效果。尊重大学生的自身特点和要求，突出大学生主体性地位，使他们成为学习的主人，使他们学会自己教育自己，已经成为高校的迫切任务。自我教育是一项系统工程，需要大学生自身努力，也需要学校教育、社会教育、家庭教育的外在支持。

第三节　搭建思政育人信息化平台

一、整合相关资源，提升网站影响力

对高校思想政治教育资源的利用情况，直接决定着高校思想政治教育的实际效果。同样，高校网络思想政治教育的水平和效果也取决于高校思想政治教育资源的丰富程度以及对其的开发和整合利用效率。因此，主题网站只有不断与其他优秀网站进行资源与信息的交换，才能有效地把网站的成本投入转变为产出，才能满足网站生存发展的需要，也才能够实现主题网站长期开展网络教育的目标。

（一）吸收校内资源

就目前来看，校内资源仍然是高校思想政治教育主题网站的主要信息来源。如何"近水楼台先得月"，要充分利用好本校资源，是网站信息内容设置是否精当的关键。具体来说，网站管理者可从以下几方面入手，吸收校内的优秀教育资源。

首先，要对校内资源进行立项开发。教育资源建设的主管部门要根据学校教育资源的具体情况，确定每年度应开发的资源名称、类型和所需经费数量，形成资源开发立项指南，并组织相关学科骨干教师进行立项。经过资源建设专家组的审核、评定后，学校应将经费划拨给项目开发者进行研发。在资源开发完成后，专家组要对项目去进行评审验收。除了中期验收外，专家组还要在项目开发过程中对项目开发的阶段性成果进行中期考核，追踪项目进展情况并且提出建设性的意见和建议，指导相关人员如期、顺利地完成项目。例如，高校可以对校园的宿舍文化资源进行较为深层的发掘。作为学生学校生活的主要场所，宿舍集中展现了当代大学生课余生活的真实面貌，高校教育者可以从中获得当代大学生心智发展状况的第一手资料。因此，在聚集学校的网络硬件资源后，高校就可以建立由学院负责的公寓网络工作室，并安排专职辅导员以及优秀学生轮流值班，通过网上、网下相结合的方式解决学生的实际问题，积极推进学生思想政治工作进网络、进宿舍。

其次，成立资源采集与整合的部门。尽管网站的栏目分属于学校各个行政部门，且分工明确，但也不可避免地会出现这样的情况，即一些教育信息涉及多个部门的工作范畴。当遇到这种情况时，若没有一个整体网络信息的协调部门，势必会存在网络信息重复或空缺的现状。因此，网站应该设立一个专门对网络信息进行处理与更新的部门，该部门不仅要负责对各级各类行政部门提交的教育信息进行整理与归类，还要将已处理的教育信息在网站上集中更新。这样才能保证网站上的内容与内容之间逻辑结构清晰，层次分明。

最后，重视对教材和精品课程的二次开发。由于受客观条件的限制，一些学生可能会为错失某一自己喜欢的课程而感到惋惜。同样，一些老师也可能因为不能通过多种途径使教学内容向深度和广度延伸而表示遗憾。有鉴于此，网络教育工作者是可以充分利用主题网站这一交流平台，对传统教学进行补充和完善，使学生和教师在网络空间达到学习上的"双赢"。

一方面，学校可以调查和统计学生心目中的优秀课程，并且抽调专人对这些课程进行实时录像。优秀课堂教学视频一旦放在网上，势必会激发学生的学习兴趣，满足学生的好学愿望。另一方面，教师也可以在网络课堂的学习中根据需要创设一定的情境，使学生突破传统教育模式的限制，充分思考，大胆质疑，提出自己的独到见解。当然，教师也可以在网络教学中设置考察测评环节，来促进学生对课堂学习进行及时和自觉的反思。

（二）加强对校外资源的整合

经过几年的摸索实践，大部分高校都已经形成了网络思想政治教育体系。但是，面对浩瀚的校外教育资源，高校网络思想政治教育者却常常束手无策，不能以开阔的视野以及敏锐的洞察力抓住机遇，加强对碎片化的校外资源的收集与整合。根据高校思想政治教育的特性，主题网站的校外教育资源主要分为校际教育资源和社会教育资源两大类。

校际教育资源的开发，主要是指各学校在图书馆信息、网络课堂、电子教材等方面的交流与合作。不同学校受学科发展优势和客观条件限制等方面的影响，其在网络思想政治教育的资金配置以及侧重点上都有所不同。因此，高校之间可以形成网络教育联盟，加强合作，使各高校特色教育资源最大限度地达到共享与利用。高校之间除了在内容上可以进行教育资源合作外，还可以在教育主体上有所丰富。如，高校就可以在主题网站这一网络教育平台上开设校外导师资源注册窗口，任何地方、任何学校、任何热爱教育事业的人士，都可以在窗口中注册，成为辅导某些领域的导师，以此吸纳更多其他院校或单位的教育资源为本校共享。当然，高校在进行校际教育资源开发时，首先必须克服技术上的障碍。尽管教育部教育信息化技术标准已经出台，但还是有许多未涉及领域（如，资源库分类、发展规模等）。各高校主题网站很可能因为资源库建设标准的不统一而不能实现网络教育资源的兼容。技术建设上的差异，很可能会使校际资源共享成为一句空谈。

主题网站的社会教育资源主要包括社会主流媒体和教育机构两类。学生面对国内外错综复杂的重大事件时，很可能因为缺乏正确的辨别力和较高的政治素养而在思想认识上存在偏差，甚至做出过激的行为。在面对这种情况，教育者应该对他们进行及时教育和引导。社会主流媒体的舆论导向作用，可以为高校网络思想政治教育营造强大的舆论氛围，在无形中影响学生的价值观，并逐渐强化或改变学生的政治思想和社会道德规范，从而达到思想政治教育的目的。社会教育机构不仅可以为大学生提供资格考试、公务员考试等多种量化考试的学习资料以及学习经验，更可以成为高校网络思想政治教育模式的成功典范，为主题网站的教育传播提供先进的教育方法和技术手段。不管是哪种教育资源，主题网站在对它们进行利用与开发时，就必须以恰当的方式进行。就目前而言，社会教育资源主要通过网站链接和信息摘抄两种形式。前者能为读者提供直接有效的网站地址，使读者就可以根据自己的需要在相关网站上自由获得信息；后者是网络教育者根据自己的价值取向，对社会上有价值的新闻以及评论进行二次加工，使读者能够在主题网站的摘抄新闻中快速、方便地获取信息。因此，根据网站建设需要和信息内容的特点，合理选择表现形式，可以很好实现社会教育资源在主题网站中的利用与开发。

（三）逐步实现网络资源对社会的开放

要提升网站的影响力，不仅仅要加强对校内及校外教育资源的开发与利用，更要将主题网站建设成为一个网络信息平台，使教育信息达到最大限度的流通。通过近几年的建设，大多数高校已基本具备网站资源共享的硬件条件。目前，在自媒体平台兴起后，我国多所高校都开始搭建并经营自己的自媒体平台，就这样一方面可以为学校师生及时推送最新消息；另一方面可以向社会人士展示学校的发展状况，突出学校优势，以吸引更多的社会资源。

因此，以校园硬件系统为保证，网站在现有已开放的信息（如，学校机构设置、网站的实时资讯、学生成绩查询等）基础上，还可以向在校师生有偿以及以限量的方式发放校园外网电子资源登录许可账号，使学生在使用校外账户登录学校主题网时，也可以享受学校远程教育资源带来的实惠，这有助于提高网站的社会影响力。当然，主题网站资源在对社会逐步开放的过程中，应采取一些措施来缓解校外账号大量访问可能造成的网站拥堵、页面打开缓慢等问题。

二、加强主题网站队伍建设，提高网络互动的实效性

（一）加强对师生网络技术素养的培训

高校主题网站的学生专栏若要充分实现师生间的互动，就要加强对老师与学生的网络技术素养的培训。单从网络使用水平角度看，学校应该从以下几方面加强对师生的教育。

1. 培养崇高的信息道德

网络信息良莠不齐，鱼龙混杂，一些有害的内容潜藏其中。尤其在互动论坛上，这些信息不易被网络管理者发觉，可能会以讹传讹，在学生中造成较大的负面影响，给高校思想政治教育工作的开展增加难度。因此，网络教育工作者应提高自身的网络信息素养，敏锐地发现并及时地删除不良信息，并对有意或无意传播这些信息的学生进行教育。同时，网络教育者应及时在网站的互动栏目中通过科学数据、专家讲解等权威的方式解释相关信息的真相，减少信息因传递途径过长而导致失真的可能性，避免不明就里的学生产生误解。当然，学生在面对错综复杂的网络信息时，也是要凡事多思考，要学会以怀疑批判的态度加以对待，自觉提高信息辨别能力。

2. 掌握一定的信息技术与网络语言

目前，我国高校从事网络思想政治教育工作的人员大多没有经过系统的计算机教育和网络培训，缺少一定的网络技术和信息素养，大学生所崇尚的科学文化素质和人格魅力也就很难在网络教育者身上得以体现。如果网络教育者对网站内容没有进行很好的管理，也就无法达到对大学生进行网络教育和管理的目的。我国高校应该借鉴一些国家高校师资队伍建设的成功经验，积极投入资金，以讲座、书籍、电子宣传等多种方式对教育者进行定期的信息化培训，使网络教育者掌握较为先进的网络传播技术以及最新的网络沟通语言。

3.建立较为稳定的网络教育师资队伍

高校应该根据本校实际情况制定网络教师队伍人员引进与培养的方案，为建立较为稳定的网络教育师资队伍提供人力保障。

（二）提倡网络工作和沟通方式

要形成网络良性互动，不仅仅需要师生具备一定的网络信息素养，还要将网络沟通纳入常态。所谓网络沟通，就是指在网络环境中，信息（情感、观点、事件等）在传授双方之间的流通和传递。在高校的日常教学和管理工作中，部门与部门之间、老师与学生之间能否进行有效的沟通直接关系到学校各项工作能否正常有序地开展。传统的沟通主要借助于纸质文档、传统课堂教学、面对面谈话等途径，这样的沟通方式不仅易受时间和地点的限制，还浪费成本。近年来，伴随着校园网络建设进程的不断加快，许多高校都已拥有了自己的校园网，为学校的网上管理与通信提供了硬件支持。高校主题网站的管理者可以充分利用校园网的硬件优势，开设局域网的沟通系统，这样不仅可以与负责网站内容的各部门随时保持联系，及时更新网站信息，还可以与学生展开一对一、一对多、多对一的交流。总的来说，网上沟通主要包括以下两种方式。

1.运用网上即时通信的沟通方式

IM"即时通信"是英文 Instant Messaging 的缩写，是一种可以让使用者在网络上建立某种私人聊天室的实时通信服务，这是一种即时的在线信息沟通方式。这其中，以腾讯旗下产品 QQ 为代表。作为最为普及、利用率最高的即时通信手段之一，QQ 不仅可以提供一对一的网上私密聊天的场所，还可以给用户提供在 QQ 群中获取群体交流的经验、共同分享网络信息的机会。因此，高校向网络工作人员推广这种即时通信方式，既可以方便部门间的即时沟通，又可提高工作效率，有助于部门齐心协力，共同为学生进行便捷的网络服务。

2.运用微信的沟通方式

随着大学生拥有手机数量和比例的不断增加，通过微信进行交流已风靡于大学校园。作为中国移动的综合通信服务，微信可以提供完全实时的语音服务、准实时的文字和小数据量通信服务、非实时的通信服务，从而为师生在互联网和移动网间的无缝通信搭建了桥梁。网站管理者就可以在校园网站中搭建高校微信动态平台，为学生提供公共信息、学校各管理行政部门的职能信息以及各院系信息等。其中的公共信息即是校级各机关的信息，如上级指示、各部门的决定等。职能信息则包括学生本学期的课表、各类考试日程安排、成绩查询等。而各院系信息包括学院会议通知、党员大会通知等。这样，学生就能够及时接受相关信息。信息传播的通畅，能使学生充分体会到其主体地位，为网上的平等互动打下了良好的群众基础。

三、加强网站推广，建立特色教育模式

（一）加大对网站的宣传力度

实践证明，"酒香不怕巷子深"的时代已经一去不复返。好的网站链接在互联网上，并不意味着它的点击率就高、影响力就大。现代广告学认为，懂得并且善于进行自我推销，是产品被顾客接受的关键。主题网站虽然不追求经济效益，但是也必须遵循这一市场化模式进行运作。针对主题网站建设的特殊性，我们可从以下几方面加强对校园网站的宣传力度。

第一，将网站注册到重要的搜索引擎。搜索引擎之所以能够成为高校思想政治教育网站在线推广的最重要的方式，其主要原因在于它的网络导航系统是上网用户获取他们不熟悉的网站或网络信息的最常用也最方便的工具。访问者若能通过搜索引擎进入主题网站查看所要查询的消息，为提高网站访问量的提高提供了机会。第二，要实现网络信息的交换。利用网页内空闲位置为其他思想政治类网站建立图片或字符链接，并得到对方的同等交换，可以达到双方共享访客、共同提高网站访问量的目的。第三，利用传统媒体加以宣传。校园网站可以主动出击，在根据建设需要，面向社会以及本校学生，适时地发放不同的宣传资料或赠品（如，信封、办公用品等），会使他们在阅读资料或使用物品的同时，自觉或不自觉地被网站的内容所吸引，加深对网站的认识与了解。第四，举办吸引大学生的活动。高校思想政治教育工作网站可以面向大学生开展一系列的活动（如，知识竞赛、讲座等），这样有助于提高网站在大学生中的影响力。

（二）美化网站的整体形象

主题网站作为高校网络思想政治教育信息的重要存储基地，不仅仅要承载丰富的思想政治教育资源，还要通过美观的页面设计、精巧的布局去吸引受众的眼球，以促进网络教育事业的良性运作。

一方面，网页的色彩要总体协调且局部对比。人们在打开网页的第一时间，首先映入眼帘的就是网页的色彩。如果呈现给读者的是充满活力且和谐统一的版面，就会使读者"一见钟情"。颜色知觉对于我们人类具有极其重要的意义——它是视觉审美的核心，深刻地影响着我们的情绪状态。一般来说，为遵循页面风格的整体统一性，色彩最好选用一个色系，如淡蓝、淡绿、淡黄，或土黄、土灰、土蓝等，给人以和谐的美感。当然，有时为强调某一最热或最新信息的重要性，也可以在网页的某一个小范围的地方进行强烈的色彩对比，在通过视觉反差，去冲击受众的眼球，从而引起他们的高度关注。

另一方面，栏目名称要响亮且易记。栏目名称是否响亮，直接决定着大学生是否愿意在该栏目中停留，是否浏览相关资讯，而名称是否易记，也影响着大学生再次访问该栏目的可能性。就目前而言，尽管主题网站的内容设置的大同小异，但是大多数网站的栏目名称都能体现出本校的特色。

（三）形成特色教育模式

高校思想政治教育主题网站的建设与发展，是对传统教学观念的冲击，其结果必然会引发教学模式的更新。学校在主题网站平台下对学生开展网络思想政治教育时，应根据本校的实际情况，本着以学生为本的教育思想和互动式教学为主的教育原则，积极开发多种形式的特色教育模式，以此提高教学的针对性和实用性。

首先，利用校园BBS（网络论坛，Bulletin Board System）开展思想政治教育。BBS作为大学生思想交流、信息沟通的重要场所，能够及时有效地反映当前大学生的心理动态和行为习惯。由此，高校思想政治教育者必须加强对校园BBS的监管与引导，积极去发挥其正面思想政治教育功能。第一，加强BBS实名制监管。网络论坛若在匿名状态时，很可能由于注册不受限制、无法追究散布不良信息主体的责任而使网络言论失控，给学校乃至社会带来负面影响。因此，加强BBS实名制监管，有利于净化校园文化，减少校外低级趣味、虚假和反动信息的侵入，同时也会减少网络管理者的工作压力，使他们有更多的时间和精力去投入网站的整体建设中。第二，合理设置论坛议题。要使高校BBS充分发挥其教育功能，其关键就在于所设置的论坛议题是否具有吸引力和可讨论性。网络管理者要以贴近现实，贴近学生学习、生活为前提，精心挑选国内外以及本校的热点作为论坛的主题。第三，鼓励学生加入论坛的讨论。一些需要在论坛中寻求帮助的学生，在面对跟帖人的不同回答时，常常因为答案的说服力较差，选择过多而束手无策，难做决断，最后只得匆匆浏览网页，"不带走一片浮云地飘走"。长此以往，论坛在学生心目中的地位就会下降。因此，网络管理者可以根据论坛发帖情况，主动出击，找寻并培养一批政治素质过硬、思想成熟且亲和力较强的"带头人"，并且利用他们的学习、生活经验回答并解决其他同学内心的困惑，从而在论坛中形成一个互动性较强的有问必有答的模式。

其次，利用博客开展思想政治教育。博客的英文名为 Blog，是由"web"和"log"组合而成的，原意为"网络日志"，即在网络上发布和阅读的流水记录。随着网络技术的进步，博客作为互联网上的新生事物，已经成为人们，尤其青年大学生日常学习、工作和生活的重要载体。同样，博客时代的到来，必然对高校思想政治教育提出了新的要求和挑战。网络教育者可以借助主题网站这一平台，开设了高校优秀教师博客，就可以以此实现教师间个体教育资源共享以及师生间一对多的个性化网络教育。除此之外，教师博客的开设在充分展现教师教学魅力的同时，也可以使教师对自我教育进行较为自觉的反思。当然，同一般类博客一样，要实现教师博客长期、可持续的发展，也要依托一个稳定而庞大的博客群体。只有得到广大"粉丝"的积极拥护，教师才会有不断更新博客信息的动力。所以，不仅学校要在主题网站上进行集中且大力的宣传，教师也要在日常教学中要以自己的人格魅力打动学生，积极影响学生的言行举止。同时，学校要引进外部力量，通过对教师博客在人气指数、内容更新速度、教育信息时效性等方面的综合评比，引导教师树立竞争意识，并将博客建设的评比结果纳入对教师的常态考核中，来激励教师不断创新教学手段，更新教学内容。

最后，利用网络在线聊天室开展思想政治教育。除了固定的校园 BBS 和博客的教育方式外，高校还可以根据具体情况开设临时在线聊天室。根据学生学习与生活的需要，高校还可以邀请一些学校优秀教师以及社会上的知名人士加入在线聊天的队伍，就学生感兴趣的话题展开讨论。如，高校可以邀请本校思想政治教育教师或专家对党的最新会议精神进行较为详尽的在线解读，通过在线问答就学生关心的话题进行讨论。灵活的教育方式和轻松的教育氛围，有助于提高学生对国家政策学习的积极性。

参 考 文 献

[1] 王东，陈先. 新时期高校思想政治教育理论与实践 [M]. 北京：九州出版社，2019.

[2] 闫建华. 高校思想政治教育研究 [M]. 延吉：延边大学出版社，2019.

[3] 陈雯. 高校思想政治教育理论与实践研究 [M]. 贵阳：贵州人民出版社，2019.

[4] 白明政. 新时期高校思想政治教育理论课教学改革的实践与创新 [M]. 太原：山西人民出版社，2019.

[5] 张涛轩，杨学慧，阎妍. 高校学生思想政治教育与创业指导 [M]. 北京：中国商务出版社，2019.

[6] 代金平，郑兴刚. 现代信息技术助推思想政治理论教育改革研究 [M]. 重庆：西南师范大学出版社，2019.

[7] 张丽芳. 高等院校思想政治课程教学模式创新研究 [M]. 武汉：华中科技大学出版社，2019.

[8] 傅莹. 新媒体时代高校思政工作创新 [M]. 汕头：汕头大学出版社，2019.

[9] 郭立祥. 高校思想政治教育创新 [M]. 长春：东北师范大学出版社，2019.

[10] 赵春梅，迟珊珊. 高校思想政治教育导论 [M]. 哈尔滨：黑龙江教育出版社，2019.

[11] 李冰. 高校学生党建与思想政治教育实践研究 [M]. 北京：北京工业大学出版社，2020.

[12] 裴立媛. 高校思想政治教育工作理论与实践 [M]. 秦皇岛市：燕山大学出版社，2020.

[13] 钟亮 . 高校思想政治教育工作探索与实践 [M]. 长春：吉林出版集团股份有限公司，2020.

[14] 洪涛 . 高校网络思想政治教育议程设置实践与创新 [M]. 北京：中国社会科学出版社，2020.

[15] 谭培育 . 高校思想政治教育理论解读与实践育人策略研究 [M]. 北京：九州出版社，2020.

[16] 王界美 . 高校思想政治教育教学模式创新与实践 [M]. 西安：陕西旅游出版社，2020.

[17] 李强 . 高校大学生思想政治教育实践研究 [M]. 长春：吉林出版集团股份有限公司，2020.

[18] 王立兵 . 新时代高校思想政治教育创新发展理论与实践探索 [M]. 武汉：华中师范大学出版社，2020.

[19] 朱琳 . 新时代高校思想政治教育网络平台建设的理论与实践 [M]. 北京：知识产权出版社，2020.

[20] 周驰 . 高校思想政治教育工作 "十大育人" 体系理论与实践探索 [M]. 沈阳：辽宁大学出版社，2020.

[21] 神彦飞 . 新媒体时代高校思想政治教育范式转换与实践 [M]. 济南：山东大学出版社，2021.

[22] 李金桥 . 生命教育融入高校思想政治理论课程结构的理论与实践 [M]. 湘潭：湘潭大学出版社，2021.

[23] 刘晓红，张盈盈，宋阳 . 高校网络思想政治教育探索与实践 [M]. 长春：吉林文史出版社，2021.

[24] 孔德博，王宇翔，冉冉 . 大学生思想政治教育创新与实践高校社会主义核心价值观教育 [M]. 北京：九州出版社，2021.

[25] 钟家全 . 互联网与新时代高校思想政治教育队伍建设 [M]. 成都：西南交通大学出版社，2021.

[26] 谈娅 . 新时代高校思想政治教育创新研究 [M]. 重庆：西南师范大学出版社，2021.

[27] 韩振峰 . 新时代思想政治理论课改革创新研究 [M]. 北京：中央编译出版社，2021.

[28] 印建清 . 大学生思想政治教育实践教程 [M]. 北京：中国言实出版社，2021.

[29] 何宗元 . 新时代思想政治教育协同育人原理与实践研究 [M]. 北京：企业管理出版社，2021.

[30] 马雷，王歆 . 新时代高校思想政治工作研究 [M]. 天津：天津人民出版社，2021.